GOLDMANNS GELBE TASCHENBÜCHER
Band 2974

Joachim Joesten · Va Banque

Zu diesem Buch

Große Straftaten werden heutzutage nicht von typischen Verbrechern mit Schiebermütze und Halstuch begangen, sondern von Menschen, die in Prunkvillen oder gar Palästen wohnen. Von diesen »Gaunern im weißen Kragen«, die mit raffinierten Methoden unter den Augen ahnungsloser Behörden riesige Vermögen zusammenraffen, von der internationalen Welt der unlauteren Finanzakrobaten und Millionenjongleuren berichtet der Verfasser mit journalistisch leichter Feder. Sein spannendes, aufschlußreiches Buch schildert in vier ausführlichen Kapiteln die Fälle Werner und Helga Kronenberg, Friedrich Wilhelm Ermisch, Erich Wirrwa und Bobby Baker sowie in sieben Kurzkapiteln weitere sensationelle Fälle von Wirtschaftskriminalität, die in den vergangenen zehn Jahren vor Gericht verhandelt wurden. »Va Banque« informiert nicht nur über eine neue Art des Verbrechens; auch jeder, der etwa gern Krimis liest, wird hier auf seine Rechnung kommen.

JOACHIM JOESTEN

Va Banque

Die großen Schwindelaffären unserer Zeit

WILHELM GOLDMANN VERLAG
MÜNCHEN

7027 · Made in Germany. Genehmigte Taschenbuchausgabe. Die Originalausgabe ist im Südwest Verlag, München, erschienen. Umschlagentwurf: Ilsegard Reiner. Gesetzt aus der Linotype-Garamond-Antiqua. Druck: Presse-Druck, Augsburg. Verlagsnummer 2974 · Vo/Hmei

ISBN 3-442-02974-0

Inhalt

Warum Va Banque?

»Nun sieh dir bloß diese Leute an. Wie die sich betragen, geben an wie eine Tüte Mücken. Hochnäsig. Und dann der Wagen ... Der Alte hat noch mit Kartoffeln gehandelt ...«

Friedrich Wilhelm E. blieb stehen, und sein Blick wanderte zurück zu der hübschen jungen Frau an seinem Arm.

»So was müßte man doch auch fertigbekommen ...«, sagte er nachdenklich. Er merkte dabei gar nicht, daß hinter ihm ein hagerer Herr stand, ein gewisser Bert Brecht, der allerdings nicht sehr deutlich zu sehen war. Der sagte fast lautlos, man sah kaum, daß sich seine Lippen bewegten: *Der Mensch lebt von seinem Kopf; sein Kopf reicht ihm nicht aus. Versuch er's nur, von seinem Kopf lebt vielleicht 'ne Laus ...*

Aber Friedrich Wilhelm E. hörte ihn nicht. »Man müßte sich etwas ausdenken ...«, meinte er. Wieder murmelte Brecht hinter ihm: *Mach dir nur einen Plan. Sei ein großes Licht. Mach noch 'nen Plan, doch gehen, gehen tun sie beide nicht ...*

»Aber Geld hat man sowieso nicht«, überlegte Friedrich Wilhelm E. weiter, »und wenn man das reell anfängt, dann kann man sein Leben lang rackern, und die schöne Zeit vergeht, und ehe es die Kinder bekommen, hat's schon die nächste Inflation.« Brecht steht immer noch da. Er lächelt, und seine Lippen bewegen sich: *Denn für dieses Leben ist der Mensch nicht schlau genug, niemals merkt er eben diesen Lug und Trug.*

Diesmal muß Friedrich Wilhelm E. etwas gehört haben. Wo kommt ihm der Gedanke her. »Weißt du, Ingemaus, fur dieses Leben ist der Mensch niemals schlecht genug. Wenn man das so sieht, die anderen merken doch alle nie diesen Lug und Trug ...«

Und wieder lächelt Brecht ironisch: *Und jeder nimmt, was er zu nehmen wagt. Macht er euch anderes vor, ist's blauer Dunst. Für nichts tut es ja nicht einmal die Kunst. Hut ab vor jedem, der das offen sagt. Nur wer am meisten nimmt, gehört zur Creme. Nur wer im Wohlstand lebt, lebt angenehm.*

Wir, die wir diese Worte hören, blicken verstört zu Friedrich Wilhelm E. hinüber. Ist Brecht also schuld, wenn es bei Friedrich Wilhelm aussetzt? Ist Brecht der Verführer?

Nein, keinesfalls. Er ist nur das Sprachrohr einer gewissen Denkensart, die existiert und die er anprangert. Hat nicht vielleicht jeder einmal ähnliches gedacht ... Wurde er aber darum gleich zum Betrüger, Gauner, Weißkragen-Verbrecher, Wohlstandsdelinquenten? Muß dazu nicht noch weiteres kommen? Eine weiche Stelle, eine fehlende oder durchgebrannte Sicherung, eine gehörige Portion Dummheit, gekoppelt mit Bauernschläue, verbrecherische Anlage, oberflächliche Erziehung und irgendein Anfangsglück, das weitere Erfolge suggeriert, das den armen Tropf nun auf die Höhen des Daseins zu führen scheint. »Sei nur ein großes Licht ...« Die anderen sind ja alle so doof. Und nur noch ein Schritt ist es bis zur Überzeugung, daß ihm ja von Natur aus alles gelingen muß.

Auch Friedrich Wilhelm E. hatte die weiche Stelle. Schon einmal hatte er wegen Betrugs im Knast gesessen. Nun kam ihm noch diese neue entzückende kleine Frau an seinem Arm dazu ...

Man müßte aufs Ganze gehen. Wie ein Spieler hat er plötzlich das Empfinden, daß er nur gewinnen könne. Aufs Ganze gehen, um alles spielen, was in der Bank liegt, und dann mit dem Gewinn rechtzeitig verduften.

Von solchen Menschen handelt dieses Buch, dessen Titel »Va Banque« also durchaus verständlich ist. Es handelt von Menschen, die als Spieler, meist aber als Betrüger aufs Ganze gehen. Sie haben die Konsequenzen eingeplant. Ist der große Coup erst einmal gelungen, so ist ihre größte Sehnsucht, als wohlhabende Bürger unterzutauchen. »Nur wer im Wohlstand lebt, lebt angenehm.«

Welcher Art sind solche Menschen? Warum gibt es heute in aller Welt viel mehr Wirtschaftsverbrecher, Verbrecher im weißen Kragen, wie die Amerikaner sagen? Wie gehen sie vor? Lohnt sich ihre Aktivität für sie, kommen sie mit ihren Plänen durch? Wie kann man sich vor ihnen schützen? Alle diese und ähnliche Fragen wird das Buch behandeln.

Verständlich ist es, daß amtliche Stellen wenig Interesse daran haben, Unterlagen für diese Geschichten zu liefern. Das Material dieses Buches stammt daher nur aus in- und ausländischen Tageszeitungen, Fachzeitschriften, öffentlichen Gerichtsverhandlungen oder Sitzungen von Untersuchungsausschüssen. Die Richtigkeit ist nach jeder Hinsicht überprüft, sei es, daß spätere Abweichungen aufgenommen wurden oder daß Gerichtsurteile und Senatsdrucksachen abweichend waren. In solchen Fällen sind beide Lesarten erwähnt.

So kam es von selbst, daß der Autor ein Buch schuf, das sich spannend liest wie ein Krimi und das nützlich und wissenschaftlich ist wie ein medizinisches Werk über Psychologie.

Der Vergleich besteht zu Recht. Auch dieses Buch will aufklären und vorbeugen.

A. W.

Einführung

Der »Gauner im weißen Kragen«, von dem das vorliegende Buch handelt, ist Begriff und Erscheinung unserer Zeit. Er ist das mißratene Kind einer Wohlstandsgesellschaft, die außer Rand und Band zu geraten scheint.

Selbst der Ausdruck ist neu. Er stammt aus dem Englischen (»white collar criminals«), hat sich aber längst in der ganzen Welt eingebürgert.

Früher, in der sogenannten guten, alten Zeit (für jede Generation ist es immer die vorhergehende Periode), galt es als selbstverständlich, daß die Verbrecher aus den unteren Schichten der Bevölkerung kamen. Gewiß, es konnte auch mal vorkommen, daß ein Mitglied der »guten« Gesellschaft auf glatter Bahn ausrutschte, aber das waren eben Ausnahmen. Und manches, das den kleinen Ganoven vom Hinterhof unweigerlich ins Gefängnis gebracht hätte, ließ sich als »Kavaliersdelikt« entschuldigen, wenn der Täter aus besseren Kreisen stammte. Wer einen weißen Kragen trug, dem glaubte man auch, daß er eine »weiße Weste« habe.

Mit dieser Illusion ist es endgültig vorbei. In unserer Zeit füllen sich die Zuchthäuser und Gefängnisse immer mehr mit Leuten, die früher einmal in Prunkvillen, Luxusappartements oder gar in Palästen wohnten. Es sind durchweg sogenannte Wirtschaftsverbrecher, die sich mit raffinierten Methoden – ihre Zahl ist Legion – jeweils ein Riesenvermögen ergaunern, das ihnen aber fast immer wieder in den Händen zerrinnt.

Diese Erscheinung ist weltweit. Und die Welt, in der die unlauteren Finanzakrobaten und Millionenjongleure ihr Unwesen treiben, ist noch weit mehr international als jede andere.

Wie soll man diese Welt nennen? Es ist gewiß keine »Unterwelt«, wie man sie früher kannte, und auch nicht das, was man gemeinhin unter »Halbwelt« versteht. Vielleicht sollte man ihr die Bezeichnung »Hochwelt« geben, denn es ist eine Welt von Hochstaplern, von finanziellen Gratwanderern, von hochfliegenden Geschäftemachern, von hochtrabenden Titelträgern, von hochmütigen Moralverächtern und ganz allgemein von Leuten, die hoch hinauswollen, wobei ihnen jedes Mittel zum Zweck recht ist.

Es ist eine bunte, schillernde, ja sogar oft genug gleißende Welt, in der es sich gut leben läßt, solange alles gut geht. Wenn die Sache aber mal schiefgeht, so kommt es meist zu einem jähen Absturz aus höchsten Höhen in tiefste Tiefen.

Das Gaunertum im weißen Kragen beschäftigt heute überall in der westlichen Welt die Justizbehörden in steigendem Maße. In vielen Ländern sind Sonderkommissionen eingerichtet worden, denen es vor allem obliegt, ein wachsames Auge auf die Börsen zu halten.

Führend auf diesem Gebiet sind die Vereinigten Staaten, wo die im Jahre 1933 gebildete Securities and Exchange Commission (SEC), ein Kind der damals gerade überstandenen schwersten Wirtschaftskrise des Jahrhunderts, seit nunmehr 36 Jahren als »Wachhund« des Börsenwesens fungiert. Es ist heute eine riesige Behörde mit einem Stab von 1500 Rechtsanwälten und einem Jahresbudget von 14 Millionen Dollar, die über sehr weitreichende Vollmachten zur Aufdeckung von Aktienschwindeleien verfügt.

Nach dem Gesetz (Securities Act of 1933 and Securities Exchange Act of 1934) müssen alle Gesellschaften, die Aktien oder Obligationen zum Verkauf anbieten, diese Wertpapiere bei der SEC anmelden und einen Prospekt herausgeben, durch den die Geldanleger über den finanziellen Status und andere wichtige Tatsachen unterrichtet werden. Das gleiche gilt für alle Wertpapiere, die an den Börsen der USA gehandelt werden. Ferner ist u. a. vorgeschrieben, daß die Direktoren eines Unternehmens sowie die Großaktionäre ihren Besitz an den von der eigenen Firma herausgegebenen Wertpapieren (Securities) bei der Kommission anmelden müssen und daß sie verpflichtet sind, kurzfristige Profite, die sie durch den Handel mit solchen Papieren erzielen, der Gesellschaft zuzuführen.

Die letzterwähnte Bestimmung, die den Mißbrauch von »Insider Information« verhindern soll, ist in jüngster Zeit durch die sensationelle Texas Gulf Sulphur-Affäre, die ausführlich behandelt wird, auf die Probe gestellt worden, wobei sich ergab, daß das Gesetz doch Schlupflöcher aufweist, durch die gewitzte »Insider« schlüpfen können, wenn sie sich auf Kosten der Aktionäre bereichern wollen.

Die SEC ist ausdrücklich ermächtigt, bei dem Verdacht betrügerischer Machenschaften auf dem Wertpapiermarkt zu ermitteln und gegebenenfalls einzuschreiten. Sie kann allerdings nicht selbst Strafverfahren durchführen, sondern muß die ermittelten Tatbestände an die Staatsanwaltschaft zur Verfolgung weiterleiten. Im Jahresdurchschnitt veranlaßt die SEC in etwa 70 bis 80 Fällen verwaltungsrechtliche Maßnahmen gegen Gesetzesbrecher (in der Hauptsache unlautere Börsenmakler), in weiteren 60 bis 70 Fällen erwirkt die

Kommission zivilrechtliche Verfügungen der Gerichte; und in 20 bis 30 Fällen beantragt sie strafrechtliche Verfolgung.

Daneben gibt es noch eine besondere Behörde, die die Aufsicht über alle Banken zu führen hat, die von der Bundesregierung Konzessionen für ihre Tätigkeit erhalten; aber auch die Einzelstaaten können für ihr Gebiet solche Konzessionen erteilen. Nachdem es im Jahre 1965 zu einer Reihe von Zusammenbrüchen von Banken gekommen war, geriet der seit 1961 amtierende »Währungskommissar« (US Comptroller of the Currency) James J. Saxon, der dieses Amt leitet, ins Kreuzfeuer scharfer öffentlicher Kritik. Am 13. April 1966 erhob ein Untersuchungsausschuß des amerikanischen Senats unter Vorsitz von Senator John L. McClellan die Forderung, daß strengere Bankgesetze erforderlich seien, um das Eindringen bankfremder, skrupelloser und korrupter Personen in das Bankwesen zu unterbinden. Der Untersuchungsausschuß übte scharfe Kritik an Saxon und warf diesem Laxheit in der Ausübung seines Amtes vor. Insbesondere wurde Saxon wegen seines Verhaltens in der Affäre San Francisco National Bank getadelt. Dieses erst 1962 eröffnete Kreditinstitut war im Januar 1965 mit Schulden von über 30 Millionen Dollar in Konkurs gegangen. Der Ausschuß bemängelte vor allem, daß Saxon in der Verleihung von »Charters« (Konzessionen) an neue Banken, die auf Bundesebene arbeiten wollen, die sogenannten Nationalbanken (es gibt deren z. Z. 4815 in den Vereinigten Staaten), viel zu großzügig vorgegangen sei, ohne sich zu vergewissern, daß die Antragsteller solide Geschäftsleute seien.

Wenn auch das amerikanische Bankwesen im großen und ganzen gesund sei, so hieß es weiter in dem Bericht, so hätte der Ausschuß doch in einigen Fällen »beklagenswerte Zustände« feststellen müssen.

Neben dem Federal Bureau of Investigation (FBI) und der SEC ist es in Amerika vor allem das Betrugsdezernat der Post unter Inspektor Henry B. Montague, das bei der Aufdeckung und Verfolgung von Schwindelunternehmen eine große Rolle spielt.

In den USA gilt nämlich der »Mail Fraud«, d. h. die Begehung einer betrügerischen Handlung auf dem Postweg, als besonders schwerwiegendes Delikt, das von den Bundesgerichten geahndet wird. Diese gehen in der Regel viel schärfer gegen Wirtschaftsverbrecher vor als die einzelstaatlichen Gerichte, mit denen sich manchmal reden läßt, wenn man ein bißchen Protektion hat. Von dem Betrugsdezernat der Post werden im Jahresdurchschnitt etwa 300 Fälle verfolgt. Wie Inspektor Montague Ende Oktober 1965 auf einer Pressekonferenz mitteilte, beträgt allein der Schaden, den die Postschwindler verursachen, rund 100 Millionen Dollar im Jahr.

In England übt das Board of Trade ähnliche Funktionen wie die SEC aus, doch kann es sich mit dieser an Umfang und Bedeutung bei weitem nicht vergleichen.

Die Verfolgung der meisten Wirtschaftsverbrechen in England fällt unter die Zuständigkeit der City of London Fraud Squad (Betrugsdezernat der City) unter der Leitung von Chief Superintendant Francis Lea.

»Die bedeutendste Wachstumsindustrie scheint heute der Großbetrug zu sein«, schrieb am 12. Februar 1967 die Londoner Sunday Times. Das Blatt zitierte den Ausspruch des Director of Public Prosecutions (DPP, das ist der Direktor des Amtes für Strafverfolgungen), einer eigenständigen Behörde, die in England in Aktion tritt, wenn die Kriminalpolizei ihre Arbeit getan hat, Sir Norman Skelhorn: *»The fiddlers are getting away with murder«* (etwa: Die Gauner können sich heute praktisch alles leisten).

Einer der Hauptgründe, warum sich die Gauner soviel leisten können, liegt in der Schwerfälligkeit der Justiz, die meist jahrelang hinter dem Wirtschaftsverbrechen herhinkt – eine Tatsache, die von zahlreichen der in dem vorliegenden Buch geschilderten Fälle bestätigt wird.

»Zwischen Verbrechen und Aburteilung vergeht oft so viel Zeit«, schrieb die Sunday Times, »daß mancher Richter das Gefühl hat, er könne wohl kaum wegen einer schon so lange verflossenen Missetat noch eine abschreckende Strafe verhängen.«

Bei sämtlichen Kontroll- und Strafverfolgungsbehörden auf diesem Gebiet herrscht in England akuter Personalmangel. Als »geradezu komisch unterbesetzt« bezeichnet das genannte Blatt das Amt des DPP, in dem etwa 40 Juristen im Jahr rund 6000 Fälle (nicht nur Wirtschaftsverbrechen) bearbeiten müssen.

»Das bedeutet«, schrieb die Sunday Times, »daß ein Beamter vier bis fünf Fälle pro Tag studieren muß, um überhaupt mitzukommen.« Und weiter: »Obwohl eine komplizierte Schwindelaffäre unter Umständen die ganze Arbeitskraft eines Sachbearbeiters einen Monat oder noch länger in Anspruch nehmen würde, ist es dem DPP zur Zeit nicht möglich, einen Beamten zur ausschließlichen Behandlung irgendeines Falles abzustellen. Allein daraus erklärt sich die Tatsache, daß immer wieder soviel Zeit vergeht, bevor ein Konkursverbrechen vor Gericht kommt.«

Seitdem das geschrieben wurde, hat die Affäre John Bloom einen neuen Beweis dafür erbracht. Erst Ende September 1969 ist der Prozeß gegen diesen Bankrotteur und seine Komplicen angelaufen – mehr als fünf Jahre nach dem Zusammenbruch des von dem »Waschmaschinenkönig« erbauten Geschäftsreiches.

In Deutschland ist es nicht anders. Der Kronenberg-Prozeß hat über ein Jahr gedauert, der Ermisch-Prozeß fast ein halbes Jahr.

Jetzt sind auch in der Bundesrepublik energische Bestrebungen im Gange, um die Flut der Wirtschaftsdelikte einzudämmen. Führend auf diesem Gebiet ist das Land Nordrhein-Westfalen, dessen Justizminister Josef Neuberger schon im Jahre 1967 einen entscheidenden Vorstoß in dieser Richtung unternahm. Auf einer am 23. August 1967 in Düsseldorf abgehaltenen Pressekonferenz wies Neuberger darauf hin, daß allein im Jahre 1966 durch Wirtschaftsverbrechen in der Bundesrepublik Schäden in Höhe von mehr als 96,5 Millionen Mark angerichtet worden seien. Der tatsächliche Betrag, so meinte der Minister, liege sicher noch wesentlich darüber, weil gerade auf diesem Gebiet die »Dunkelziffer« so hoch sei.

Nach Neubergers Angaben wurden 1964 in der Bundesrepublik ungedeckte Schecks im Gesamtwert von 400 Millionen Mark ausgegeben. Im selben Jahr beliefen sich die Forderungen aus Konkursen auf 650 Millionen Mark. Die Hälfte der Konkurse umfaßte in jedem Einzelfall Millionenbeträge.

Im Juni 1967 waren allein bei den Staatsanwaltschaften von Nordrhein-Westfalen 162 Verfahren wegen schwerwiegender Wirtschaftsdelikte anhängig, teilte der Minister ferner mit. Daneben schwebte eine Fülle von teilweise sehr schwierigen Ermittlungen in weniger bedeutenden Fällen. Bei den 162 Verfahren wegen schwerwiegender Wirtschaftsdelikte sind nach Neubergers Worten folgende Gruppen kennzeichnend: Betrügereien bei der Vermittlung von Grundstücken, von Fertighäusern und Wohnungen;

Strafbare Handlungen bei der Diskontierung von Wechseln, wobei die Gesamtsumme mehrere Millionen DM beträgt;

Inhaber von Umschuldungsfirmen sollen Hunderte von Geschädigten betrogen haben;

Viele Betrügereien wurden bei der Vermittlung von Barkrediten, Bauspardarlehen und Hypotheken verübt;

Ein Beschuldigter fand Geldgeber für die von ihm geleitete Firmengruppe, indem er Sicherheiten bot, die sich später als völlig wertlos herausstellten. Der Schaden in diesem Fall beträgt mehr als 13 Millionen DM.

Wirtschaftsverbrecher sind in den meisten Fällen auch Intelligenzverbrecher. Von Natur aus mit einem kühlen, rechnerischen Verstand begabt, oft dazu hervorragend ausgebildet (viele tragen den Doktortitel, andere sind Konsuln irgendeines Zwergstaates usw.), entwickeln sie meist eine kriminelle Intelligenz, bei der die biedere Beamtenmentalität einfach nicht mehr mitkommt. Hinzu kommt, daß bei der Bewältigung dieses Problems bisher viel zu viele Nur-Juristen eingesetzt worden sind. Daher, so kündet Justizminister Neuberger an, werde Nordrhein-Westfalen als erstes Bundesland ab 1968 bei den Staatsanwaltschaften Fachleute der Wirtschaft und Finanz einsetzen, die in Wirtschaftsstrafsachen die vorbereitenden Arbeiten, insbesondere die Auswertung der oft umfangreichen Unterlagen, übernehmen sollen. Für das erste Jahr seien zunächst elf solcher Stellen im Haushaltsplan des Justizministeriums beantragt worden, fügte Neuberger hinzu.

Gegenwärtig, so führte der Minister vor den Journalisten aus, stehe dem modernen Intelligenzverbrecher, der stets entweder selbst ein hervorragender Wirtschaftsfachmann sei oder über entsprechende Fachkräfte verfüge, in der Regel ein Staatsanwalt gegenüber, dem jede Sachkunde auf betriebswirtschaftlichem Gebiet fehle. Diese Unkenntnis führe zu Unsicherheit und Erfolglosigkeit, zumindest aber zur Verzögerung des Verfahrens. In der Öffentlichkeit werde nicht zu Unrecht beklagt, daß es an einer wirksamen Strafverfolgung der Massenbetrüger mangele und der Staat den »White-Collar-Kriminellen« fast ohnmächtig gegenüberstehe.

Gewiß sei das Strafmaß für die gefaßten Täter meist erheblich, meinte der Minister. Dennoch stecke »ein Körnchen Wahrheit« in jener Kritik, die beanstande, daß die Gerichte Täter aus einem asozialen Milieu, wie Diebe, Räuber oder Sittlichkeitsverbrecher, härter beurteilten als Beschuldigte aus geordneten Verhältnissen, wie sie gerade für die »Täter mit dem weißen Kragen« kennzeichnend seien. Wer aber im Rahmen seiner wirtschaftlichen Tätigkeit Wirtschaft und Gesellschaft schädige, dürfe nicht milder beurteilt werden als ein kleiner Dieb und Betrüger.

Außer der schon erwähnten Besetzung der Betrugsdezernate bei gewissen Staatsanwaltschaften mit Fachleuten aus der Wirtschaft und Finanz, so kündigte Neuberger weiter an, soll auch für die Ausbildung der Staatsanwälte auf diesen Gebieten allgemein besser Sorge getragen werden. Ihre Fortbildung auf betriebswirtschaftlichem Gebiet durch Lehrgänge an der Bundesfinanzschule in Siegburg, im Institut für Steuerrecht in Königstein/Ts. und im Landesfinanzministerium soll verbessert werden. Noch in diesem Jahr

(1967) nähmen 43 Staatsanwälte in Nordrhein-Westfalen an derartigen Kursen teil, gab der Minister bekannt. In der ganzen Zeit von 1958 bis 1966 waren es insgesamt nur 27 Staatsanwälte, die an solchen Kursen teilnahmen.

Im Sommer 1969 hat sich auch das Justizministerium von Baden-Württemberg dem Vorbild von Nordrhein-Westfalen angeschlossen und erste, vorwiegend personelle Maßnahmen eingeleitet, um die Wirtschaftsdelikte besser bekämpfen zu können.

Ursprünglich war daran gedacht, bei einigen Gerichten Spezialkammern für solche Delikte zu bilden, doch wurde dieser Plan wieder fallengelassen, nachdem man sich darüber klar geworden war, daß Wirtschaftsdelikte sich im Geschäftsverteilungsplan nicht immer eindeutig abgrenzen lassen.

Statt dessen wurde beschlossen, ab 1. Januar 1970 sogenannte Schwerpunktstaatsanwaltschaften bei den Oberlandesgerichtsbezirken Stuttgart und Karlsruhe sowie bei den Staatsanwaltschaften Mannheim, Karlsruhe und Freiburg zu errichten. Sämtliche Wirtschaftsstrafsachen im Land sollen diesen besonders ausgebildeten und eingearbeiteten Staatsanwälten durch Zuweisung des Generalstaatsanwalts zur Aufklärung übertragen werden.

Ein großes Problem ist dabei, so hieß es in einer offiziösen Verlautbarung vom August 1969, aus einem häufig unübersehbar verflochtenen Gestrüpp von Strafsachen die bedeutendsten herauszuziehen und sich allein darauf zu konzentrieren – denn das Legalitätsprinzip verlangt an sich, daß alle vorgenommenen Straftaten verfolgt werden. So konnte z. B. im Tübinger Maico-Prozeß schon nach vier Monaten Anklage erhoben werden, indem die Staatsanwaltschaft aus 109 strafbaren Handlungen neun auswählte, die besonders gravierend waren.

Sowohl Staatsanwälte wie auch Richter sollen nach den Vorstellungen des Justizministeriums von Baden-Württemberg auf wirtschaftlichem Gebiet besser ausgebildet werden, teils auf der Bundesfinanzakademie in Siegburg, teils auf einer eigenen Fortbildungstagung im Land, die zunächst versuchsweise ins Leben gerufen worden war, jetzt aber zu einer ständigen Einrichtung gemacht werden soll.

Auf lange Sicht könnte auch etwas verbessert werden, so meint das Ministerium, wenn während der juristischen Ausbildung mehr wirtschaftliche Kenntnisse vermittelt würden, etwa – nach dem »Konstanzer Modell« – eine Verbindung von Rechts-, Sozial- und Wirtschaftswissenschaften, vorausgesetzt, daß es eben nicht nur ein

Modell bleibe, sondern richtungweisend für eine grundlegende Ausbildungsreform werde.

Zur Verkürzung der oft allzu langen Prozeßdauer bei Wirtschaftsstrafsachen, die wenigstens teilweise darauf zurückzuführen ist, daß es bisher in der Justizverwaltung keine Stellen für Fachleute in Betriebs- und Bilanzprüfung gab, so daß man auf die Hinzuziehung von Sachverständigen außerhalb der Gerichte angewiesen war, sollen auch in Baden-Württemberg in Zukunft wenigstens zwei Stellen für Betriebsprüfer im Haushalt der Justizverwaltung eingeplant werden. Dabei ergibt sich allerdings die Schwierigkeit, daß es der Justiz in der Regel schwerfallen wird, Spitzenkräfte für solche Tätigkeiten zu gewinnen, da sie in der Privatwirtschaft besser bezahlt werden.

Der Prozeß zieht sich häufig auch deshalb in die Länge – Beispiel Kronenberg! – weil weltweite Bank- und Geschäftsverbindungen überprüft und Zeugen aus dem Ausland gehört werden müssen. Dabei werden die Gerichte von den Ereignissen oft »überrollt«. Während noch der betrügerische Bankrott von 1963 ermittelt wird, hat der betreffende »Stehkragentäter« schon wieder eine Grundstücksfirma gegründet, die zweifelhaften Baugrund im Ausland verkauft.

In diesem Zusammenhang wurde auch die Äußerung eines Staatsanwalts im Kronenberg-Prozeß zitiert: »Wir haben dem Gericht alles Material an die Hand gegeben – dann hat der Prozeß 14 Monate gedauert. *Das Spezialgebiet des Vorsitzenden war Verkehrsrecht.«*

»Nach Meinung vieler Staatsanwälte«, so heißt es in einem Bericht der Stuttgarter Zeitung vom 8. Februar 1969 zu diesem Thema (dem auch eine Reihe der oben erwähnten Fakten entnommen ist), »würden die gegenwärtigen gesetzlichen Regelungen – abgesehen von der Einführung eines Tatbestandes des Scheckbetrugs wie in Amerika – auch ausreichen, um die Wirtschaftsdelikte zu bekämpfen, wenn nur die Richter mit den geltenden Gesetzen ernst machen und vor allem den Strafrahmen voll ausschöpfen würden. Die meist lächerlich niedrigen Strafen sind oft auf den Eindruck zurückzuführen, den der Angeklagte auf den Richter macht: ein ordentlicher und gebildeter Mensch im guten Anzug und ohne Vorstrafen. Das ist für viele Richter eben etwas anderes als ein Sittlichkeitsverbrecher, der im Erziehungsheim nicht einmal eine richtige Lehre abgeschlossen hat. Und noch etwas haben die Wirtschaftskriminellen den ›gewöhnlichen‹ Verbrechern voraus: Im Prozeß treten sie gleich mit mindestens zwei hervorragenden Anwälten auf, einem für die prozeßrechtliche und einem für die materiellrechtliche Seite.«

Auch in der großen, bunten Welt der »Gauner im weißen Kragen« gibt es Klassenunterschiede und viele verschiedene Sparten. Der zahlenmäßig bei weitem größte Bereich, nämlich die sogenannte »Haustürenkriminalität« – die vornehmlich auf dem Rücken der kleinen Leute ausgetragen wird –, ist in dem vorliegenden Buch bewußt ausgeklammert worden, da er seinen Rahmen sprengen würde.

Zudem gibt es schon Bücher zu diesem Thema, darunter vor allem das 1966 erschienene Buch von Eduard Zimmermann mit dem aufreizenden Titel ». . . der Ganoven Wunderland – Nepper, Schlepper, Bauernfänger«, in dem der bekannte Fernsehautor seine Sendereihe »Vorsicht, Falle!« zusammengefaßt hat. Darin wurden die Schwindelmethoden und Gaunertricks reisender wie stationärer Kleinbetrüger auf der Grundlage polizeilicher Ermittlungsergebnisse anschaulich dargestellt.

Seit dem Erscheinen des genannten Buches sind die Zustände auf diesem Gebiet eher noch schlimmer geworden, wie ja überhaupt die Wirtschaftskriminalität – und sogar die Kriminalität im allgemeinen – im Zeichen wachsenden Wohlstandes ständig zunimmt – in Amerika sogar in erschreckend sprunghaftem Maße.

Daher wandte sich das Landeskriminalamt Baden-Württemberg in Stuttgart Ende September 1969 in einer Presseerklärung direkt an die Öffentlichkeit, um die allzu Leichtgläubigen vor den raffinierten Tricks zu warnen, mit denen die »Schwindler an der Haustür« ihren Opfern, meist Rentnern, alten Menschen, Flüchtlingen, das Geld aus der Tasche ziehen.

In der modernen Wirtschaft, so heißt es in dieser Verlautbarung, ist der Handelsvertreter ein wichtiger Mittler zwischen Produzent und Kleinhändler oder Verbraucher.

»Aber es gibt andere, für die dieser Beruf nur Tarnung ist.«

Ob betrügerische Vertreter, unseriöse Werber, Paketschwindler, Grußbesteller oder Notverkäufer – die Kriminalpolizei empfiehlt Vorsicht. Besonders gefährlich sind die oft besonders harmlos erscheinenden Gestalten, die mit rührseligen Geschichten kommen, die den alten oder armen Leuten »helfen« wollen, die Grüße aus der fernen Heimat oder von Verwandten und Freunden bringen – und dann mit ihren unseriösen Verkaufsangeboten kommen.

»Prüfen Sie Ausweis und Gewerbepapiere, vor allem die Legitimationskarte für Gewerbereisende«, rät das Landeskriminalamt. »Sie werden überrascht sein, wie schnell mancher verschwindet, wenn das Ansinnen an ihn gestellt wird, seine entsprechenden Papiere zur Einsichtnahme und Prüfung vorzuweisen.«

Doch, wie gesagt, diese außerordentlich verbreitete Form der Kriminalität im weißen Kragen kann hier nur am Rande gestreift werden. Das vorliegende Buch befaßt sich ausschließlich mit den großen Fischen der wirtschaftlichen Verbrecherwelt, die man auch »Millionenhechte« genannt hat. Der Autor hat die aufsehenerregendsten Fälle unserer Zeit aus der ganzen westlichen Welt zusammengestellt und versucht, sie auf einen gemeinsamen Nenner zu bringen. Es dürfte das einzige Buch dieser Art sein, das in unseren Tagen erschienen ist.

Zum Schluß sei noch vermerkt, daß auch Interpol, die 1923 in Wien gegründete, seit 1946 in Paris beheimatete Internationale Polizeiorganisation, in jüngster Zeit den Gaunern im weißen Kragen verstärkten Kampf angesagt hat.

Außer politischen Verbrechen, die für Interpol satzungsgemäß tabu sind, macht diese Organisation Jagd auf alle Arten Verbrecher – Mörder, Räuber, Sittlichkeitsverbrecher, Rauschgiftschieber, Mädchenhändler und eben auch Betrüger. Gerade auf dem letztgenannten Gebiet hat man jedoch bei Interpol die Erfahrung gemacht, daß die Hürden der national verschiedenartigen Gesetzgebung sowie der unterschiedlichen Gerichtspraktiken manchmal nur schwer zu überwinden sind.

Chef der Organisation, die vor einigen Jahren in ein hochmodernes, großzügig angelegtes Gebäude in der Pariser Vorstadt St. Cloud umgesiedelt ist, ist seit längerer Zeit der Deutsche Paul Dickopf, Leiter des Bundeskriminalamtes in Wiesbaden, der 1968 für vier Jahre als Präsident von Interpol mit Zweidrittelmehrheit gewählt worden ist.

Nach seiner Wahl gab Herr Dickopf Mitte Oktober 1968 bekannt, eine der wichtigsten Aufgaben, die er sich zum Ziel gesetzt habe, sei es, mit allen verfügbaren Mitteln die wachsende Zahl der internationalen Wirtschaftsverbrechen einzudämmen.

Von dem französischen Abteilungsleiter Ferraud ließ sich die »Süddeutsche Zeitung« (2. September 1966) berichten, im großen Interpol-Bilderbuch, das 6000 aktuelle Fotos internationaler Gauner in Plastikhüllen verwahrt, seien besonders viele deutsche Namen verzeichnet.

»Aber diese internationale Beachtung kann Chefinspekteur Ferraud nicht deutscher Gangstergröße, sondern deutscher Gründlichkeit zuschreiben«, bemerkte das Blatt und zitierte dazu Ferraud wie folgt: »Nicht daß die Deutschen besonders kriminell wären. Interpol Wiesbaden ist nur besonders fleißig. Sie schicken Pakete mit Material. Soo dick!«

In Paris wie in Wiesbaden, in London wie in New York ist die gute Zeit der Wirtschaftsverbrecher vorbei. Es geht ihnen jetzt endlich an den weißen Kragen.

Werner und Helga Kronenberg beim hohen Ritt auf faulen Wechseln

Vernons mysteriöser Sesam öffnet alle Banktresore

»Es dürfte nur wenig Betrügerprozesse geben, die Beispiele von ähnlicher krimineller Intensität, Skrupellosigkeit und Schuld wie bei dem Angeklagten erbracht haben. Vom kleinen Scheckbetrüger des Jahres 1950, als der er in New York zu 60 Tagen Haft verurteilt worden war, wuchs der Angeklagte dank seiner Intelligenz und Kaltblütigkeit zum internationalen Großbetrüger heran.«

Mit diesen Worten charakterisierte Staatsanwalt Günther Weinmann am 21. Juni 1968 vor der VII. Großen Strafkammer des Landgerichts Stuttgart den Hauptangeklagten Werner (Vernon) Helmut Kronenberg in dem wohl größten Wirtschaftsprozeß der deutschen Kriminalgeschichte, jedenfalls der Nachkriegszeit. Mit einem Seitenblick auf die mitangeklagte Frau Helga Kronenberg sagte der Staatsanwalt von dem Ehepaar: »Ihre hemmungslose Geldgier trieb sie zu rücksichtslosen Verbrechen.«

Der Prozeß gab der deutschen Öffentlichkeit Einblick in die raffinierte Technik des internationalen Großbetrugs, wie er heute floriert.

In mancher Hinsicht kann die Affäre Kronenberg als geradezu klassisch bezeichnet werden, jedenfalls im Sinne der Untersuchung, die uns hier beschäftigt. Ihre Internationalität ist kaum noch zu übertreffen. Eine Brücke von Firmen – oder vielleicht sollte man sagen eine geschäftliche Fata Morgana –, die sich von Tanger und Panama bis Liechtenstein, von Irland bis Italien, von Amerika bis in die Bundesrepublik erstreckt. Ein gescheiter Kopf mit ganz großen Beziehungen; eine charmante Dame von Welt mit vielen klingenden Namen; falsche Titel und Schecks, faule Wechsel und Pfänder, die in einem Dutzend Länder kursieren. Steckbriefe, die in 93 Staaten versandt werden. Und ein Klagechor der Geschädigten in mindestens acht Sprachen: »Die haben uns schön hereingelegt . . .«

Zu dem Kreis der Hereingelegten gehören vier deutsche Banken, die von den Kronenbergs um viele Millionen Mark geschröpft worden sind. Rund 25 Bankinstitute in 8 Ländern haben sich auf mehr oder weniger gewagte Scheck- und Wechselgeschäfte mit ihnen eingelassen. Die Zahl der geschädigten Privatleute ist Legion. Darunter befindet sich ein schwäbischer Multimillionär, der von dem betrügerischen Ehepaar völlig ruiniert wurde.

Von amtlicher Seite ist die Bedeutung des Falles kräftig unterstrichen worden. Ein Staatsanwalt in Berlin sprach von der »größten Wechselreiterei* in Europa nach dem Kriege«; ein Richter von »Millionenbetrügereien unvorstellbaren Ausmaßes«.

Die »Umsatzsumme« der Kronenbergschen Luftgeschäfte ist auf 450 Millionen DM geschätzt worden; der effektive Schaden, allein in der Bundesrepublik, auf 165 Millionen.

Bevor wir auf die Einzelheiten des Falles eingehen, muß gesagt werden, daß man sich bei seinem näheren Studium nicht des Eindrucks erwehren kann: Hier ist der Öffentlichkeit noch kein ganz reiner Wein eingeschenkt worden. Da steckt noch etwas ganz anderes dahinter, das die zuständigen Stellen sorgfältig zu verbergen suchen. Was ist es?

Nimmt man die Dinge genauso, wie sie vor Gericht und in der Presse dargestellt worden sind, so müßte man zu dem Schluß kommen, daß deutsche Bankiers die vertrauensseligsten der Welt sind und daß hierzulande jeder jederzeit mühelos zu Geld kommen kann: Er braucht bloß einen Scheck über einen beliebigen Betrag auszuschreiben und an irgendeinem Bankschalter zur Auszahlung vorzulegen. Gleich sprudelt das Geld aus der Kasse. Niemand prüft nach, ob der Scheckaussteller bei der betreffenden Bank ein Konto hat oder ob noch ein Guthaben besteht. Auch die Echtheit der Unterschrift wird nicht angezweifelt.

Ist die Bundesrepublik wirklich solch ein finanzielles Schlaraffenland? Natürlich nicht. Also stimmt an der ganzen Sache etwas nicht. Was ist es, das nicht stimmt?

Wie konnte Werner Kronenberg gewitzte Bankiers, routinierte Rechtsanwälte, erfahrene Geschäftsleute und beruflich zur Skepsis neigende Wirtschaftsprüfer jahrelang erfolgreich übers Ohr hauen?

Man hat seinen Charme, seine gute Erziehung, seine weltmänni-

* Betrügerische Abmachung zwischen zwei oder mehreren Personen zur gegenseitigen Ausstellung an sich ungedeckter Wechsel. Der Wechsel des ersten Partners wird sofort bei einer Bank diskontiert, also gegen das Wechselversprechen, z. B. in drei Monaten den Betrag zurückzuzahlen, zu Geld gemacht. Am Ende der Laufzeit des Wechsels (hier also nach drei Monaten) wird er eingelöst mit Hilfe des Erlöses eines neuen Wechsels, den der oder die anderen Partner ausgestellt haben. Das kann eine Zeitlang weitergehen, bis den Banken die Zusammenhänge offenbar werden oder bis ein Wechsel nicht mehr eingelöst werden kann.

schen Manieren bemüht, um für das Unerklärliche einen Schein von Erklärung zu finden. Ich kenne mindestens ein Dutzend Leute von bezauberndem Charme, denen kein Kassierer einen Scheck über 10 DM auszahlen würde, ohne sich vorher bei der Buchhaltung zu vergewissern, daß er auch gedeckt ist. Und Kronenberg hat ungedeckte Schecks über Millionenbeträge im Handumdrehen ausgezahlt bekommen!

Hier steht man also vor einem schier unergründlichen Rätsel, das auch im Kronenberg-Prozeß nicht plausibel gelöst worden ist. Das gleiche Rätsel hatte früher schon einmal ein hohes Gericht bewegt und dessen Vorsitzenden fast zur Verzweiflung getrieben, ohne daß die Verhandlung eine sinnvolle Erklärung ergeben hätte.

Das geschah im Verlauf eines gerichtlichen Vorspiels zum Kronenberg-Prozeß Mitte März 1966. Damals wurde in Stuttgart gegen die verantwortlichen Geschäftsführer der »Allgemeinen Wirtschaftsbank AG in Berlin« (AWB) verhandelt, die 1961/62 von Kronenberg erworben, ausgeplündert und ruiniert worden war. Angeklagt war der ehemalige *Reichsbankvizepräsident* Kurt Lange, 70 Jahre alt, der seit Dezember 1961 als alleiniger Vorstand der AWB fungierte, und die sechzigjährige Prokuristin Maria Zimmermann wegen aktienrechtlicher Untreue und vorsätzlicher Unterlassung der rechtzeitigen Konkursanmeldung.

»In diesem Verfahren und bei dieser Bank hat es alles gegeben!« rief der Gerichtsvorsitzende, Dr. Schwerdtner, einmal aus. »Wir von der Wirtschaftsstrafkammer sind nun wirklich allerlei gewöhnt – aber das hier? Es gibt hier nichts, was es nicht gibt.«

Dr. Schwerdtner bemerkte, daß bei der AWB »mit Millionen herumgeschmissen« wurde, und meinte an anderer Stelle mit Bezug auf Kronenberg sarkastisch: »Einhundert Millionen Mark hat eine württembergische Bank nur auf Vorschuß gegeben – natürlich muß so etwas geschickt gemacht werden . . .«

Nicht nur wurde mit Millionen »herumgeschmissen«, sondern angesehene Juristen und Bankleute benahmen sich wie Abc-Schützen. Bezeichnend für die Atmosphäre einer anscheinend unbegreiflichen Naivität war die Vernehmung von Dr. Oskar Ruisinger, einem angesehenen Stuttgarter Rechtsanwalt, der sich in einer Reihe großer Prozesse (Otto John, Dr. Wohlgemuth, Maico usw.) den Namen eines »Starverteidigers« erworben hatte.

Ruisinger war nach der Übernahme der AWB durch Kronenberg von diesem zum Aufsichtsratsvorsitzenden der Bank ernannt worden. Er wurde nach deren Zusammenbruch im Oktober 1962 unter dem Verdacht des Betruges und der Veruntreuung verhaftet, später gegen Kaution auf freien Fuß gesetzt. In dem Prozeß gegen Lange und Frau Zimmermann wurde er nur als Zeuge vernommen, da das Verfahren gegen ihn selbst mit dem Kronenberg-Prozeß verbunden worden war.

Bei seinem Verhör entwickelte sich ein Frage-und-Antwort-Spiel, von dem man eher glauben möchte, es sei einer Posse als einem Gerichtsprotokoll entnommen:

Richter: »Was haben Sie als Vorsitzender des Aufsichtsrats der AWB getan? Haben Sie ein Konto bei dieser Bank und ein Scheckbuch gehabt?«

Zeuge: »Ich glaube ...«

Richter: »Sie müssen doch wissen, ob Sie ein Scheckbuch besessen haben oder nicht.«

Als in diesem Punkte keine genügende Klarheit erzielt werden konnte, meinte der Richter:

»Sie haben kein eigenes Geld, wie Sie sagen. Aber Sie stellten Schecks aus für fremdes Geld. Ich bitte um klare Antwort!«

Zeuge: »Kronenberg sagte, ich solle die Schecks ausstellen, er selbst wolle nicht in Erscheinung treten. Er sagte mir aber, daß Dekkung vorhanden sei, deshalb schrieb ich die Schecks aus.«

Recht verlegen schaut der Zeuge bei diesen Ausführungen aus.

Richter: »Sie sind Jurist, und im zweiten Semester auf der Universität lernt man: Wer Schecks ausstellt, der behauptet auch, daß er Geld hat. Sie haben laufend, alle zwei bis drei Tage, Schecks unterschrieben. Für 35000, für 300000, für 400000 Mark – sobald Kronenberg kam und Geld haben wollte. Weshalb haben Sie nicht Kronenberg oder seine Frau Helga gebeten, die Schecks auszuschreiben?«

Zeuge: »Ich habe Kronenberg blindlings vertraut.«

Kronenberg blindlings vertraut – das haben sie angeblich oder wirklich alle, die mit ihm zu tun gehabt haben: Dutzende von an sich klugen, gebildeten und erfahrenen Menschen, die normalerweise in jeder Lebenslage Vorsicht walten lassen würden, die aber diesem internationalen Hochstapler hemmungslos ihr Vertrauen schenkten. Warum eigentlich? Erschien er wirklich so vertrauenswürdig?

Nicht minder komisch, oder tragikomisch, als die Selbstverteidigung des »Starverteidigers« war der Versuch des Hauptangeklagten in dem Vorprozeß, Kurt Lange, sich aus der Affäre zu ziehen. Er verteidigte sich unter anderem damit, daß er den »banktechnischen Feinheiten« der Sache nicht ganz gewachsen wäre.

Und dieser Mann war einmal Ministerialdirektor im Reichswirtschaftsministerium und war letzter Vizepräsident der Reichsbank, wenn auch in der Nazizeit.

Hier lüftete sich ein wenig der Schleier des Geheimnisses, der die Kronenberg-Affäre umgibt. Sieht man genauer hin, so zeigt sich, daß eine große Anzahl von Leuten, die entweder für Kronenberg Handlangerdienste geleistet haben oder aber von ihm geschröpft worden sind, eine braune, zum Teil sogar tiefbraune Vergangenheit hatten.

Kronenberg, der selbst Volljude ist und eine Halbjüdin geheiratet hat, gab mindestens einmal bei einer Vernehmung in Frankreich zu verstehen, daß alles, was er getan habe, als Vergeltung für das ihm und seiner Familie in der Nazizeit angetane Unrecht anzusehen sei.

Diese Behauptung ist nicht ernst zu nehmen, denn erstens einmal hat Kronenberg auch Glaubensgenossen beschwindelt, einen sogar in besonders schofler und rücksichtsloser Weise; und zum anderen scheint die Familie Kronenberg nach den vorliegenden Informationen unter dem Hitlerregime sogar ungewöhnlich glimpflich davongekommen zu sein. Gewiß erlitt sie finanziellen Schaden, und es wurden ihr dafür nach dem Kriege Wiedergutmachungsgelder in Höhe von 160 000 Mark ausbezahlt beziehungsweise zuerkannt. Persönlichen Verfolgungen scheint sie jedoch nicht ausgesetzt gewesen zu sein.

Wohl aber lassen sich aus der Tatsache, daß Kronenberg in Deutschland geschäftlich besonders mit früheren Nazis zusammengearbeitet hat, gewisse Schlüsse ziehen. Allem Anschein nach hat er einige von diesen recht fest in der Hand gehabt, und nicht nur kraft seines Charmes.

Verfolgt man nun näher den Lebensweg Kronenbergs, so ergibt sich bald ein möglicher Schlüssel zu dem für viele unbegreiflichen Geheimnis seines Erfolges.

Werner Helmut Kronenburg wurde am 15. Februar 1923 in Berlin als Sohn des Bankiers Carl Kronenberg und seiner Frau Margot geboren. Von 1933 bis 1938 besuchte er das Fichte-Gymnasium in Berlin-Wilmersdorf. Diese Tatsache ist insofern bedeutsam, als Kronenberg bei einem kurzen Auftritt als Zeuge im Prozeß gegen Kurt Lange und Frau Zimmermann so getan hat, als könne er nur gebrochenes Deutsch reden. Das war den Umständen nach offenkundige Vorgabe und wurde auch vom Gericht so gerügt.

Im Frühjahr 1940 emigrierte die Familie nach USA und ließ sich in New York nieder. Dort lebten die Kronenbergs in recht bescheidenen Verhältnissen. Der junge Werner machte sich als Laufbursche und später als Clerk nützlich.

Im Herbst wird Werner, der sich von jetzt ab »Vernon« nennt, zum Heeresdienst eingezogen und bald darauf naturalisiert. Er landet in Kürze beim CIC (Counter Intelligence Corps), d. h. beim militärischen Nachrichtendienst. Als er 1945 Deutschland wiedersieht, tut er Dienst bei der CIC-Filmkontrolle in Stuttgart.

Kronenberg war also beim amerikanischen Geheimdienst tätig, das steht fest. Die Frage ist, ob er nach seinem Ausscheiden aus dem Heeresdienst Anfang 1946 dieser Art von Beschäftigung endgültig Lebewohl gesagt hat oder aber – wie viele andere in seiner Lage – in die bald darauf gegründete CIA (Central Intelligence Agency) übernommen worden ist.

Gibt es Anhaltspunkte dafür, daß dies der Fall war?

Es gibt ihrer genug.

Da wäre z. B. die wirklich bemerkenswerte, in der Öffentlichkeit jedoch kaum beachtete Tatsache, daß von Mr. Vernon Kronenberg jahrelang kein Bild aufzutreiben war. Obwohl in der Presse, in allen Teilen Deutschlands ebenso wie in England, Irland, Frankreich und anderen Ländern spaltenlang über die Machenschaften der Kronenbergs berichtet worden ist, gab es nirgends ein Foto von Werner bzw. Vernon, wohl aber von Frau Helga.

Es ist eine bekannte Erfahrungstatsache, daß sich das Fehlen von Bildern in ausführlichen Presseberichten, die sich mit sensationellen Affären beschäftigen, fast immer aus geheimdienstlichen Zusammenhängen erklärt. Dann geben nämlich die Behörden die Aufnahmen, die bei der Verhaftung, Identifizierung usw. stets gemacht werden, entgegen ihrer sonstigen Praxis nicht an die Presse heraus. Und die Betreffenden selbst treten so diskret auf, daß selbst im engeren Bekanntenkreis keine Bilder von ihnen zirkulieren.

Genau das ist bei Kronenberg der Fall. Dutzende von Personen in Deutschland haben ihn gut gekannt, viele standen mit ihm auf vertrautem Fuß. Aber niemand hatte ein Foto von ihm – oder wer eins hatte, gab es nicht heraus.

Große Zeitungen, Illustrierte, Auskunftsbüros und andere haben sich ebenso intensiv wie vergeblich bemüht, sich von Mister Kronenberg ein Bild zu beschaffen. Man wußte, wie er aussah: ein großer, ziemlich schwerer Mann mit dunklem Haar und beginnender Glatze – doch publiziert werden durfte sein Konterfei nicht.

Als Kronenberg im März 1966 im AWB-Prozeß ein kurzes Gastspiel in Stuttgart gab, wurde die Sitzung des Gerichts in einem kleinen Raum abgehalten, in dem es nur ein paar Zuschauerbänke gab (nachher wurde sie wieder in einen großen Saal verlegt). Und im ganzen Gerichtsgebäude galt an diesem Tag die Parole: *Fotografieren streng verboten!* Spricht nicht das alles eine deutliche Sprache?

Hier noch ein Kuriosum. Wie aus einer Hausmitteilung vom 21. September 1965 hervorgeht, ist es Herrn Wiedemann von der Pariser Redaktion des *Stern* gelungen, sich »gewissermaßen hintenherum« von der Pariser Polizei drei Fotos von Kronenberg zu beschaffen. »Ich habe ein Dutzend heilige Eide schwören müssen, daß um keinen Preis jemals die französische Polizei als Quelle von uns verraten werden darf«, schrieb Wiedemann dazu!

Es gibt auch noch andere Anhaltspunkte dafür, daß Kronenberg bis zu seiner Verhaftung im Geheimdienst tätig war und sich einer Protektion erfreute, die nach außen unsichtbar war, bei den Beteiligten jedoch einen starken und nachhaltigen Eindruck hervorrief.

Er selbst hat im Gespräch mit seinen deutschen Geschäftsfreunden immer wieder auf seine guten Beziehungen zu hohen amerikanischen Regierungsstellen gepocht und bei jeder Gelegenheit betont, daß sein amerikanischer Rechtsanwalt kein Geringerer als der frühere amerikanische Außenminister Dean Acheson sei. Nun ist es aber unter Kennern amerikanischer Verhältnisse ein offenes Geheimnis, daß Acheson der CIA »nahesteht«.

Weiter: Als Kronenberg sich im November 1961 durch den Erwerb des gesamten Aktienkapitals zum alleinigen Herrn der AWB machte, konnte er über Nacht 500 000 Mark flüssigmachen, obwohl er zu diesem Zeitpunkt schwer verschuldet war und die große Zeit seiner Finanzmanipulationen noch nicht angebrochen war. Woher kam das Geld?

Einen recht deutlichen Fingerzeig gibt eine Bemerkung, die ein Rechtsanwalt namens Claud Allen fallen ließ, als Helga Kronenberg Anfang Oktober 1965 vor einem Londoner Gericht erschien, wo über den von der deutschen Regierung gestellten Auslieferungsantrag entschieden werden sollte. Im Verlauf dieser Debatte erklärte Allen mit Bezug auf den Erwerb der Allgemeinen Wirtschaftsbank: »Sie (die Kronenbergs) gaben an, zum Kennedy-Kreis zu gehören, und erklärten, es sei Präsident Kennedys Wunsch gewesen, der politisch gefährdeten Stadt Berlin durch die Gründung einer gesunden, mit reichlichen Mitteln versehenen Bank beizustehen« (Daily Express, London, 4. Oktober 1965).

Mit anderen Worten: Kronenberg kaufte die AWB für amerikanische Rechnung und mit amerikanischen Mitteln.

Das alles soll nun gewiß nicht bedeuten, daß die CIA als solche in Deutschland Hochstapelei begeht. Das hat sie gewiß nicht nötig, verfügt sie doch über ein praktisch unbeschränktes Budget. Aber es wäre gewiß nicht das erstemal, daß ein prominenter Agent dieser Behörde seine halboffizielle Stellung dazu benutzt hätte, sich selbst zu bereichern.

Natürlich ließ man Kronenberg fallen, nachdem sich herausgestellt hatte, was für tolle Dinge er sich geleistet hat. Doch wirkt seine Vergangenheit immer noch nach, das beweist u. a. die langjährige Weigerung sämtlicher einschlägiger Behörden, ein Bild von ihm herauszugeben, sowie das oben erwähnte Fotografierverbot des Stuttgarter Gerichts. Erst 1967 ist dieses Verbot aufgehoben worden.

Interessant ist in diesem Zusammenhang auch, daß beim Handelsregister Berlin, wie eine Auskunftei festgestellt hat, ein Teil der Akte »Allgemeine Wirtschaftsbank« fehlt und als »z. Z. nicht auffindbar« gilt. Das Register enthält auch keinen Abgabevermerk, wie üblich, wenn eine Akte ganz oder teilweise an eine zuständige Behörde, zum Beispiel die Staatsanwaltschaft, abgegeben wird.

Da der Name Kronenberg in der Restakte nirgends in Erscheinung tritt, obwohl die Tatsache, daß er im November 1961 sämtliche Aktien der Bank erwarb, sicher hätte vermerkt werden müssen, liegt die Vermutung nahe, daß der fehlende Teil der Akte ihn betrifft.

Wer hat widerrechtlich einen Teil der AWB-Akte aus dem Handelsregister entfernt? Auch darauf gibt es nur eine plausible Antwort: So etwas machen – und können – nur die Geheimdienste.

Von alledem ist natürlich bei der Verhandlung gegen das Ehepaar Kronenberg vor dem Stuttgarter Landgericht nicht die Rede gewesen. Daher ließ der Prozeß auch große Informationslücken bestehen.

Man hat zwar mit allen pikanten Details erfahren, wie die Kronenbergs mit dem Geld anderer Leute umgesprungen sind, doch gab der Prozeß keine klare Antwort auf die immerhin berechtigte Frage: Wie in aller Welt haben die das geschafft?

Hochstapeleien am laufenden Bande

Wer war in dem mit unerhörter Raffinesse arbeitenden Betrüger-Team Werner und Helga Kronenberg der »spiritus rector«?

Kriminalisten verschiedener Länder haben die Ansicht vertreten, daß wohl Frau Helga das eigentliche Gehirn dieser ungewöhnlichen Kombination hochstaplerischer Talente gewesen sei. Tatsache ist, daß die Schwindelgeschäfte der Kronenbergs in Helgas engerem Bekanntenkreis in Stuttgart ihren Anfang nahmen.

Tatsache ist ferner, daß Frau Kronenberg noch Hochstapeleien in großem Maßstabe in anderen Ländern weiterbetrieb, nachdem der Luftkonzern ihres Mannes in Deutschland geplatzt war, ja sogar nachdem dieser im Oktober 1962 auf der Flucht von Frankreich nach Spanien verhaftet worden war. Eine Frau, die nur willenlose Mithelferin ihres Mannes gewesen wäre, hätte kaum so gehandelt, zumal den Kronenbergs offenbar auch nach ihrer Entlarvung noch beträchtliche Mittel zur Verfügung standen.

Schon bald nachdem »Vernon« Kronenberg 1945 als CIC-Offizier nach Stuttgart gekommen war, lernte er dort die damals zwanzigjährige Helga kennen. Die hübsche, mittelgroße Brünette war die Tochter eines alteingesessenen Ingenieurs namens Karl Schilling und einer jüdischen Mutter. Sie hatte das Abitur gemacht und arbeitete als Sprechstundenhilfe.

Obwohl damals noch das sogenannte Fraternisierungsverbot bestand, schmiedeten die beiden jungen Menschen bald Heiratspläne. Helga Schilling war nicht nur von dem guten Aussehen und einnehmenden Wesen ihres Freundes beeindruckt, sondern sie wurde offenbar auch das erste Opfer seiner Aufschneidereien. Jedenfalls ging im Bekanntenkreis der Schillings bald die Mär um, daß Helga im Begriff sei, eine fabelhafte Partie zu machen. Vater Schilling erzählte einem Geschäftsfreund, seine Tochter habe den einzigen Sohn einer renommierten Bankiersfamilie in New York kennengelernt. Das junge Mädchen selbst prahlte vor Freundinnen: »Ich heirate einen Millionär. So weit bringt ihr es nicht.«

Spätestens im September 1946, als sie ihren Verlobten in New York heiratete, muß Helga jedoch erkannt haben, daß dessen Millionen nur in seiner blühenden Phantasie bestanden. Aus dieser Erkenntnis sproß aber nur ein um so heftigerer Drang nach der Verwirklichung des entschwundenen Traumes.

Es zeigte sich jedoch bald, daß nicht Amerika, sondern die alte Heimat das Land der unbegrenzten Möglichkeiten war.

Wovon die Kronenbergs in den ersten Jahren nach ihrer Eheschließung gelebt haben, ist nicht bekanntgeworden, doch versuchten sie offenbar damals schon, der unwilligen Fortuna ein bißchen mit ungesetzlichen Mitteln nachzuhelfen. Jedenfalls läuft schon 1950 gegen Werner Kronenberg ein Strafverfahren in USA wegen Ausgabe ungedeckter Schecks, in dem er zu zwei Monaten Gefängnis verurteilt wird.

In den Jahren 1952 bis 1955 schlagen sich die Kronenbergs schlecht und recht als Vertreter in verschiedenen Branchen durch. Er arbeitet als Akquisiteur für eine amerikanische Versicherungsgesellschaft und verkauft Policen an US-Staatsbürger in Deutschland; sie verkauft Waschmittel und Windeln.

Im Jahre 1956 taucht das Paar wieder in Deutschland auf. In Stuttgart stößt man auf alte Bekannte – teils frühere Nazis, teils überlebende Juden.

Zur erstgenannten Kategorie gehört jener Rechtsanwalt Dr. Oskar Ruisinger, von dem wir schon wissen, daß er später Kronenberg half, durch serienweise Ausgabe ungedeckter Schecks die Allgemeine Wirtschaftsbank in Berlin nach Strich und Faden auszuplündern.

Dr. Ruisinger, langjähriges Mitglied der NSDAP, lernt 1945, als es brenzlig wird, die Halbjüdin Helga Schilling kennen. Dank einem günstigen Zufall ist Fräulein Schilling auch mit dem amerikanischen CIC-Offizier Kronenberg gut bekannt. So kommt Ruisinger zu einer ebenso still wie durchschlagend wirksamen Protektion, die es ihm ermöglicht, die frühere Parteizugehörigkeit zu verschweigen und ungeschoren davonzukommen.

Natürlich fühlt sich Dr. Ruisinger dem hilfreichen Retter aus USA zu Dank verpflichtet und stellt sich diesem, als er zehn Jahre später wieder nach Stuttgart kommt, als juristischer Berater zur Verfügung. Auch auf gesellschaftlicher Ebene entwickeln sich enge Beziehungen zwischen den Ehepaaren Ruisinger und Kronenberg, die bis zum Zusammenbruch der AWB anhalten. Das Verhältnis der Kronenbergs zu einem anderen früheren Parteigenossen in Stuttgart ist genau umgekehrt. Siegfried Boss, Fabrikant in der nahen Stadt Metzingen, und seine Schwester Doris Braunwarth beklagen sich heute bitter über den Undank, den sie für eine gute Tat geerntet haben.

Helga Schilling war als junges Mädchen mit Doris Boss gut befreundet. Eines Nachts im Jahre 1942 kommt sie tränenüberströmt in das Haus ihrer Freundin und erzählt, daß man sie und ihre Mutter in ein KZ bringen wolle. Doris' Vater ist alter Parteigenosse und hat gute Beziehungen zu einflußreichen Kreisen. Es gelingt ihm, an zuständiger Stelle durchzusetzen, daß den beiden Frauen nichts geschieht. Familie Schilling überlebt das NS-Regime unangefochten.

Als Helga Kronenberg 1956 ihre Freundin in Metzingen wiedersieht, findet sie herzliche Worte der Dankbarkeit für die einstige Hilfe aus großer Not. Doch läßt sie in ihren überströmenden Wortschwall schon ein paar durchaus unwahre Bemerkungen über ihren »unermeßlichen Reichtum« einfließen, an dem sie ihre Lebensretter zu gegebener Stunde teilnehmen lassen will. So wird geschickt der Grundstein gelegt für einen Großbetrug, dem Doris und Siegfried Boss einige Jahre später zum Opfer fallen.

Ein anderer alter Bekannter in Stuttgart ist der Jude Josef Warscher. Er hat in der Hitlerzeit Schlimmes durchgemacht und erhält nach dem Kriege eine ansehnliche Entschädigung für eine mehrjährige KZ-Haft. Damit und mit einem guten Einkommen als Geschäftsführer der israelischen Kultusvereinigung Württemberg und Hohenzollern hat sich Warscher ein kleines Vermögen aufgebaut, das er restlos in einem von den Kronenbergs in Szene gesetzten Patentschwindel verliert. Auch dieser Fall soll noch in Einzelheiten erzählt werden, denn er fügt sich, ebenso wie der Betrug an den Geschwistern Boss, in die »große« Periode der Kronenbergschen Schwindelgeschäfte ein, die von 1959 bis 1962 reicht. Bei seinem Besuch in Stuttgart im Jahre 1956 begnügen sich Werner und Helga Kronenberg damit, die alten Bekanntschaften aufzuwärmen, denn zu diesem Zeitpunkt fehlen ihnen noch die Mittel für die aufwendige Lebensführung, die erst die Voraussetzung schaffen soll für das Gelingen der großen Betrugsmanöver späterer Jahre.

Der entscheidende Wendepunkt in der Vermögenslage, oder jedenfalls im Lebensstil der Kronenbergs dürfte um die Jahre 1957/58 zu suchen sein. Allerdings sind gerade aus dieser Zeit nur spärliche Informationen vorhanden. Fest steht jedenfalls, daß Kronenberg um diese Zeit (wenn nicht schon früher) in der damals noch internationalen Stadt Tanger die Scheinfirma Kaye Chemical Company gegründet hat, die ihm jahrelang als Hauptinstrument seiner finanziellen Manipulationen dienen sollte.

Wenn auch die »große« Zeit Tangers als Tummelplatz von Schiebern, Schmugglern, Hochstaplern und Geheimagenten aus aller Herren Ländern damals schon vorbei war, florierte doch noch ein paar Jahre lang die windige Geschäftemacherei in der kleinen Weltstadt an der Straße von Gibraltar.

Es ist gewiß kein Zufall, daß Kronenberg sich später zur Glaubhaftmachung seines nicht vorhandenen Riesenvermögens u. a. auf ein »To Whom It May Concern«-Schreiben stützte, in dem ihm von der American and Foreign Bank, 23 Boulevard Pasteur, Tanger, bescheinigt wurde, daß das Stammkapital der Kaye Chemical Company zwei Millionen Dollar betrage.

Bei diesem hilfreichen Geldinstitut handelt es sich nämlich um eben jene »Bank, die verschwand« und über die noch in einem Kapitel ausführlich zu berichten sein wird. Offenbar gehörte also der Großbetrüger Thomas Stangbye, der im Jahre 1960 die genannte Bank auf dem Papierwege von Tanger nach Panama zauberte und dabei Einlagen im Werte von mehreren Millionen Dollar verschwinden ließ, zu den Geschäftsfreunden Kronenbergs. Solche Querverbindungen bestehen nicht selten zwischen den verschiedenen Finanzskandalen, mit denen wir uns in der Folge beschäftigen werden.

Auch Kronenberg machte sich auf den Weg nach Panama, als ihm in Tanger der Boden unter den Füßen zu heiß wurde. Er selbst stellte einmal im Gespräch mit einem Geschäftsfreund die Gründe für seinen Entschluß so dar:

»Die Kaye Chemical habe ich von Tanger nach Panama verlegt, nachdem für Tanger die bekannten Steuervorteile wegfielen. Was in Panama steuerlich möglich ist, weiß jeder Geschäftsmann. Nun geht es mir darum, die Aktien der Kaye Chemical am US-Börsenmarkt zuzulassen. Jeder Geschäftsmann weiß auch, daß die Wirtschaftsgesetzgebung in den USA sehr streng ist. Und jeder weiß auch, daß ein werdender amerikanischer Minister vor Amtsantritt seine Aktien abgeben muß, damit er nicht in Versuchung komme, die Firmen zu begünstigen, deren Aktien er hält. Ähnliches gilt nun für mich. Wenn ich meine Aktien an der US-Börse einführen will, darf ich für die Einführungszeit von drei Monaten keine Aktien dieser meiner Firma besitzen. Mein amerikanischer Anwalt (Dean Acheson) hat mir gesagt, ich muß dann schwören, daß ich keine Aktie dieser Art besitze. Um rückenfrei schwören zu können, darf ich Sie um einen Gefallen bitten: Ich gebe Ihnen die Aktien meiner Firma und Sie geben mir für die dreimonatige Einführungszeit Wechsel. Diese Wechsel werde ich selbstverständlich nur in meinem Safe aufbewahren und nach Ablauf der Einführungszeit zurückgeben.«

Das alles ist charakteristisch für die Schwindeltechnik Kronenbergs. Er baut auf die auch unter erfahrenen Geschäftsleuten in Deutschland oft mangelnde genaue Kenntnis amerikanischer Verhältnisse und macht Eindruck, indem er eine glatte Unwahrheit (nämlich, daß er als Privatmann keine Anteile eines Unternehmens besitzen dürfe, das er an der Börse einführen will) mit einer Halbwahrheit (nicht alle werdenden Minister müssen in jedem Fall ihren Aktienbesitz aufgeben) zusammenkoppelt, ohne daß ein echter Zusammenhang besteht. Der Gesprächspartner hat schon einmal davon gehört, daß amerikanische Minister ihre Aktien bei Amtsantritt abgeben müssen, und schluckt daher auch unbesehen die freie Erfindung.

Mitte 1959 sind die Kronenbergs wieder in Stuttgart – und nun geht es richtig los. Wer von den alten Bekannten vielleicht noch nicht ganz von ihrem unermeßlichen Reichtum überzeugt war, kann angesichts des sagenhaften Aufwands, den sie jetzt betreiben – übrigens keineswegs in protziger Form – nicht mehr zweifeln, daß er es mit echten Dollarmillionären zu tun hat. Der alte Bekannte sagt's dem neuen, der neue sagt's einem Dritten, und bald wissen alle Leute, daß die Kronenbergs nur so im Geld schwimmen.

Von Februar 1960 bis Juni 1961 wohnten die Kronenbergs in einem der teuersten Appartements des Stuttgarter Flughafenhotels und bezahlten für diese Unterkunft insgesamt 84 400 Mark; danach zogen sie in das vornehmste Hotel von Stuttgart, Graf Zeppelin, um, wo sie bis zur Flucht im Oktober 1962 blieben. Hier entstanden Hotelrechnungen in Höhe von insgesamt 130 300 Mark, von denen die Kronenbergs 7000 schuldig blieben.

Werner Kronenberg, der nicht gerne unnötig selbst in Erscheinung trat, erledigte seine meisten Geschäfte per Telefon und ließ dabei auch fleißig den transatlantischen Draht spielen. So brachte er das wirkliche Kunststück fertig, in einer Dreimonatsperiode (April bis Juli 1962) im Hotel Graf Zeppelin eine Telefonrechnung von sage und schreibe DM 22 800 auflaufen zu lassen.

Für chromblitzende Straßenkreuzer meist amerikanischen Fabrikats, die er von Ende September 1959 bis September 1962 bei zwei Stuttgarter und einer Züricher Firma mietete, zahlte Kronenberg die hübsche Summe von 185 000 Mark.

Fast das Dreifache – 520 000 Mark – gab er für rund 400 normale Flüge und 350 Charterflüge mit Privatmaschinen, hauptsächlich nach Paris, Rom und Mailand, in der Zeit vom Juni 1959 bis Oktober 1962 aus. Für jeden Flug im Charterflugzeug hatte er im Durchschnitt 4000 Mark, einschließlich zwei Piloten, zu bezahlen. (Rund 115 000 Mark Flugkosten blieb er schuldig.)

Fragte man Kronenberg, warum er sich eigentlich nicht lieber ein Privatflugzeug oder wenigstens ein eigenes Auto anschaffe, da er dabei doch erheblich billiger wegkommen würde, als wenn er dauernd in Mietfahrzeugen reise, so pflegte er ganz gelassen – denn großspurig trat er nie auf – zu antworten: »Was soll's. Ich bin drüben in USA ohnehin in der höchsten Steuerstufe. Was bleibt mir anderes übrig, als Spesen zu machen?«

Solche Bemerkungen verfehlten selten ihre Wirkung. Denn wenn ein Amerikaner rücksichtslos Geld ausgibt, weil er »ohnehin in der höchsten Steuerstufe ist«, dann muß er ja wohl Multimillionär sein, sagten sich Kronenbergs Opfer. Und da man, wie ein französisches Sprichwort sagt (on ne prête qu'aux riches), nur reichen Leuten gerne Geld leiht, diesen dafür aber unbesehen jeden Betrag, bekam Kronenberg überall und jederzeit praktisch unbeschränkten Kredit. Niemand prüfte nach, ob er in USA überhaupt Steuern zahle, was er nicht tat, schon ganz einfach aus dem Grunde, weil er dort schon seit Jahren überhaupt keinen Wohnsitz mehr hatte. Gab er eine Adresse in New York an, so war sie entweder fiktiv (wie z. B. 550 Fifth Avenue) oder diejenige seiner Mutter (640 Fort Washington Avenue). Der Vater ist 1954 gestorben.

Wollte man auch nur annähernd alle Hochstapeleien beschreiben, die von den Kronenbergs in dieser Zeit begangen wurden, so käme man bald auf ein Buch von beträchtlichem Umfang. Tatsächlich beläuft sich die von der Stuttgarter Anwaltschaft zusammengestellte Anklageschrift auf über 400 Seiten, und dabei behandelt sie nur die Dinge, die sich auf deutschem Boden zugetragen haben. Wir müssen uns also hier darauf beschränken, die wichtigsten bzw. die bezeichnendsten Fälle herauszugreifen.

Zu den ersten größeren Opfern Kronenbergs gehörte das Bankhaus Hugo Stinnes (Mülheim/Ruhr). Die Art und Weise, wie Kronenberg diese Bank um rund vier Millionen Mark erleichtert hat, entbehrt nicht einer gewissen Originalität.

Am 21. April 1960 erscheint Kronenberg in einem Stuttgarter Druckhaus (Belser-Druck), um sich Aktien seiner »Kaye Chemical Company, Panama« drucken zu lassen. Betriebsleiter Georg Besendorfer hat einige Bedenken: Ist das auch legal? Um sicherzugehen, erkundigt er sich bei der Wertpapierbörse in Stuttgart. Dort erhält er die Auskunft, daß diese Art von Aktien nicht unter das deutsche Recht fallen würde. Auch aus München, wo er ebenfalls nachfragt, kommt die Antwort: »Keine Bedenken.« Also gehen die Papiere in Druck.

Gefragt, ob er irgendwelche speziellen Wünsche die Art des Druckes betreffend habe, antwortet Kronenberg, ja, es sollte »möglichst viel Gold« auf den Papieren zu sehen sein. Auf ein Wertpapierzeichen legte er dagegen keinen Wert, denn »solche Aktien kann man in Amerika von der Stange kaufen«.

Als alles fertig ist, erlebt Besendorfer eine Überraschung: Der »Dollarmillionär« aus USA findet die Rechnung – ganze 800 Mark – zu hoch!

Danach bietet Kronenberg 250 000 dieser Aktien (von denen allerdings nur ein Teil in Stuttgart gedruckt worden war) bei der Stinnes-Bank zum Kauf an. Er macht ein scheinbar verlockendes Angebot: Die Aktien, die er angeblich günstig aus einer Erbmasse erworben hat, sollen nur 4,60 Dollar pro Stück kosten. Kaye Chemical Co. verpflichtet sich, sie für 5,70 Dollar von Stinnes zurückzukaufen. Außerdem soll die Bank für eine Laufzeit von zwei Monaten eine Provision von 150 000 Mark erhalten. Als Sicherheit bietet er Stinnes ein verbindliches Kaufangebot gleicher Art der Oberbank Linz in Österreich an.

Unbegreiflicherweise kaufte die Stinnes-Bank, ohne sich zu vergewissern, was die Kaye Chemical Co. wirklich darstellt. Tatsächlich besteht die Firma nur aus einem Messingschild und einem Briefkasten in der Avenida Central von Panama City. Sie produziert nichts, vertritt nichts, besitzt nichts. Und für solche »Aktien« zahlt eine namhafte deutsche Bank 4,6 Millionen Mark, minus 10% Deckung! Auf dem größten Teil der Aktien für diese Summe ist Stinnes sitzengeblieben, denn die Oberbank versteht es, sich in letzter Minute elegant aus dem schlechten Geschäft zu ziehen.

Zwei Stuttgarter Banken, die Volksbank Zuffenhausen und das Bankhaus Ott KG, lassen sich durch die Kombination Kronenberg-Bluff + Ruisinger-Prestige so »einnebeln« (wie einer der Geschädigten sich selbst ausgedrückt hat), daß sie aller gesunden Bankpraxis zum Hohn reihenweise ungedeckte Schecks einkassieren, die erste für 3,3, die letzte für 3,6 Millionen Mark.

Im AWB-Prozeß gab ein Vertreter der Volksbank eine recht lahme Erklärung für dieses merkwürdige Geschäftsgebaren: »Alles ist auf Empfehlungen von Dr. Ruisinger geschehen. Wir glaubten an die Bonität des Unternehmens, denn Ruisinger war für uns ja der angesehene Stuttgarter Rechtsanwalt. Wäre Kronenberg ohne Ruisingers Empfehlung gekommen, hätten wir mit ihm niemals ein derartiges Geschäft angefangen.« Auf eine Frage des Gerichts antwortete der Zeuge: »Sieben Schecks mit 3,3 Millionen Mark sind hängengeblieben, die wir an Kronenberg bevorschußt hatten – das ist der Schaden der Volksbank Zuffenhausen. Wir glaubten mit Cummins-Schecks entschädigt zu werden.«

Die mysteriösen »Cummins-Schecks« geistern auch durch andere Betrügereien Kronenbergs. Man erfährt, daß Cummins der Name eines amerikanischen Rechtsanwalts in Kalifornien ist, »der als Vermögensverwalter auch Kredite für Kronenberg vermittelt haben soll. Auf Bitten Kronenbergs war von Anwalt Cummins ein Scheck in Höhe von 850 000 Dollar für die Allgemeine Wirtschaftsbank ausgestellt worden.« (Stuttgarter Zeitung, 16. März 1966)

Den Umständen nach scheint es sich bei Cummins um den geheimdienstlichen Geldgeber Kronenbergs gehandelt zu haben, denn er zog sich in dem Augenblick zurück, in dem die faulen Geschäfte »Vernons« gerichtsnotorisch wurden. Jedenfalls hat Cummins die AWB nicht vor dem Zusammenbruch gerettet, und die Volksbank Zuffenhausen hat von dem versprochenen Geldsegen aus Kalifornien auch nichts zu spüren bekommen.

Am schwersten geschädigt von allen Privatleuten wurde der Stuttgarter Aufzug-Fabrikant Dr. Otto Stahl, der auf den oben geschilderten Schwindel mit den Aktien, die Kronenberg angeblich aus Gründen der Börsenzulassung zeitweilig abgeben mußte, hereinfiel. Für die – natürlich ohne sein Wissen – bei Belser gedruckten Anteile der Kaye Chemical Co. gab Stahl in der Zeit vom Februar bis August 1962 Wechselakzepte für mehr als 13,5 Millionen Mark her. Dabei wurde vereinbart, daß das Geschäft nach der Einführung des Papiers am New York Stock Exchange – in Wirklichkeit war die Zulassung einer so faulen Aktie von vornherein ausgeschlossen – formlos rückgängig gemacht werden sollte.

»Vernon und Helga versprachen mir, die Akzepte im eigenen Portefeuille zu halten«, beteuert Dr. Stahl, und es besteht kein Grund, ihm das nicht zu glauben. Die Kronenbergs hielten sich jedoch nicht an das Versprechen, sondern reichten die Wechsel zum Teil an Stinnes weiter, während sie sich den Rest bei verschiedenen Banken diskontieren ließen. Mitte September 1962 platzten die Wechsel, nachdem sich Kronenberg nach Frankreich abgesetzt hatte. Am 15. Februar 1963 geht Stahl in Konkurs und verliert dabei sein gesamtes Privatvermögen von 7,5 Millionen Mark.

Auch der Metzinger Fabrikant Siegfried Boss und seine Schwester Doris, von denen oben schon die Rede war, fielen auf den gleichen Aktientrick herein und ließen sich von den Kronenbergs zur Ausstellung von Wechseln in Höhe von über einer halben Million Mark überreden. Dabei spielte die scheinheilige Versicherung, daß die Geschwister damit zum Dank für 1942 ein glänzendes Geschäft machen sollten, eine ausschlaggebende Rolle.

Skrupellos wurde auch von den Kronenbergs der jüdische Glaubensgenosse Josef Warscher hereingelegt. »Du hast so viel durchgemacht, dir soll es auch einmal besser gehen«, sagten sie zu ihm und drehten ihm ein wertloses Bananensteckerpatent an. Warscher zahlte dafür 150 000 Mark – mehr als er an Entschädigung für lange Haft im KZ erhalten hatte. Und obendrein verlor er seine gutbezahlte Stellung.

Werner wird gefaßt – Helga schwindelt weiter

Als Werner Kronenberg im Oktober 1961 die Aktien der Allgemeinen Wirtschaftsbank Berlin für 500 000 Mark kaufte, versprach er dem Aufsichtsrat, das Kapital des Instituts um fünf Millionen Mark zu erhöhen.

Woher wollte er dieses Geld nehmen?

Kronenberg war um diese Zeit schwer verschuldet. Allein bei der Investitions- und Handelsbank Frankfurt/Main stand er mit zwei Millionen Mark in der Kreide. Die einträglichen Geschäfte mit der Stinnes-Bank, mit dem Bankhaus Ott, mit der Volksbank Zuffenhausen waren zwar zum Teil schon angebahnt, aber noch nicht abgeschlossen. Und da will er fünf Millionen investieren?

Dieses Geld sollte offenbar aus Amerika kommen. Dafür spricht unter anderem die schon oben zitierte Bemerkung Kronenbergs, daß der Regierung Kennedy daran gelegen sei, der politisch gefährdeten Stadt Berlin durch Gründung einer zahlungskräftigen Bank beizustehen. Vor allem aber spricht dafür die recht mysteriöse Angelegenheit der Cummins-Schecks, von der schon die Rede war. Von diesem nicht näher identifizierten amerikanischen Rechtsanwalt in Kalifornien soll ja angeblich »auf Bitten Kronenbergs« ein Scheck in Höhe von 850 000 Dollar für die AWB ausgestellt worden sein. Damit sollte offenbar die zugesagte Erhöhung des Aktienkapitals, wenigstens zum größten Teil, finanziert werden.

Die AWB hat diese Cummins-Schecks bestimmt nicht erhalten, denn sonst wäre sie nicht bankrott gegangen. Die Volksbank Zuffenhausen, der sie ebenfalls zugesagt waren, hat auch vergeblich darauf gewartet.

Wo ist das Geld also geblieben? Ist es überhaupt jemals bezahlt worden? Das alles ist noch in undurchdringliches Dunkel gehüllt.

Die Akte Allgemeine Wirtschaftsbank im Handelsregister der Stadt Berlin beginnt mit dem 26. März 1941. Zu dieser Zeit war der Sitz der Bank in Ostberlin. Nach dem Zusammenbruch wurde sie zuerst nach Köln verlegt, um dann im Jahre 1959 wieder nach Berlin (West) zurückzusiedeln. Ihr Sitz war nun Lietzenburgerstraße 36, Berlin W 15.

Nach der Rückkehr verlegte sich die Bank hauptsächlich auf Ost-West-Wechselgeschäfte, die im Herbst 1961 infolge des Mauerbaus praktisch aufhörten. Darauf mag zurückzuführen sein, daß der größte Teil des Personals in der zweiten Jahreshälfte entlassen wurde.

Die AWB führte aber auch Sparkonten, deren Inhaber zumeist in Ostberlin wohnten. Dieser Kreis von Geschädigten hatte es nach dem Zusammenbruch der Bank aus einleuchtenden Gründen nicht leicht, seine Forderungen geltend zu machen. Diese voraussehbare Tatsache war in Kronenbergs Plänen sicher mit einkalkuliert.

Denn anstatt der Bank, wie versprochen, neue Mittel zuzuführen, machte sich Kronenberg alsbald daran, sie von innen heraus völlig auszuhöhlen. Als erstes nach seiner Übernahme der Bankgeschäfte setzte er den Vorstand vor die Tür und ernannte einen gewissen Fritz Haaf zum Nachfolger – einen Monat, bevor der frühere Reichsbankvizepräsident Lange die Leitung der Bank übernahm.

Kaum war Haaf im Amt, so erhielt er von Kronenberg Weisung, sämtliche Wertpapiere der Bank im Werte von 700 000 Mark auf das Konto der American Bank and Trust Co., Panama, bei der Bank in Liechtenstein zu überweisen.

Die sogenannte American Bank and Trust Co., Panama, ist eine der sechs eindeutig identifizierten Scheinfirmen Kronenbergs. Sie bestand wie die schon erwähnte Kaye Chemical Company praktisch nur aus einem Messingschild und einem Briefkasten, und zwar mit der gleichen Adresse (Avenida Central 8/40, Panama City).

Mit anderen Worten also: Kronenberg veranlaßte Haaf, praktisch die gesamten Aktiven der Allgemeinen Wirtschaftsbank auf sein privates Konto bei der Bank in Liechtenstein zu überweisen.

Liechtenstein ist auch sonst, ebenso wie Panama und vorher Tanger, eine beliebte Drehscheibe für Kronenbergs geschäftliche und finanzielle Manipulationen gewesen. Unter anderem gründete er in Vaduz eine Kaye Tex Products Trust, die weder mit Texas noch mit Produktion und schon gar nichts mit Vertrauen (Trust) zu tun hatte. (Kaye soll Helga Kronenbergs Kosename sein.)

Nach der Übertragung sämtlicher Wertpapiere der AWB auf das

besagte Kronenberg-Konto in Liechtenstein war die Berliner Bank praktisch insolvent, wenn es auch den jetzt amtierenden Geschäftsführern (Lange und Ruisinger) und ihrem Hintermann Kronenberg noch eine Zeitlang glückte, diese Tatsache durch Scheck- und Wechselreiterei zu verschleiern.

Bei seinen umfangreichen Betrugsmanövern in Stuttgart im Jahre 1962 bediente sich Kronenberg der AWB in steigendem Maße. Wie er sich von Ruisinger faule Schecks am laufenden Bande ausstellen ließ, ist schon eingehend geschildert worden. Unter anderem blieb die Volksbank Zuffenhausen auf ungedeckten AWB-Schecks im Werte von über drei Millionen Mark sitzen. Insgesamt wurden solche Schecks für 12 Millionen Mark ausgegeben.

Der Metzinger Fabrikant Siegfried Boss wurde auch mit Hilfe der AWB getäuscht. Bevor er die von ihm verlangten Wechsel hergab, flog der vorsichtige Schwabe nach Berlin, um sich persönlich von der Bonität der Kronenberg-Bank zu überzeugen. Er sprach mit der Prokuristin Zimmermann, die ihm unbedenklich versicherte: »Kapital jede Menge.«

Dabei besaß die AWB zu diesem Zeitpunkt schon keinen roten Heller mehr. Das kam zufällig heraus, als das Bundesaufsichtsamt für das Kreditwesen Anfang Oktober 1962 eine routinemäßige Überprüfung der Bücher vornahm. Daraufhin wurde der AWB sofort die Erlaubnis zum weiteren Betreiben von Bankgeschäften entzogen. Bald danach kam es zu dem – wie später gerichtlich festgestellt wurde – um mindestens drei Monate zu spät angemeldeten Konkurs. Am 19. Oktober wurde der Konkursverwalter Dr. von Stockum eingesetzt. Zwei Monate später wurde die Gesellschaft aufgelöst.

Inzwischen waren die ersten Verhaftungen erfolgt. Während die Festnahme der Frau Zimmermann am 6. Oktober – Lange blieb auf freiem Fuß! – außerhalb Berlins in der Öffentlichkeit nur wenig beachtet wurde, erregte die Verhaftung des Aufsichtsratsvorsitzenden Dr. Ruisinger am 19. Oktober allgemeines Aufsehen, da er zu den prominentesten Rechtsanwälten der Bundesrepublik gezählt wurde.

Auch gegen Kronenberg wurde sofort vom Amtsgericht Berlin-Tiergarten Haftbefehl erlassen. Interessanterweise enthielt der über Interpol an alle Polizeibehörden der westlichen Welt ausgesandte Steckbrief den Vermerk: »Vorsicht! Kronenberg ist höchstwahrscheinlich bewaffnet. Vermutlich hat er auch eine Leibwache.«

Diese Warnung stellt einen weiteren Hinweis auf das durch zahllose Indizien belegte Doppelleben Kronenbergs als Hochstapler und Geheimagent dar.

Kronenberg, der sich in Berlin nur selten und immer nur kurz aufhielt und in solchen Fällen fast ausnahmslos im Schutze nächtlicher Dunkelheit eintraf, war »geschäftlich verreist«, als der Haftbefehl gegen ihn ausgestellt wurde. Er flog zuerst nach Paris, wo er schon am 16. Oktober beinahe in die Hände der Polizei gefallen wäre. Doch soll er – nach unbestätigten Presseberichten – im Verlauf einer wilden Schießerei vor einem Pariser Hotel seinen Verfolgern entkommen sein.

Wenn das stimmt, hat er sich dort zweifellos unter anderem Namen aufgehalten, denn als er am 23. Oktober 1962 versuchte, die französisch-spanische Grenze bei Le Perthus (Pyrenäen) zu überschreiten, zeigte er unbedenklich einen amerikanischen Paß vor, der auf den Namen Helmut Vernon Kronenberg ausgestellt war. Der Paß trug die Nummer 25 136 und war am 21. Juni 1961 in Washington ausgefertigt worden.

Auch das ist sehr bemerkenswert, denn wenn sich auch das amerikanische Paßamt gewiß in Washington befindet, so werden doch Pässe dort in der Regel nur ausgestellt, wenn der Antragsteller seinen Wohnsitz in den Vereinigten Staaten hat. Wer dauernd im Ausland lebt – und die Kronenbergs haben seit mindestens 1956 keinen festen Wohnsitz mehr in USA gehabt – bekommt seinen Paß über ein amerikanisches Konsulat im Ausland. Überdies war Kronenberg am Ausstellungstage im Hotel Graf Zeppelin in Stuttgart angemeldet. Zuständig für die Ausfertigung des Passes wäre also normalerweise das amerikanische Konsulat in Stuttgart gewesen.

Hinzu kommt noch eins: Kronenberg ist naturalisierter Bürger der USA. Nun galt aber bis vor wenigen Jahren ein Gesetz, durch das allen naturalisierten Bürgern automatisch die amerikanische Staatsangehörigkeit entzogen wurde, wenn sie sich länger als drei Jahre in ihrem Geburtsland oder länger als fünf Jahre im sonstigen Ausland aufhielten. Nach den Muß-Vorschriften dieses Gesetzes, das erst 1963 vom Obersten Gericht als verfassungswidrig außer Kraft gesetzt worden ist, hatte Kronenberg längst seine Staatsangehörigkeit verwirkt und hätte überhaupt keinen Paß bekommen dürfen.

Ausgenommen von dieser festen Regel waren nur solche naturalisierten Bürger, die sich im Regierungsauftrag im Ausland aufhielten, womit vor allem der CIA angemessener Spielraum gegeben wurde. Da Kronenberg weder Beamter noch Militär war, muß man in der Sonderbehandlung, die ihm in der Paßfrage zuteil wurde, ein weiteres, und zwar schlüssiges Indiz dafür sehen, daß er für den Geheimdienst gearbeitet hat. Übrigens hat sich Kronenberg nach Aussagen verschiedener Bekannter auf eine angebliche diplomatische Immunität berufen, und er führte auch ein »CD«-Nummernschild an seinem Wagen. Das alles weist eindeutig in dieselbe Richtung.

Als Kronenberg am 23. Oktober 1962 Le Perthus erreichte, prangte allerdings kein »CD« mehr an seinem Auto, denn sonst hätte er die Grenze sofort unbehelligt passieren dürfen. Statt dessen wurde er auf Grund des längst eingetroffenen Steckbriefs verhaftet und erst nach Montpellier und dann nach Paris gebracht.

Von den französischen Behörden ist sowohl die Festnahme wie auch die Voruntersuchung, die über ein Jahr gedauert hat, und ebenso die Verurteilung Kronenbergs mit größter Diskretion behandelt worden. Normalerweise hätte die Verhaftung eines internationalen Hochstaplers, der wegen Veruntreuung von Millionenbeträgen gesucht wird, in der Presse größtes Aufsehen erregen müssen.

Tatsächlich haben jedoch die französischen Blätter von der Affäre kaum Kenntnis genommen, was vermutlich darauf zurückzuführen ist, daß ihnen keinerlei amtliche Informationen – und vor allem keine Fotos – zugänglich gemacht wurden.

Schier undurchdringliches Dunkel umgibt die Umstände, unter denen Kronenberg im Dezember 1963 in Paris der Prozeß gemacht wurde. Die französischen Behörden behaupteten, keine Unterlagen mehr zu haben, diese seien an Interpol abgegeben worden; Interpol will sie nach Deutschland weitergeleitet haben. Die deutschen Behörden interessierten sich aber nur für die deutschen Fälle usw. Man dreht sich also im Kreise.

Fest steht jedoch, daß Kronenberg zwar auf Ersuchen der Berliner Staatsanwaltschaft von der französischen Grenzpolizei festgenommen worden, in Paris aber wegen ganz anderer Dinge abgeurteilt worden ist. Er wurde nämlich am 12. Dezember 1963 von der 12. Strafkammer des Tribunal de la Seine wegen *in Frankreich begangener* Delikte (Betrug, Ausgabe ungedeckter Schecks usw.) zu drei Jahren Gefängnis verurteilt. Dieses Urteil wurde am 7. Februar 1964 vom Appellationsgericht in Paris bestätigt.

Aus alledem scheint hervorzugehen, daß die französischen Justizbehörden erst nach der Festnahme Kronenbergs gemerkt haben, daß sie es mit einem alten Bekannten zu tun hatten, der auch von ihnen schon längst gesucht wurde, wenn auch gewiß unter einer anderen Identität. In Frankreich soll Kronenberg unter anderem die amerikanische Weltfirma Dupont um Millionenbeträge beschwindelt haben. Daß er dort schwerwiegende Verbrechen begangen hat, geht aus der Höhe des Strafmaßes hervor.

Nach seiner Verurteilung in Paris wurde der Strafgefangene Kronenberg zweimal von den französischen Behörden an die deutschen Kollegen »ausgeliehen«. Das erstemal am 13. Mai 1964, als er vorübergehend nach Deutschland überstellt wurde, um in der gegen ihn hier anhängig gemachten Voruntersuchung vernommen zu werden. Dann wieder in dem schon mehrfach erwähnten AWB-Prozeß, der Mitte März 1966 in Stuttgart stattfand. Eine eingehende Vernehmung Kronenbergs zur Sache fand bei dieser Gelegenheit nicht statt. Sowohl er selbst wie auch Frau Helga, die inzwischen ebenfalls festgenommen worden war, verweigerten die Aussage als Zeugen, obwohl sie nach dem Gesetz dazu verpflichtet gewesen wären. Von der Möglichkeit, die Beugehaft zu verhängen, sah das Gericht ab. So verpuffte die große Sensation, die mancher erwartet hatte.

Erstaunlich milde waren auch die Strafen, die das Gericht über die Angeklagten Lange und Zimmermann verhängte. Obwohl es in der Urteilsbegründung heißt: »Viele kleine Sparer sind geschädigt, das Vertrauen zu den Bankinstituten ist erheblich erschüttert«, setzte das Gericht die an sich milden Strafen (9 Monate Gefängnis für Lange, 2 Monate für Frau Zimmermann) zur Bewährung aus, denn »das öffentliche Interesse erfordert in diesem Fall nicht unbedingt die Vollstreckung der Freiheitsstrafen.«

Erheblich schlechter ging es einem weiteren Angeklagten in einem anderen Vorprozeß, der schon Mitte Februar 1964 ebenfalls in Stuttgart stattfand. In diesem Falle mußte sich ein neunundzwanzigjähriger Elektromonteur aus Basel (Schweiz) namens Paul Euler dafür verantworten, daß er ein Jahr lang als Strohmann Kronenbergs Direktor gespielt und dabei munter Urkunden gefälscht hatte.

Euler hatte sich auf ein Inserat in einer Zeitung hin gemeldet und war daraufhin von den Kronenbergs, obwohl er keinerlei geschäftliche Erfahrung besaß, zum Direktor der Scheinfirma Kaye Tex Products, Vaduz, ernannt worden, wobei ihm seine schweizerische Staatsangehörigkeit gut zustatten kam.

In dieser Eigenschaft schrieb Euler unter anderem die Strickwarenfabrik Mayer KG in Burladingen, Württemberg, an, um Waren im Wert von über 40 000 DM zu bestellen. In dem von Euler unterzeichneten Brief der Kaye Tex Products hieß es, die Lieferung sei für amerikanische PX-Stores in Deutschland bestimmt. Erklärend wurde hinzugefügt, daß kraft gesetzlicher Vorschriften Aufträge, die von den PX an deutsche Lieferanten vergeben würden, über eine amerikanische Firma abgerechnet werden müßten. Zur weiteren Glaubhaftmachung dieser Story war die Kopie eines Schreibens beigefügt, das Kaye Tex Products von einer amerikanischen Beschaffungszentrale Off Shore EES Headquarter, New York 16, erhalten haben will.

In diesem Fall aber ließen sich die Schwaben nicht auf den Leim führen. Sie erkundigten sich und konnten bald feststellen, daß es ein Headquarter dieser Bezeichnung überhaupt nicht gibt. Aus der Bestellung wurde nichts.

Das Gericht stellte weiter fest, daß Euler von Juni 1961 bis Juni 1962 insgesamt 18 Wechsel, die ihm von Kronenberg vorgelegt worden waren, im Namen »seiner« Firma bewußt unleserlich unterschrieben hatte. Diese Wechsel wurden einer Bank in Stuttgart zur Diskontierung eingereicht und erbrachten über eine Million Mark.

Zum Dank für solche Handlangerdienste durfte Euler ein Jahr lang in der ganzen Welt herumfliegen, in erstklassigen Hotels logieren, Spesen machen und internationale Hochfinanz mimen. Das Gericht quittierte mit elf Monaten Gefängnis. Ohne Bewährungsfrist. Auch wenn dem Angeklagten bescheinigt wurde, daß er nur »ein Rädchen im großen Getriebe« einer unglaublichen Schwindelmaschinerie gewesen sei.

Nach dem Euler-Prozeß trat die deutsche Justiz anderthalb Jahre lang auf der Stelle. Man kam mit der Voruntersuchung des Kronenberg-Falles nicht weiter, weil ein ganz großes Rad des Getriebes nicht zum Stehen zu bringen war. Nach der Verhaftung ihres Mannes war Frau Helga Kronenberg wie vom Erdboden verschluckt. Trotz eifriger Fahndung in allen westlichen Ländern gelang es nicht, ihrer habhaft zu werden.

Der Grund war einfach: Die reichlich vollschlanke Vierzigerin (sie wog zeitweise über zwei Zentner bei einer Größe von nur 1,55 m) hatte sich inzwischen aus der schlichten Mrs. Kronenberg in eine iberische Adelsdame verwandelt, die abwechselnd unter drei gleich wohlklingenden Titeln auftrat, nämlich als Prinzessin di Carpino, Marquesa de Fresnada und Herzogin Cariano.

Das schönste an dieser Titelgeschichte ist folgendes: Als Frau Helga am 10. September 1965 in London vor Gericht stand, wo über ihre Auslieferung an Deutschland verhandelt werden sollte, entwickelte sich zwischen ihrem Verteidiger Gavin Freeman und dem Kriminalbeamten Donald Langton (Scotland Yard) folgendes Zwiegespräch:

Freeman: »Haben Sie Fotokopien von Urkunden gesehen, aus denen hervorgeht, daß sie *berechtigt* ist, die Titel Prinzessin di Carpino, Marquesa de Fresnada und Herzogin Cariano zu führen?«

Langton: »Ja. Ich höre, daß es sich dabei um Titel spanischen Ursprungs handelt.«

Freeman: »Sie ist also gar keine deutsche Staatsangehörige?«

Langton: »Nach meinen Informationen soll sie am 23. Juli 1925 in Stuttgart geboren sein.« (London Evening News, 10. September 1965)

Von keiner Seite wurde die Frage angeschnitten, von wem und zu welchem Zweck Helga Kronenberg das *Recht* verliehen wurde – ein Recht, das sie immerhin urkundlich nachweisen konnte –, drei hochtrabende spanische Adelstitel zu tragen.

Vorher hatte Helga Kronenberg mindestens ein Jahr lang in Irland ihr Unwesen getrieben. Auf ihre vermeintlichen Adelstitel pochend, trat sie dort als Mitinhaberin von Angélique International Ltd. auf, angeblich ein weltweites Unternehmen der Parfümbranche, das überall in Irland Vertreter suchte. Interessenten mußten in jedem Falle eine beträchtliche »Sicherheit« hinterlegen, die in Helgas Handtäschchen verschwand, ohne daß jemals ein Vertretungsvertrag, geschweige denn ein Verkauf von Angélique-Parfüm zustande gekommen wäre. Allein in einem Falle gelang es Frau Kronenberg, sich von einer Miss Broege Cullinan 6100 Pfund zu erschwindeln.

Um ihre Opfer noch besser einzunebeln, erzählte die Prinzessin bzw. Marquesa bzw. Herzogin ihnen, daß ihre Eltern in Texas ein Schloß mit 25 Dienstboten besäßen.

Das alles und noch vieles mehr kam auf einer Gerichtsverhandlung in Dublin im November 1963 zum Vorschein. Die Sitzung wurde vertagt. Bevor sie wieder aufgenommen werden konnte, war die Angeklagte spurlos verschwunden. Sie war gegen Kaution auf freien Fuß gesetzt worden.

Man weiß heute, daß Helga damals nach England flüchtete, wo es ihr gelang, sich fast zwei Jahre lang verborgen zu halten. Zu guter Letzt sollte ihre Hundeliebe ihr zum Verhängnis werden. Helga besaß nämlich zwei Pudel, Hopalong und Putzi, und diese Tatsache war auch den Fahndungsbehörden bekannt.

Am 8. September 1965 ging ein Kriminalbeamter am Strande des englischen Seebades Torquay spazieren, als sein Auge auf zwei sittsam stolzierende Pudel fiel. Dann wanderte sein Auge weiter zu der Besitzerin, einer wohlbeleibten Dame im Nerzmantel. Die Kombination rief in dem Detektiv Erinnerungen wach an einen internationalen Haftbefehl, den er gesehen hatte. Kurz darauf wurde Helga Kronenberg in ihrem Hotel verhaftet.

Lange und zäh, jedoch vergeblich, kämpfte sie gegen ihre Auslieferung. Ende Dezember 1965 wurde sie von den englischen Behörden der Stuttgarter Kriminalpolizei übergeben und danach in das Frauengefängnis Stammheim eingeliefert.

Erst am 18. April 1966 war es jedoch so weit, daß von der Staatsanwaltschaft auch gegen Helga Kronenberg Anklage erhoben werden konnte. Sie sollte sich nun mit ihrem Mann und Dr. Ruisinger vor Gericht verantworten. Es sollte einer der größten Sensationsprozesse der Nachkriegszeit werden.

Der Monsterprozeß

»Die Anklageschrift wurde mit sehr viel Liebe aufgestellt.«

So ironisierte Vernon Kronenberg einmal im Laufe seines Prozesses, der am 12. Juni 1967 vor der Achten Großen Strafkammer des Stuttgarter Landgerichts unter dem Vorsitz von Landgerichtsdirektor Hans Kindermann eröffnet wurde, die Anklage.

Daß die beiden Staatsanwälte Günther Weinmann und Manfred Möbius, denen die Ermittlungen oblagen, es sich nicht leicht gemacht hatten, konnte man schon allein aus dem Umfang der Prozeßakten ersehen: 60 dicke Leitz-Ordner füllten die Regale des übrigens viel zu kleinen Gerichtssaals, in dem die Monsteraffäre verhandelt wurde. Sie erwies sich als so verwickelt, daß die Börsenspezialisten der Staatsanwaltschaft zwei Jahre dazu brauchten, um diesen Dschungel der Hochfinanz einigermaßen zu durchleuchten. Und es dauerte über ein Jahr, bevor das Urteil gefällt werden konnte.

Immer noch elegant gekleidet, doch mit schütterem Haar, grauen Schläfen und einem von langer Haft gezeichneten Gesicht, so stand Kronenberg seinen Richtern gegenüber. Erst vierzehn Tage vorher war er aus dem französischen Gefängnis entlassen worden, in dem er seine dreijährige Strafe bis zum letzten Tag hatte absitzen müssen. Eigentlich hätte Kronenberg in Frankreich noch weitere 40 Tage einsitzen sollen, weil er die Prozeßkosten nicht voll bezahlen konnte. Erst nachdem sein Stuttgarter Rechtsanwalt die noch ausstehenden 900 Francs nach Paris überwiesen hatte, wurde Kronenberg von den Franzosen freigegeben, um sich vor den deutschen Richtern verantworten zu können.

Frau Helga, trotz vollschlanker Figur immer noch recht gut aussehend, saß ihrem Mann auf der Anklagebank gegenüber. Dank eines besonderen Gerichtsbeschlusses hatte die seit 19 Monaten Inhaftierte die Erlaubnis bekommen, dezentes Make-up und eine doppelreihige Perlenkette im Gerichtssaal zu tragen.

Der dritte Angeklagte, unter der Bezichtigung des schweren Betrugs, der Untreue und des Parteiverrats, war Rechtsanwalt Ruisinger.

Schon bei der Vernehmung zur Person berief sich Kronenberg auf sein schlechtes Erinnerungsvermögen.

»Ich bin seit fünf Jahren in Haft, tragische Ereignisse sind auf mich eingestürzt«, erläuterte er dem Gericht mit trauriger Stimme, um dann mit einem sonderbaren Gedankensprung fortzufahren: »Ich mußte von meiner Mama Zahnpasta annehmen, sonst hätte ich jetzt schwarze Zähne.«

Ein Antrag seiner beiden Verteidiger, die Hauptverhandlung um einen Monat zu vertagen, weil ihr Mandant nach der Entlassung aus französischer Haft nur zwei Wochen zur Vorbereitung auf den Prozeß gehabt habe, wurde vom Gericht abgelehnt.

Kronenbergs eigene Verteidigung berief sich auf Gedächtnisschwäche. Er behauptete, sich an nichts erinnern zu können und die Übersicht über das Ganze verloren zu haben. Immer wieder fügte er seinen Ausführungen den Zusatz an, »wie ich aus den Akten gelesen habe«.

Hin und wieder aber legte er eine überraschende Schlagfertigkeit an den Tag, die bewies, daß er trotz möglichem Gedächtnisschwund geistig noch vollkommen auf der Höhe war. So sagte er z. B. einmal: »Ich lese da, ich hätte 600 Millionen Mark bewegt. Wenn ich aber nur fünf Prozent Unkosten rechne bei diesen Bewegungen, so komme ich schon auf 30 Millionen. Da aber gesagt wird, es fehlen 9 bis 12 Millionen, so müssen meine Firmen also viel Geld verdient haben.«

Daß sie überhaupt nicht verdient hatten und auch nicht konnten, weil sie eben nur auf dem Papier bestanden, wollte dem Angeklagten nicht einleuchten.

Obwohl bei Abfassung der Anklageschrift nur die in der Bundesrepublik begangenen Verbrechen berücksichtigt worden waren, erreichte sie, wie schon erwähnt, einen stattlichen Umfang, nämlich von 410 Schreibmaschinenseiten. Nicht weniger als 150 Zeugen waren geladen worden, um Licht in das schier undurchdringliche Dunkel der Kronenbergschen Transaktionen zu bringen, was aber nur teilweise gelang.

In die schwere Anklage mischte sich ein Quentchen Bewunderung. Der Staatsanwalt machte kein Hehl daraus, daß er den Angeklagten für »einen der größten Hochstapler aller Zeiten« halte – und das will schon etwas heißen. Ein Presseberichterstatter nannte Kronenberg einen »phänomenalen Vabanquespieler«.

In der Anklageschrift wurde zum Ausdruck gebracht, daß Kronenberg über Länder und Kontinente hinweg in waghalsigen Transaktionen mindestens 450 Millionen »jongliert« habe. Mit ungedeckten Schecks, Wechselreitereien und wertlosen Aktien habe er sich immer tiefer in eine heillose Verschuldung verstrickt. Übrig blieb laut Anklage ein Schaden von 10 bis 20 Millionen Mark zu Lasten gutgläubiger Banken und Geschäftsleute sowie der persönlichen Freunde des Angeklagten.

Schwerer Betrug in zahlreichen Fällen, Urkundenfälschung und übermäßiger Aufwand nach § 240 der Konkursordnung waren die Hauptanklagepunkte. Die Tatsache, daß die Kronenbergs in einer Zeit, in der sie schon bis über den Kopf verschuldet waren, einen unerhörten Luxus trieben, wurde ihnen als besonders straferschwerend zur Last gelegt. Die Staatsanwaltschaft konnte mit exakten Zahlen aufwarten, bei deren Anblick jedem Durchschnittsbürger der Atem stocken wird:

Vom 11. Februar 1960 bis zum 8. Juni 1961 wohnte Kronenberg mit seiner Frau und seiner kleinen Tochter, zeitweilig auch mit einem Sekretär, in einem Luxusappartement des Flughafenhotels in Stuttgart-Echterdingen. Kostenpunkt, ohne Berücksichtigung von Trinkgeldern: 84 412 Mark. Vom 7. Juni 1961 bis 10. September 1962 wurde ihnen vom Hotel Graf Zeppelin in Stuttgart für Wohnung und Restaurant – wieder ohne Trinkgelder – insgesamt 130 300,58 Mark berechnet, wovon noch eine Restschuld von 6901,46 zu zahlen ist. Im gleichen Hotel wurden vom 2. April bis zum 9. Juli 1962 Telefongespräche für 22 839,15 Mark geführt. Für Flugreisen, zum großen Teil mit privaten Charterflugzeugen in- und ausländischer Fluggesellschaften – insgesamt etwa 700 Flüge, unter anderem nach Nizza, Monte Carlo, Rom, Mailand und Zürich – gaben die Kronenbergs von Ende Juni 1959 bis Mitte Oktober 1962 520 000 Mark aus. Dabei blieb eine Restschuld von 115 000 Mark unbeglichen. Für Mietwagen wurden von Anfang

November 1959 bis Ende September 1962 nicht weniger als 185 000 Mark ausgelegt; auch hier besteht noch eine unbezahlte Restschuld. Wer derart viel Schulden habe, meinte die Anklage, dürfe nicht noch zusätzlich und unnötig rund 950 000 Mark ausgeben, von denen insgesamt noch 170 000 unbeglichen sind.

Von dem Hauptangeklagten zeichnete die Anklageschrift das Bild des typischen Hochstaplers von großem Format: Ein sympathisch wirkender Weltmann von besten Manieren, der blendend aussieht und überdurchschnittliche Intelligenz an den Tag legt, dazu Sohn eines bekannten Berliner Bankiers. Dieser Typ trifft den weichen Punkt selbst seriöser und versierter Kaufleute.

Frau Helga stellte die Verbindung zur schwäbischen Hautevolée dar, durch die Kronenberg sich jenes lokale Vertrauenskapital beschaffen konnte, das er dann in bare Münze umwechselte. Der angesehene Stuttgarter Rechtsanwalt Dr. Ruisinger half, die letzten Kreditschwierigkeiten zu überbrücken.

Besonders gravierend fand die Anklage es auch, daß die Kronenbergs das persönliche Vertrauen ihrer zahlreichen Freunde und Bekannten in schamlosester Weise ausnutzten. Sie verstanden es immer wieder, durch sogenannte Gefälligkeitswechsel zu Geld zu kommen. Sie versprachen den Gutgläubigen, die Wechsel nur »zur Sicherheit« und »pro forma« in Bankdepots aufzubewahren und sie nach einer gewissen Zeit zurückzugeben. In Wirklichkeit aber wurden die Wechsel prompt bei einer Bank zur Diskontierung, zur Schuldenabdeckung oder für persönlichen Luxus eingereicht und verwertet.

Zu seiner Entschuldigung brachte Kronenberg unter anderem vor, daß er eben nie an bescheidene Verhältnisse gewöhnt gewesen sei. »Mein Papa gehörte zu den größten Steuerzahlern von Berlin-Wilmersdorf«, erklärte er dem Gericht. Dabei vergaß er allerdings zu erwähnen, daß die Eltern nach der Emigration in die USA auch jahrelang in recht beschränkten Verhältnissen lebten und daß er selbst sich als junger Mann schlecht und recht in New York hatte durchschlagen müssen, bevor er seine Schwindelkarriere begann.

Frau Helga verteidigte sich schlicht und mit gespielter Hilflosigkeit. »Ich war gutgläubig und habe meinem Mann immer vertraut«, erklärte sie vor Gericht. »Er hat mich sehr verwöhnt. Ich tat nichts ohne seine Weisung.«

Sie habe ihrem Mann auch geglaubt, er sei Konsul von Panama, erzählte sie dem Gericht. Daß sie selbst als Geschäftsführerin einiger

Kronenbergschen Unternehmen fungiert habe, wollte Helga erst aus der Anklage erfahren haben.

Einen Lichtblick für die Angeklagte brachte am 28. Juli 1967 die Aussage eines früheren Angestellten einer der Kronenberg-Firmen, des 44 Jahre alten Oberingenieurs Hans M. Arsovic, der als Zeuge vorgeladen war. Wichtige Fragen habe immer Vernon Kronenberg entschieden, nicht seine Frau, erklärte der Zeuge und fügte betont hinzu: »Er war der Boß.«

Aber auch Arsovic gegenüber hatte Helga ihrem Hang zum Phantasieren freien Lauf gelassen. Sie hatte ihm, nach seiner Aussage, erzählt, sie sei eine gebürtige Amerikanerin, daß ihre Eltern Franklin hießen und in der Stadt Houston in Texas beheimatet seien.

Arsovic hatte übrigens in einer Fachzeitschrift einen Artikel über das sogenannte »Kaye Paper«, ein wasser- und reißfestes Papier, für das Kronenbergs »Kaye Chemical Corporation of Tanger« angeblich Patentrechte besaß, veröffentlicht, der, wie er angab, zu Anfragen aus aller Welt geführt habe. Der Zeuge, der mit Kronenberg einen Vertrag über eine Beteiligung an den zu erwartenden Lizenzverträgen geschlossen hatte, verhandelte nach seinen Angaben mit Interessenten schon über technische Einzelheiten, doch kam es nicht zu Verträgen, weil Kronenberg mit Detailangaben über die Produktion hinter dem Berg gehalten und auch keine Proben zur Verfügung gestellt habe.

Zu den Dokumenten, die im Laufe der am 17. Juli 1967 begonnenen Beweisaufnahme im Kronenberg-Prozeß verlesen wurden, gehörte auch ein Brief von einer Bank in Tanger, die sich darüber beschwerte, daß die Deckung der Schecks immer so sehr lange auf sich warten ließe. Vom Richter befragt, wie es denn damit gewesen sei, konnte der Angeklagte, der wie immer behauptete, sich nicht entsinnen zu können, nur zögernd hervorbringen: »Ich will mich bemühen, ich schreibe mir schon auf, soviel ich kann . . .«

Immer wieder gab er auf ihn belastende Fragen die Antwort, daß er das leider »nicht konkretisieren« könne, sich aber nach besten Kräften bemühen werde, die Übersicht wiederzugewinnen, womit er jedoch nie Erfolg zu haben schien.

Bei der Eröffnung des Mammutprozesses hieß es, er werde voraussichtlich sechs Monate dauern, also etwa zu Weihnachten 1967 zu Ende gehen. Doch kam es mehrfach zu längeren Unterbrechungen, unter anderem weil der Hauptangeklagte einmal einen Kreislaufkollaps erlitt. Erst Ende Juli 1968 – über ein Jahr nach Prozeßbeginn – war die Angelegenheit spruchreif.

In ihren Strafanträgen, die am 21. Juni 1968 gestellt wurden, forderte die Staatsanwaltschaft hohe Zuchthaus- und Gefängnisstrafen. Sie beantragte gegen den Hauptangeklagten Vernon Kronenberg eine wahrhaft drakonische Strafe von elf Jahren Zuchthaus, für Helga Kronenberg eine solche von fünf Jahren.

Zur Begründung dieser Strafanträge unterstrich der Staatsanwalt die hemmungslose Geldgier und Rücksichtslosigkeit des Ehepaares, das unbedenklich die Existenz anderer Leute vernichtet und selbst befreundete Familien um ihr ganzes Vermögen gebracht hätte, um ohne eigenes Geld auf Kosten anderer das »süße« Leben von Millionären führen zu könen. Sie hätten damit selbst dann noch nicht aufgehört, als sie schon wußten, daß sie von Interpol gesucht wurden.

Als den schwersten Fall bezeichnete der Staatsanwalt den Betrug an dem inzwischen verstorbenen Stuttgarter Fabrikanten Dr. Otto Stahl, der um sein gesamtes Vermögen gebracht worden sei, weil er den Kronenbergs vertraute. Er geißelte auch in scharfen Worten die Tatsache, daß Kronenberg, selbst Jude und von den NS-Machthabern zur Emigration gezwungen, sich nicht gescheut habe, einen anderen Juden um seine gesamten Ersparnisse und Wiedergutmachungsgelder zu bringen. Strafrechtlich sei Kronenberg voll verantwortlich, erklärte der Staatsanwalt. Das habe der medizinische Gutachter bestätigt.

Gegen Rechtsanwalt Dr. Ruisinger beantragte die Anklagevertretung zwei Jahre und zwei Monate Gefängnis sowie 10 000 Mark Geldstrafe. Ruisinger hatte sich im Prozeß selbst als ein Opfer der Kronenbergs dargestellt. Er hatte einmal erklärt: »Falls es Herrn Kronenberg nicht gelingen sollte, die Anklage zu widerlegen, dann müßte ich feststellen, daß er mich unter kaum vorstellbarem Mißbrauch einer Freundschaft von 1958 an systematisch belogen und betrogen hat.« Ruisinger konnte jedoch nicht bestreiten, daß er für Kronenberg 37 Schecks, fast alle blanko, unterschrieben hatte.

Das Urteil der Strafkammer, das am 25. Juli 1968 erging, lautete auf acht Jahre und vier Monate Zuchthaus für Vernon Kronenberg und 10 000 Mark Geldstrafe. Frau Helga wurde zu vier Jahren und sechs Monaten Zuchthaus verurteilt. Dr. Ruisinger kam mit einer Gefängnisstrafe von zwei Jahren und zwei Monaten davon. Die Kosten wurden den Angeklagten auferlegt für jene Fälle, in denen sie verurteilt wurden.

Friedrich Wilhelm Ermisch und seine Epigonen

Ein stiller Wunschtraum aller ging in Erfüllung: Das Finanzamt übertölpeln!

»Ich sah, wie Vater Staat mit dem Geld umgeht, und da macht man sich ja so seine Gedanken, wenn man ein bißchen intelligent ist.«

Der Mann, der diese philosophische Betrachtung am 19. Juni 1969 in Düsseldorf vor Gericht zum besten gab, war *nicht* der »Held des Tages«, Friedrich Wilhelm Ermisch, gegen den gleichzeitig in einem anderen Saal des Landgerichts verhandelt wurde, weil er sich 12,7 Millionen Mark Steuergelder erschwindelt hatte.

Aber er war auch kein kleiner Fisch, dieser »prominenteste Ermisch-Epigone«, wie die Presse den vierunddreißigjährigen ehemaligen Steueroberinspektor Hubert Niering vom Finanzamt Düsseldorf-Altstadt nannte, der sich vor der Zweiten Strafkammer zu verantworten hatte, während dem »großen« Ermisch (er war immerhin 1,86 m lang) vor der Ersten der Prozeß gemacht wurde.

Denn Niering hatte zwar laut Anklage nur insgesamt 1,2 Millionen Mark Steuergelder in die eigene Tasche gewirtschaftet, doch lag gegen ihn erschwerend vor, daß er Beamter war und dazu noch Sachbearbeiter für Rückerstattungen von Kapitalertragsteuern – ein Hüter des Gesetzes also, der krumme Wege ging. Im übrigen hatte Niering mit den gleichen Tricks gearbeitet, mit denen auch der Privatmann Ermisch den Fiskus geschröpft hatte, nämlich mit gefälschten Anträgen, Stempeln und Bescheinigungen. Zu seiner Verteidigung konnte er nichts anführen außer der oben zitierten Anschauung von Vater Staat als vorbestimmtem Opfer für Gaunereien.

Um das Maß voll zu machen, lief ein paar Wochen später vor einem Schöffengericht, ebenfalls in Düsseldorf, ein weiterer Prozeß gegen einen ehemaligen Steuerinspektor namens Helmut Unruh an, der innerhalb von zwei Jahren mit gefälschten Anträgen und Steuererklärungen 153 634 Mark aus der Kasse seines Finanzamts in die eigene Tasche umfunktioniert hatte.

Auch dieser kleine »Ermisch-Epigone« lieferte vor Gericht einen originellen Beitrag zur zeitgenössischen Philosophie: »Ich hatte bald gesehen, daß es in einem Finanzamt gewisse Möglichkeiten gibt«, erklärte der Angeklagte, »und da habe ich mir überlegt, daß man da leicht an Geld kommen könnte.«

Daß es bei den deutschen Finanzämtern allerhand Möglichkeiten gibt, das ist dem staunenden Bundesbürger aber vor allem durch den Ermisch-Prozeß anschaulich demonstriert worden. Als die erste Kunde von den Wundertaten des Finanzakrobaten F. W. Ermisch Mitte Februar 1968 in die Presse drang, mochte wohl mancher an einen verfrühten Aprilscherz denken.

Das konnte doch wohl nicht wahr sein, meinte der brave Steuerzahler, daß jeder hergelaufene Gauner das Finanzamt zur Kasse bitten kann, bloß indem er einen Erstattungsantrag für nichtgezahlte Steuern einreicht, und daß dann gleich die Millionen zu sprudeln beginnen!

Es gab aber auch in der Mördergrube manch frommen Herzens eine andere Reaktion, die ein Leitartikler der »Stuttgarter Zeitung« (17. Februar 1968 – »Gewußt wie«) so beschrieb: ». . . Vor Staunen über so viel Unverfrorenheit bleibt dem biederen Bundesbürger der Mund offen. Vielleicht ist mancher aber auch ein wenig neidisch darüber, daß er nicht selbst auf diese Idee verfallen war, um sich dadurch zumindest einen Teil seiner alljährlichen Steuern ›zurückzuerstatten‹ . . .«

Die unverhohlene Bewunderung für den scheinbar originellen Weg, den Ermisch gegangen war, um rasch zu viel Geld zu kommen, die vielerorts zum Ausdruck kam, ist allerdings im Laufe der Zeit einer skeptischeren Betrachtungsweise gewichen. Denn bald stellte es sich heraus, daß Ermisch im Grunde gar nicht der ideenreiche Erfinder einer neuartigen Schwindelmethode war, sondern selbst nur ein, allerdings ungewöhnlich erfolgreicher, Epigone, der sich fremde Vorbilder zu eigen gemacht hatte.

In einem Gutachten, das im Ermisch-Prozeß von einem Regierungsdirektor im Bundesfinanzministerium vorgelegt wurde, heißt es nämlich, daß die Steuerfahndung schon im Januar 1961 einem »Ring« von Betrügern auf die Spur gekommen war, die in Mönchengladbach, Krefeld, Düsseldorf und Rheydt in insgesamt sieben Fällen Fernsehgeräte, Radios und Kühlschränke nach Holland »exportiert« hatten. Die Exporte hatten freilich nur auf dem Papier gestanden: Zwar hatte das Zollamt »Schwanenhaus« in der Nähe von Kaldenkirchen an der holländischen Grenze die »Ausfuhren« der Elektrogeräte bescheinigt; doch tatsächlich war niemals ein einziges Gerät ausgeführt worden. Die Betrüger hatten damals rund 400 000 Mark angeblich gezahlte Umsatzsteuer vom Finanzamt rückvergütet bekommen. Die Technik dieser Art des Erstattungsbetruges war also bekannt.

Daraufhin, so wurde in dem Gutachten weiter ausgeführt, habe die Oberfinanzdirektion Düsseldorf schon im August 1961 alle Finanzämter in einem internen Rundlauf vor Betrügereien bei der Erstattung von Umsatzsteuern gewarnt.

Mehr als fünf Jahre lang scheint diese Warnung jedoch nicht gewirkt zu haben, denn die Methoden, die schon 1961 von einer ganzen Bande von Betrügern zur Anwendung gebracht worden waren, finden sich auch haargenau in dem von Ermisch entwickelten System wieder.

War vielleicht auch er, das bestaunte Genie auf Abwegen, in Wirklichkeit nur ein kleines Rad in einer großen, gut geölten Maschinerie? Es gibt gewisse Anhaltspunkte für diese Annahme. Unter anderem ist Ermisch selbst im Laufe seines Prozesses einmal die Bemerkung entschlüpft, er habe sich von der »Organisation« zurückziehen wollen. Daneben spricht auch die Tatsache, daß drei ehemalige Beamte und Angestellte des Düsseldorfer Finanzamts die Anklagebank mit ihm teilten – abgesehen von den Schwindeleien der obenerwähnten Niering und Unruh – dafür, daß Ermisch einem gut organisierten Ring angehörte und daß sein Erfolg weniger der Einfalt als der Mitschuld der Beamten, die mit ihm zu tun hatten, zu verdanken war.

Ermisch war auch keineswegs ein unbeschriebenes Blatt, als er sich Anfang 1966 systematisch daranmachte, den Staat durch gefälschte Anträge auf Umsatzsteuerrückvergütung um Millionen zu erleichtern. Sein Vorstrafenregister, dessen Verlesung im Prozeß mehrere Stunden in Anspruch nahm, geht bis 1951 zurück und umfaßte allerdings auch acht Geldbußen wegen Verkehrsübertretungen.

Der hochgewachsene, gutaussehende Friedrich Wilhelm Ermisch, Jahrgang 1925, hatte im Jahre 1944 die Kaufmannsgehilfenprüfung mit »ausgezeichnet« bestanden und war danach in Essen Kohlenhändler geworden. Dabei verkaufte er seinen Kunden jahrelang »Luftgewicht«, d. h. er machte falsche Gewichtsangaben bei seinen Kohlenlieferungen und kassierte dementsprechend überhöhte Rechnungen. Insgesamt soll er, wie ein Gericht im Jahre 1957 in seiner Urteilsbegründung feststellte, 2600 Tonnen »Luftmenge« verkauft haben; er wurde deshalb wegen fortgesetzten Betrugs zu einer zweijährigen Zuchthausstrafe verurteilt.

Die letzte Strafe erhielt Ermisch 1966, als er wegen Erschleichung von Umsatzsteuerrückvergütungen vom Finanzamt Essen-Ost zu 25 000 Mark Geldstrafe verurteilt wurde. Dadurch ließ er sich jedoch nicht abschrecken, sondern stieg nun gerade erst recht in das Luftgeschäft mit den erschwindelten Rückvergütungen ein.

Bevor wir diese Dinge näher betrachten, muß noch ein anderer dunkler Schatten erwähnt werden, der auf das Vorleben Ermischs gefallen ist. Im Jahre 1957 – dem gleichen, das ihm die Zuchthausstrafe wegen Betrugs eingebracht hatte – standen Ermisch und sein Vater vor dem Schwurgericht in Essen unter der Anklage, gemeinsam ihren Kraftfahrer August Schröer erschossen zu haben. Ein tüchtiger Rechtsanwalt, Karl Heinz Hütsch, paukte die beiden Angeklagten heraus, so daß es zum Freispruch kam. Es war aber nur ein »Freispruch zweiter Klasse« – nicht wegen erwiesener Unschuld, sondern aus Mangel an Beweisen. Übrigens wollte die Essener Staatsanwaltschaft den Fall noch einmal aufrollen, nachdem sich angeblich ein neuer Zeuge gemeldet habe.

Schließlich enthielt Ermischs Sündenregister noch eine komischpolitische Note. Anläßlich einer Polizeiaktion auf seinem Kohlenlagerplatz in Essen soll Ermisch versucht haben, einen Polizeibeamten einzuschüchtern. Laut Anklageschrift soll Ermisch zu dem Beamten gesagt haben, er (Ermisch) zähle zur »Intelligenz der KPD« und wisse, daß die Rote Armee in spätestens einem Jahr in die Bundesrepublik einmarschieren werde. Dann werde »alles anders werden«, habe Ermisch gemeint, und manchem seien dann »25 Jahre Sibirien« sicher.

Auf Grund dieser Albernheiten geriet Ermisch damals in den Verdacht, »die Sicherheit der Bundesrepublik untergraben und die Pflichtbereitschaft der Sicherheitsorgane erschüttern« zu wollen, doch wurde dieses Verfahren gegen ihn später aufgrund des inzwischen erlassenen Straffreiheitsgesetzes für gewisse politische Vergehen eingestellt.

Ein trauter Verein

Der Mythos von Ermisch, dem »genialen Steuerkünstler«, der nach der Aufdeckung des Skandals eine Zeitlang die deutsche Öffentlichkeit gefangenhielt, ist durch zwei bezeichnende Episoden aus dem Ermisch-Prozeß gründlich entzaubert worden. Der angebliche »Trick«, mit dem es ihm gelungen war, dem Fiskus 12,7 Millionen Mark Steuergelder aus der Nase zu ziehen, entpuppte sich schlicht und einfach als das älteste Wundermittel der zivilisierten Welt, als Bakschisch.

Ermisch hat es immer verstanden, gute Beziehungen zu den Finanzämtern, mit denen er jeweils zu tun hatte, herzustellen. Er pflegte sich aber auch mit Freunden und Beratern beiderlei Geschlechts zu umgeben, die in Steuersachen gute dienstliche Erfahrungen hatten.

Sein langjähriger Steueranwalt, Dr. jur. Horst Feige (der später durch Selbstmord aus dem Leben schied, als auch er in Verdacht geriet), war ein ehemaliger Finanzbeamter. Als Steuerbevollmächtigte beschäftigte er die frühere Finanzbeamtin Ingeborg Herchenröder, Mitangeklagte im Ermisch-Prozeß.

Vor allem aber fand er Mittel und Wege, ein freundschaftliches Verhältnis zu den Finanzbeamten herzustellen, denen es oblag, die von ihm eingereichten Anträge auf Umsatzsteuerrückvergütung zu bearbeiten.

Schon lange, bevor er durch seine Düsseldorfer Affäre und seinen sagenhaften Beutezug aus der dortigen Finanzkasse berühmt wurde, hatte Ermisch auf dem gleichen Gebiet in seiner Heimatstadt Essen gearbeitet, wie man erst aus den Prozeßakten erfahren hat.

Nachdem Ermisch die Zuchthausstrafe abgesessen hatte, die er sich 1957 durch seine Luftgeschäfte im Kohlenhandel zugezogen hatte, besann er sich darauf, daß es weniger riskant sei, sich für nicht exportierte Kohle Umsatzsteuer erstatten zu lassen. Aufgebrachte Kunden, denen man zu wenig Ware geliefert oder überhöhte Rechnungen präsentiert hat, können leicht gefährlich werden; ein guter Freund am rechten Platz in einem Finanzamt aber, so ungefähr überlegte Ermisch, kann aufpassen, daß es nicht brenzlig wird.

Der gute Freund in Essen hieß Edmund Hammer, führte den Titel Steuerrat und war Sachbearbeiter im Finanzamt Essen-Ost für Umsatzsteuerrückvergütungen. Er hat im Düsseldorfer Ermisch-Prozeß nicht die Anklagebank gedrückt, da es dort um Schwindeleien ging, die Ermisch zu anderer Zeit, an anderem Ort und mit anderer Ware begangen hatte, sondern war nur als Zeuge vorgeladen. Seine Bedeutung allerdings ergibt sich schon allein aus der Tatsache, daß sich das Gericht im Juli 1969 drei Tage lang mit ihm beschäftigt hat.

Dabei stellte sich heraus, daß Hammer schon 1962 an Ermisch für frei erfundene Kohlenlieferungen nach Holland 80 000 Mark Umsatzsteuerrückvergütung hat auszahlen lassen, und zwar obwohl Ermisch, wie ein anderer Zeuge, der Leitende Regierungsdirektor

Dr. Schmidendorf, aussagte, bei den Finanzämtern als »unsicherer Kantonist« galt.

Bei einer Prüfung der Rechnungen, die Ermisch dem Steuerrat Hammer vorgelegt hat, stellte der Vorsitzende, Landgerichtsdirektor Monschau, fest, daß die angeblich von der Ermisch-Firma »Eintracht Kohlenhandel« ausgeführten Kohlenmengen immer in geraden Zahlen angegeben waren. Während einer längeren Periode will Ermisch täglich 140 Tonnen Generatorenanthrazit nach Holland ausgeführt haben – mehr, als sein Lieferant, die Zeche »Sophia Jacoba«, hätte schürfen können.

Vorsitzender zum Zeugen: »Das ist doch erstaunlich. Wieso haben Sie das akzeptiert?«

Hammer: »Ich habe die Angaben ordnungsgemäß befunden. Ich bin kein Kohlensachverständiger.«

Richter: »Haben Sie sich an einen Vorgesetzten gewandt, man möge einmal bei den Zollämtern recherchieren, ob soviel Kohle überhaupt exportiert worden ist?«

Hammer: »Kann sein, daß ich Bedenken hatte, aber es ist dem Prüfer unmöglich, genau festzustellen, ob die Tonnen vorhanden sind.«

Wie bei Ermisch »nachgeprüft« wurde – auch von anderen zuständigen Stellen – zeigt auch dieser Zwischenfall, der im gleichen Zusammenhang aufgerollt wurde: Dem Bundesamt für Gewerbliche Wirtschaft waren die hohen Erstattungsbeträge aufgefallen, die das Finanzamt Essen-Ost an Ermisch gezahlt hatte. Es hatte daraufhin den (inzwischen aus dem Dienst geschiedenen) Außenwirtschaftsprüfer Dr. Stöhr zur Firma »Eintracht Kohlenhandel« geschickt, um eine Sonderprüfung vorzunehmen, eine sogenannte »Nachschau«, die immer fällig ist, wenn der Verdacht besteht, daß jemand versuche, sich durch überhöhte Mengenangaben unberechtigte Ausfuhrvergütungen zu erschleichen. Dem Prüfer fielen zwar ganze Reihen unrichtiger oder korrigierter Zahlen auf, doch fand er dafür eine, wie ihm schien, plausible Erklärung: Der Angestellte, der für die Buchhaltung verantwortlich war, war auf dem einen Auge blind und auf dem anderen beinahe. Ein geradezu symbolischer Sachverhalt ...

Über das Steuerstrafverfahren, das schließlich 1965 gegen Ermisch beim Finanzamt Essen-Ost angestrengt wurde, war der Beschuldigte bestens informiert. Da die Hinweise offensichtlich direkt aus dem Finanzamt kamen und der Steuerrat Hammer inzwischen zum Duzfreund des Ermisch avanciert war – wie dieser selbst vor

Gericht bestätigt hat –, schöpfte der Richter Verdacht: »Können Sie auf Ihren Eid nehmen, daß Sie mit Ermisch nicht über das Steuerstrafverfahren gesprochen haben?«

Hammer: »Ich möchte mich mit meinem Anwalt besprechen.«

Darüber belehrt, daß das während der Gerichtsverhandlung nicht zulässig ist, fügte der Zeuge hinzu: »Ich möchte vorsorglich sagen: Das möchte ich nicht sagen.«

Da verwies der Richter auf einen Brief, den Steueranwalt Dr. Feige schon im Jahre 1964 seinem Klienten Ermisch geschrieben hatte und der den Passus enthielt: »Herr Hammer erwartet Sie umgehend, sobald Sie die Preisliste haben. Er hat ja ein besonderes Interesse daran, daß die Preise vom Vorjahr bestehenbleiben.«

Es bestanden also offenbar außerdienstliche Beziehungen zwischen Ermisch und dem Steuerrat, die wohl die Bemerkung des Richters rechtfertigten: »Das läßt den Verdacht aufkommen, daß Sie derjenige waren, der Ermisch informiert hat.«

Als Hammer am 7. Juli zum erstenmal den Zeugenstand betreten hatte, wurde er von dem Gerichtsvorsitzenden gefragt, ob er für sein »wohlwollendes Wirken« zum Vorteil des Herrn Ermisch Zuwendungen erhalten habe. Da brauste der Finanzbeamte auf: »Die Fragestellung geht einwandfrei darauf hinaus, mir den Verdacht zu unterschieben, ich hätte Ermisch irgendwie begünstigt. Ich bin daher nicht mehr bereit, weitere Fragen zu beantworten.«

Als das Gericht ihm darauf Beugehaft androhte, bestieg Hammer das hohe Roß: »Ich befinde mich hier vor einem ordentlichen deutschen Gericht und kenne meine Rechte. Nehmen Sie mich ruhig in Beugehaft, bitte, probieren Sie es.«

Er gab dann aber doch klein bei, nachdem die Erzwingungshaft tatsächlich verhängt worden war. Am Ende seiner Vernehmung, am 11. Juli, erklärte Richter Monschau rundweg: »Der Zeuge ist dringend verdächtig, an der Tat, die hier verhandelt wird, beteiligt zu sein.«

Nicht nur dringend verdächtig, sondern direkt angeklagt, Herrn Ermisch bei seinen Betrügereien begünstigt zu haben, war ein anderer Finanzbeamter, Ernst August Bieler, 50, vom Steueramt Düsseldorf-Nord. Er leitet dort den Dienstbetrieb der mit zwei Personen besetzten Umsatzsteuerrückvergütungsstelle.

Bieler war für die formale und rechnerische Prüfung der eingehenden Anträge zuständig, er führte die Umlaufliste und bereitete die Auszahlungsanweisungen zur Unterschrift vor. Er war also der zuständige Beamte, von dem es abhing, ob die Anträge der Ermischschen Scheinfirmen – wir werden sie noch näher kennenlernen – positiv oder abschlägig beschieden wurden.

Nebenberuflich und mit großer Hingabe war Bieler Vorsitzender des 65 Mann starken Männergesangvereins »Apollo 1924« in Düsseldorf. Hier war das geeignete Feld, auf dem Ermisch zum Herzen, und zur Kasse, des Steuerbeamten vorstoßen konnte, ohne selbst dabei auffällig in Erscheinung zu treten.

Es war gewiß kein Zufall – denn es gibt ja auch noch andere Männergesangvereine in Düsseldorf, sogar recht viele – daß einer von den vielen Strohmännern (und Strohfrauen), die Ermisch im gewinnbringenden Verkehr mit der Behörde einzusetzen pflegte, sich im geeigneten Zeitpunkt ausgerechnet um die Mitgliedschaft im »Apollo 1924« bemühte.

Mit seinem Antrag, unter die Sangesbrüder des Herrn Bieler aufgenommen zu werden, hatte der Strohmann raschen Erfolg, denn er war, jedenfalls nach außen hin, ein gutsituierter Mann und freigebig dazu, was im Vereinsleben immer gern gesehen wird.

Vielleicht ahnte Bieler, der in dem neuen Gönner seines Vereins nur »einen liebenswürdigen musikbegeisterten älteren Herrn« sah, nicht gleich, welche Partie hier gespielt wurde. Nach und nach hätte es ihm aber schon auffallen müssen, daß das neue Vereinsmitglied ungewöhnlich spendabel war.

Denn es blieb ja nicht bei dem neuen Klavier, das der Strohmann schon bald nach seinem Eintritt in den Gesangverein diesem stiftete. Danach folgten ansehnliche Barbeträge, die Ermisch Herrn Bieler unter allen möglichen Vorwänden zukommen ließ, u. a. für eine geplante Gastspielreise nach Norwegen, die 50 000 kosten sollte. Für diesen guten Zweck, dem sich auch andere Gönner nicht verschlossen – das Auswärtige Amt stiftete 10 000 Mark, das Land Nordrhein-Westfalen 6000 und die Stadt Düsseldorf 1500 Mark – stellte Ermisch dem Gesangverein 4000 Mark zur Verfügung.

An alledem hätte man vielleicht noch vorbeisehen können, aber daß Ermisch laut Anklage dem Vorsitzenden von »Apollo 1924« außerdem noch mindestens 26 000 Mark »zur freien Verfügung« gezahlt hat, steht wirklich auf einem anderen Blatt. Und da Bieler bei seiner Vernehmung vor Gericht am 5. Juni 1969 zugeben mußte, daß er, der ein Monatsgehalt von 1200 Mark brutto bezog, sich zu jener Zeit eine neue Wohnungseinrichtung, eine Stereoanlage für 7000 Mark und eine 2,5-Liter-Limousine angeschafft hatte, sind die Zusammenhänge wirklich sonnenklar.

Für Herrn Bieler selbst allerdings nicht, wie der folgende Wortwechsel zeigt:

Gerichtsvorsitzender: »Haben denn auch andere Steuerpflichtige mal Spenden gegeben?«

Bieler: »Ja, das ist öfters vorgekommen.«

Richter: »In welcher Höhe?«

Bieler: »Na ja, üblich war so zwischen 50 und 300 Mark.«

Richter: »Also, nun hören Sie mal, ich kann mir nun wirklich nicht vorstellen, daß Steuerpflichtige bereit sind, außer Steuern auch noch Spenden beim Finanzamt abzuliefern ...«

Bieler: »Doch, doch, das ist vorgekommen. Aber die Spenden kamen natürlich nur von den musikbegeisterten Steuerpflichtigen!«

Worauf man eigentlich nur noch antworten kann: »Nachtigall, ick hör' dir singen ...«

Mäuschen

Da Ermisch schon einschlägig vorbestraft war und außerdem bei den Finanzämtern notorischerweise als »unsicherer Kantonist« galt, zog er es begreiflicherweise vor, selbst im Hintergrund zu bleiben, als er Anfang 1966 seinen Millionencoup in die Wege leitete.

Obwohl der tüchtige Kohlenhändler Strohmänner genug an der Hand hatte und sie dann auch an verschiedenen Stellen seines rasch anwachsenden Luftkonzerns einsetzte, machte er eine Frau, die damals nur dreiundzwanzigjährige Brigitte Szypa-Glinga, zu seiner Geschäftsführerin. Dabei war gewiß auch ein Schuß Liebe im Spiel, denn die beiden hatten schon seit einiger Zeit ein Verhältnis miteinander, das auf echte gegenseitige Zuneigung gegründet war. Er pflegte sie »Mäuschen« zu nennen.

Die etwas kitschig-attraktive junge Frau mit dem üppigen schwarzen Haar, das sie sich bald à la Farah Diba, bald à la Esther Ofarim frisierte, war Kosmetikerin von Beruf, bevor sie sich mit Ermisch persönlich und geschäftlich verband.

Sie stammte aus ärmlichen Verhältnissen. Der Vater, Werner Szypa, Jahrgang 1913, arbeitete als Schlosser in Essen, hatte es aber in diesem sonst durchaus einträglichen Beruf nicht weit gebracht, so daß in seiner Familie Schmalhans oft Küchenmeister war.

Brigitte hatte schon früh geheiratet, doch ließ sich ihr Mann, Erwin Glinga, schon nach kurzem Eheglück scheiden; ihr Sohn Michael, den sie als Siebzehnjährige geboren hatte, wurde dem

Vater zugesprochen. Am 19. Januar 1968 wurde ihr auch vom Standesamt Essen das Recht, den Namen Glinga zu tragen, aberkannt.

Ermisch seinerseits war mit einer Spanierin verheiratet, die er in einer Villa an der Costa Brava untergebracht hatte; im übrigen scheint er sich nicht viel um seine Frau gekümmert zu haben.

Am 15. Februar 1966 erschien Frau Glinga bei der Gewerbemeldestelle in Düsseldorf und ließ auf ihren Namen eine neue Firma mit der Bezeichnung »Hansa-Export, Großhandel mit Kohlen und Stahl« in das Handelsregister eintragen, was unter der Nummer A 5497 geschah.

Im Mai desselben Jahres erschienen Ermisch und seine Freundin zusammen im Haus Nr. 22 in der Wittelsbacherstraße in Düsseldorf, um eine leerstehende Zweizimmer-Souterrainwohnung zu mieten. Die Vermieterin, Frau Hildemann, war von dem stattlichen, elegant gekleideten Herrn, der sich als Kohlengroßhändler aus Essen vorstellte, sehr beeindruckt.

»Er machte einen sehr überzeugenden Eindruck«, sagte sie später der Presse.

Ermisch gab an, er wolle sein Geschäft vergrößern und zu diesem Zweck in Düsseldorf noch weitere Büroräume mieten; der »Zweigniederlassung« werde Frau Glinga als Firmeninhaberin von »Hansa-Export« vorstehen. Mit dem von Frau Hildemann geforderten Mietpreis von 260 Mark im Monat war er sofort einverstanden. Ermisch ließ an der Wohnung ein Schild »B. Glinga HANSA-EXPORT« anbringen und räumte dann das Feld.

»Anfangs arbeitete Frau Glinga als ganz schüchternes Mädchen in dem Büro«, erinnerte sich Frau Hildemann. Morgens kam sie aus Essen zur Arbeit in einem alten VW, »der es nicht immer tat«. Wenn der Wagen mal ganz aussetzte, fuhr sie mit dem Zug zurück nach Essen, wo sie wieder bei ihren Eltern wohnte, da ihre Ehe inzwischen schon zerbrochen war.

Das »schüchterne Mädchen« machte damals noch seinem Spitznamen »Mäuschen« alle Ehre. Brigitte trug schlichte Kleider und billigen Modeschmuck. Nichts an ihr war auffällig oder unseriös.

Schon nach wenigen Monaten änderten sich jedoch ihr Aussehen und Auftreten in überraschender Weise. Aus dem altersschwachen Volkswagen wurde ein schnittiger Jaguar E und bald darauf sogar ein Mercedes 300 SL. Brigitte selbst legte sich nun schicke Kleider und Pelze zu und schmückte Hals und Hände mit teuren Brillanten. Dazu trug sie eine Krokodilledertasche. Make-up und Pflege des Gesichts veränderten ihr Aussehen vorteilhaft.

Ihr »Unternehmen« ging also offenbar glänzend – so glänzend, daß die Firmeninhaberin es sich jetzt leisten konnte, bei schönem Wetter fast den ganzen Tag über im Garten des Hauses zu verbringen, dessen Benutzung sich Ermisch im Mietvertrag ausbedungen hatte.

Ermisch ließ sich nur selten in Düsseldorf sehen. Aber, »wenn er mal da war, wurde am Samstag und Sonntag von morgens bis abends fleißig gearbeitet«, berichtete Frau Hildemann. Sie hatte allerdings keine Ahnung, welche Art von Arbeit in ihrem Souterrain geleistet wurde. Diese bestand nämlich ausschließlich darin, daß die beiden Kumpane haufenweise Quittungen und Belege fälschten, mit denen sie dem Finanzamt einen schwunghaften Handel mit Kohle und Stahl, der nur auf dem Papier stand, vorgaukelten.

Schon Ende Mai 1966 reichte Frau Glinga dem Finanzamt Düsseldorf-Nord zwei Anträge auf Umsatzsteuerrückvergütung ein. Hansa-Export habe, so stand in den Anträgen zu lesen, Steinkohle und Stahlbleche im Werte von rund vier Millionen Mark über die (nicht existente) Firma Glückauf in Köln an die (ebensowenig vorhandene) Firma Van der Berge in Amsterdam geliefert. Die von den Vorlieferanten bereits entrichtete Umsatzsteuer in Höhe von 216 838,20 Mark – den Einkaufspreisen des Exporteurs zugeschlagen – sei nunmehr als Erlös an Hansa-Export zurückzuvergüten.

So weit, so gut. Anträge stellen kann jeder. Was aber danach geschah, verschlägt einem den Atem. Die Anträge wurden im Finanzamt »ordnungsgemäß bearbeitet«; d. h. der zuständige Sachbearbeiter prüfte »eingehend« die erforderlichen Unterlagen und traf dann eine Vorentscheidung – so jedenfalls wurden die Dinge von den Verantwortlichen hingestellt. Dann sah sich dessen Vorgesetzter, der Sachgebietsleiter, ebenfalls die Akten an und wies nach seiner endgültigen Entscheidung die Beträge zur Auszahlung an.

Außerdem fand angeblich noch eine Betriebsprüfung in den beiden Räumen der »Hansa-Export« durch einen Außendienstbeamten statt. Dieser Beamte kontrollierte die – gefälschten – Rechnungen und Ausfuhrpapiere, an denen er nichts auszusetzen hatte. Nachdem alle diese »Prüfungen und Kontrollen« ohne Beanstandungen verlaufen waren, erhielt Frau Glinga am 28. Juni 1966 ihre ersten 216 838 20 Mark Umsatzsteuer »rückvergütet«. Knapp vierzehn

Tage später erfolgte auf Grund neuer Anträge bereits die nächste Zahlung in Höhe von 259 000 Mark. Fast jeden Monat ging beim Finanzamt ein neuer Antrag ein und wurde prompt wieder positiv erledigt.

Dazu bemerkte Dr. Stoye, Vorsitzender des Bundes der Steuerzahler in Nordrhein-Westfalen, nachdem die Affäre ans Licht gekommen war, mit Recht: »Schon ein Anruf des die Vergütung auszahlenden Beamten beim Kollegen nebenan hätte zutage fördern müssen, daß die Schwindelfirma keine Einkommen- und Umsatzsteuer bezahle und deshalb auch gar nicht existieren konnte.«

Ermutigt durch den großartigen Erfolg der ersten Versuche, machte sich Ermisch jetzt daran, vier weitere Scheinfirmen zu gründen: »Phönix Brennstoffe«, mit dem damals siebenundfünfzigjährigen Jakob Napoleon Wirtz an der Spitze; im Sommer 1967 übernahm der Holländer Bernhard van Tilburg dieses Geschäft. »Handelsunion« mit dem inzwischen verstorbenen Anton Peeters an der Spitze. »Stahl Import-Export«, Inhaberin Charlotte Schmitter. Und schließlich: »Stahlgroßhandlung Glinga« in Essen.

Anderthalb Jahre florierte das Schwindelgeschäft. Bis zum November 1967 kassierten Ermisch und Glinga mit ihrer Gruppe von Scheinfirmen insgesamt 11,5 Millionen Mark vom Finanzamt Düsseldorf-Nord und weitere 1,2 Millionen vom Finanzamt Essen. »Eine schockierende Zahl« nannte Regierungsdirektor Lochner von der Oberfinanzdirektion das mit Recht, denn in seinem Bereich werden allen Antragstellern zusammen nur etwa 500 Millionen Mark rückvergütet.

Schockierend an dieser Summe war vor allem das offensichtliche Mißverhältnis zwischen der gewaltigen Exportmenge, um die es sich bei den Geschäften der Ermisch-Glinga-Gruppe handelte, und den äußerst bescheidenen Büroräumen und Arbeitskräften, die zu ihrer Abwicklung zur Verfügung standen. Denn die ausbezahlten Beträge entsprechen einem Umsatz von rund 250 Millionen Mark. Um diese Ziffer zu erreichen, hätten die betreffenden Firmen allein an Stahlblechen täglich 200 Tonnen ausführen müssen. Zur Bewältigung der Arbeit in dieser Größenordnung wären, wie Fachleute errechnet haben, wenigstens 150 Angestellte mit Telefonen und Fernschreibern nötig gewesen. Bei allen beteiligten Scheinfirmen war aber nur je eine Person beschäftigt; Büroräume und Inventar ließen in keiner Weise auf ein blühendes Geschäft schließen. Die Nummer des Telefons, das es überall gab, war in keinem Telefonbuch zu finden.

Die letzte Betriebsprüfung bei »Hansa-Export« fand im April 1967 statt. Zu diesem Zeitpunkt hatte das Finanzamt Düsseldorf-Nord schon mehrere Millionen an Frau Glinga ausbezahlt, die aber immer noch allein in ihrem Zwei-Zimmer-Büro im Souterrain tätig war. Die Diskrepanz zwischen dem Umfang des Exportvolumens, das den Anträgen auf Rückerstattung zugrunde gelegt war, und den räumlichen und personellen Verhältnissen der ausführenden Firma schrie zum Himmel, doch der Prüfer hatte nichts zu beanstanden.

Das tollste an der ganzen Sache aber war, daß es das »Zollamt II Dammerbruch« an der holländischen Grenze, über das die Warentransporte gemäß den gefälschten Unterlagen gelaufen sein sollen, schon längst nicht mehr gab. Es war schon 1954 wegen mangelnder Beschäftigung geschlossen worden. Bis dahin waren über diese kleine, abgelegene Grenzstelle höchstens Gemüsetransporte gelaufen.

»Hätten die ihre Kohle und ihr Blech auf der Straße über uns laufen lassen«, kommentierte ein Zollbeamter, der früher in Dammerbruch tätig war, »so wäre bei uns Tag und Nacht Hochbetrieb gewesen, und die Lkw hätten Schlange gestanden.«

Nichts von alledem fiel den Prüfern und Sachbearbeitern auf, oder so jedenfalls stellten sie es dar. Die »magische Wirkung eines Stempels mit Bundesadler«, wie der Düsseldorfer Staatsanwalt Heydenreich es ausdrückte, trat an die Stelle von Vernunft und Logik.

»Aber ein Dienststempel, das war doch ein Dienststempel«, meinte Oberregierungsrat Hans Georg Scheel von der Düsseldorfer Finanzverwaltung, als ihn später Reporter mit Fragen bestürmten. Welch eine Erklärung für ein unerklärliches Geschehen!

Die Fahndung läuft an

Millionenjoungleur F. W. Ermisch wiegte sich in einer den Umständen nach schwer verständlichen Sicherheit. Er scheint auf dem Höhepunkt seines Erfolgs davon ausgegangen zu sein, daß die Schwindeleien ewig so weitergehen würden, daß nichts herauskommen könnte.

Das geht unter anderem daraus hervor, daß er, wie er selbst am 27. Juni 1969 vor Gericht erzählte, den Plan gefaßt hatte, in Freiburg eine Bank zu gründen, die er mit einem Startkapital von zwölf Millionen Mark ausstatten und mit vier Direktoren besetzen wollte. Trotz seiner bewegten Vergangenheit wollte er ihr den Namen Bankhaus Ermisch & Co. geben. Die Eröffnung sollte am 1. Januar 1969 stattfinden, was jedoch wegen Verhinderung des Hauptteilhabers, der zu diesem Zeitpunkt schon längst hinter Schloß und Riegel saß, nicht geschehen konnte.

Ermisch, der nicht eines gewissen Humors entbehrte, erzählte weiter, daß er zu einem der Direktoren seiner Bank einen Essener Richter bestellen wollte, von dem er vor Jahren in einer Wirtschaftsstrafsache verurteilt worden war. »Ich fand ihn sehr sympathisch«, erklärte er.

Daß aus dem Bankhaus nichts wurde, lag an einem winzigen, aber verhängnisvollen Fehler, den Brigitte in ihre Korrespondenz mit der Behörde einschleichen ließ.

Als nämlich Ermischs fünfte Scheinfirma, die »Stahlgroßhandlung Glinga«, im Herbst 1967 in Essen vom Stapel lief und gleich zwei Anträge auf Rückvergütung stellte, bemerkte der Sachbearbeiter des dortigen Finanzamts, daß dieses Unternehmen überhaupt nicht im Handelsregister eingetragen war. Er schöpfte weiteren Verdacht, als sich herausstellte, daß die Inhaberin der uneingetragenen Firma in Düsseldorf ein Unternehmen gleicher Art betrieb.

Daraufhin gab das Finanzamt »zuständigkeitshalber« die beiden Anträge zur weiteren Bearbeitung an die Kollegen in Düsseldorf ab. Dort nahm man nun zum erstenmal die von Frau Glinga angefertigten Dokumente unter die Lupe, wobei festgestellt wurde, daß einige der vorgelegten Ausfuhrbestätigungen nicht die Unterschrift eines zeichnungsberechtigten Zollbeamten trugen. Dagegen fehlte der imposante Dienststempel wie immer nicht.

Eine Rückfrage bei der Inhaberin der »Stahlgroßhandlung« veranlaßte die Glinga nun, bei aller Kenntnis der einschlägigen Zollgesetze einen entscheidenden Formfehler zu begehen. Sie fertigte nun ein an sich selbst gerichtetes »Dienstschreiben« des längst nicht mehr bestehenden Zollamtes Dammerbruch an und reichte es dem Finanzamt ein. Das Schreiben hatte folgenden Wortlaut:

Firma
Brigitta Glinga
Stahlgroßhandlung
43 Essen-Bredeney
Meisenburgstraße 42

Sehr geehrte Frau Glinga!

Auf Ihre Anfrage teilen wir Ihnen folgendes mit:
»Ausführer ist, wer Waren nach fremden Wirtschaftsgebieten verbringt oder verbringen läßt, AWV § 8, Abs. 1.
Ausfuhrscheine sind die Ausfuhrerklärung (Anlage A 1). Die Ausfuhrerklärung ist mit einer vom Bundesamt für gewerbliche Wirtschaft zugeteilten Nummer versehen, AWV § 8, Abs. 3«
Nach der Dienstanweisung zum Zollgesetz und zur Allgemeinen Zollordnung (ZollDa), Abstempelung der Beförderungspapiere und Kennzeichnung der Waren, heißt es unter Abschnitt C Nr. 63 wie folgt:
»Nach der Zollbehandlung im Lkw-Verkehr werden die Beförderungsurkunden an geeigneter Stelle mit dem Dienststempel der Zollstelle in schwarzer Farbe deutlich abgestempelt.
Im Eisenbahnverkehr gelten Anhang 2 Abschn. III, Nr. 2 und Anhänge 3 und 4, jeweils Anlage 1 Abschn. III Nr. 2. Der dort vorgesehene Stempel wird auch angebracht, wenn Zollgut für die Stationierungs-Streitkräfte unter Vorlage der AE 302 abgefertigt wird.
Postsendungen der Deutschen Bundespost werden außerdem mit einem zollamtlich abgestempelten grünen Zettel vom Muster Nr. 53 versehen.« Eine Unterschrift ist nach der Dienstanweisung zum Zollgesetz und zur Allgemeinen Zollordnung (ZollDa) nicht vorgesehen.

Hochachtungsvoll! Beglaubigt:
gez. *(Unterschrift unleserlich)* *(Unterschrift unleserlich)* (ZollAss.)

Es gäbe sicher ein unterhaltendes Quiz-Programm, wollte man dieses Schreiben einer Anzahl mit dem Fall nicht vertrauter Personen vorlegen und sie fragen, an welcher Stelle wohl die im übrigen gewiß nicht auf den Kopf gefallene Brigitte etwas falsch gemacht hat.

Wer würde da schon auf den »ZollAss.« tippen?

Korrekt aber wäre die Abkürzung »ZAss« gewesen, und das machte einen Prüfer stutzig, so daß er weiter nachforschte.

Es ist wirklich kaum zu glauben, aber eben doch Tatsache: Die gleichen Finanzbeamten, denen das schreiende Mißverhältnis zwischen den von der »Glinga-Gruppe« behaupteten Exportmengen und den für deren Bearbeitung zur Verfügung stehenden Büroräumen und Bürokräften nicht auffiel und die sich auch an keiner anderen Ungereimtheit des Falles gestoßen hatten, wurden erst aus ihrem seligen Behördenschlaf aufgerüttelt, als ein ZAss irrtümlicherweise als ZollAss. bezeichnet worden war!

Jetzt erst kam man auf den Gedanken, sich mit dem Zollamt II Dammerbruch in Verbindung zu setzen, wobei sich dann sofort herausstellte, daß es dieses Amt seit 13 Jahren nicht mehr gab.

Da fiel der Groschen hörbar, und die Steuerfahndung trat in Aktion. Zu diesem Zeitpunkt liefen noch Rückvergütungsanträge der Glinga-Gruppe über weitere 3,2 Millionen Mark, die noch rechtzeitig gestoppt werden konnten. Ende November schaltete sich auch die Staatsanwaltschaft ein, doch kam es keineswegs zu der Blitzaktion, die man den Umständen nach hätte erwarten dürfen.

Erst am 8. Dezember 1967 drangen Kriminalbeamte, die mit Haussuchungs- und Haftbefehlen versehen waren, in die Geschäftsräume der Schwindelfirmen ein. Da aber waren alle Vögel schon ausgeflogen. Außer wertlosem Mobiliar und leeren Aktenordnern fanden die Häscher nichts vor.

Ermisch hatte offenbar von der bevorstehenden Aktion Wind bekommen, denn er ließ noch am 7. Dezember seine Möbel aus seiner Wohnung in Essen, Richard-Wagner-Straße 28, abtransportieren. Die gewissenhafte Brigitte fand sogar noch Zeit, am gleichen Tage ihre Hansa-Export ordnungsgemäß bei der Düsseldorfer Gewerbestelle abzumelden, bevor sie zusammen mit ihrem Freund das Weite suchte.

Nur einer der Gesuchten, der nominelle Inhaber der Firma Phönix Brennstoffe, Jakob N. Wirtz, konnte am 9. Januar 1968 festgenommen werden. Von Anton Peeters, dem Strohmann, der die Handelsunion leitete, wurde um die gleiche Zeit ohne Angabe von Einzelheiten berichtet, daß er plötzlich gestorben sei. Nun, es war wohl vor Aufregung.

Mitte Februar wurde auch Brigittes Bruder, der dreiundzwanzigjährige Bergmann Hans Werner Szypa, unter dem Verdacht der Begünstigung verhaftet. Um die gleiche Zeit ging auch Ermischs Steuerbevollmächtigte, die ehemalige Steuerinspektorin Inge Herchenröder, der Kriminalpolizei ins Netz. Von den beiden Haupttätern, Ermisch und Glinga, fehlte vorerst jede Spur.

Am 19. Februar setzte die Staatsanwaltschaft in Düsseldorf, bei der die Affäre als ein »Fall von Spitzenklasse« eingestuft worden war, für die Ergreifung von Ermisch und Glinga eine Belohnung von 10000 Mark aus. Bei der Kripo wurde zur Aufklärung des Millionenschwindels eine Sonderkommission von zehn Mann gebildet. Bei der Steuerfahndung beschäftigten sich acht Beamte ausschließlich mit der Affäre.

Während die Ermittlungen der Behörden auf Hochtouren liefen, amüsierten sich Ermisch und seine Geliebte damit, ihnen Schnippchen zu schlagen. Im Februar trafen bei der Staatsanwaltschaft vier Briefe und Karten mit den Unterschriften der zwei Gesuchten ein, die teils in Holland, teils in Finnland, aber auch in den USA aufgegeben worden waren. Mit sicherem Instinkt meinte der leitende Oberstaatsanwalt Kuhl, daß diese Schreiben wohl die Fahnder »auf eine falsche Fährte« locken sollten.

Ermisch tat aber noch ein übriges, um seinen Verfolgern das Leben sauer zu machen. Mit boshaftem Vergnügen ließ er der Staatsanwaltschaft durch einen Kumpan in Südamerika einen »vertraulichen Hinweis« zugehen, daß die Akten seiner Scheinfirmen auf einem Müllabladeplatz in Kornelimünster bei Aachen zu finden seien. Daraufhin wurde das 10000 Quadratmeter große Gelände mit erheblichem Kostenaufwand und unter Einsatz von Schützenpanzern der Bundeswehr tagelang systematisch mit Schaufelbaggern abgesucht. Gefunden wurde nichts.

Später, im Laufe des Ermisch-Prozesses, fragte der Vorsitzende den Angeklagten einmal, ob er seine Buchhaltung auf der betreffenden Müllkippe versteckt habe. Dazu Ermisch: »Ja, auf diesen Schwindel ist die Polizei hereingefallen! Als ich das später in der Presse las, bin ich vor Lachen beinahe von der Couch gefallen!«

Kein Asyl in Mexiko

Die Couch, von der Spaßvogel Ermisch beinahe heruntergefallen wäre, weil die tolpatschige Polizei auf den Schwindel mit der Müllkippe hereingefallen war, stand in einem der sechs Zimmer einer 230 Quadratmeter großen Luxuswohnung des Hauses Nr. 390 Calle de Socrates im vornehmen Villenviertel »Colonia Polanco« in Mexiko City.

Dorthin waren der Millionenjongleur und seine zu diesem Zeitpunkt hochschwangere Geliebte auf dem Umweg über die Schweiz und Kuba geflüchtet. Schon am 8. Dezember 1967 waren die beiden in Genf eingetroffen, wo Ermisch bei der Swiss Bank Corporation 1,5 Millionen Mark einzahlte. Am 12. Dezember flog das Paar weiter nach Mexiko.

Die Wahl Mexikos als Asylland war nicht von ungefähr. In diesem mittelamerikanischen Land ist ein international gesuchter Gauner fast ebenso sicher vor der Auslieferung wie in Brasilien, besonders wenn er nicht mit Bakschisch knausert (was Ermisch zu seinem Verhängnis getan zu haben scheint).

Darüber hinaus bot Mexiko den beiden einen unschätzbaren Vorteil. Es gibt nämlich dort eine gesetzliche Bestimmung, wonach die ausländischen Eltern eines in Mexiko geborenen Kindes nicht ausgeliefert werden dürfen. Nach der Geburt ihres Kindes, die für Anfang März 1968 zu erwarten stand, wäre das Paar also in Mexiko auslieferungssicher gewesen.

Die mexikanischen Behörden hatten anfangs nichts dagegen, daß sich das anscheinend begüterte Ehepaar – als solches ausgewiesen durch den Paß, den Ermisch der Meldebehörde vorlegte – in der Landeshauptstadt niederließ. Von dem Riesenskandal, der inzwischen in Deutschland ruchbar geworden war, wußte man offenbar in Mexiko nichts, oder man war dort gleichgültig dagegen. Vielleicht haben die Mexikaner, wie vielerorts in der Welt, ein wenig darüber geschmunzelt, daß es einem gescheiten Kopf gelungen war, ausgerechnet die Steuerbehörde zu rupfen. Jedenfalls war das kein Delikt, für das man normalerweise ausliefern würde.

Nach dem großen Coup wollte Ermisch im sonnigen Mexiko richtig das süße Leben genießen. Er stattete die große Wohnung, für die er 1500 Mark Miete im Monat bezahlte, mit teuren Stilmöbeln, wertvollen Teppichen und erlesenem Porzellan aus. Der werdenden Mutter verehrte er Schmuck und Geschmeide für rund 200 000 Mark. Sich selbst legte er einen neuen Ford »Mustang« im Wert von 14 400 Mark zu und engagierte einen Chauffeur.

Im Kinderzimmer ließ der vorsorgende Vater über der bereits angeschafften Wiege des zukünftigen Mexikaners ein fahnengeschmücktes Bild des mexikanischen Staatspräsidenten Diaz Ordaz anbringen, wohl damit der neue Erdenbürger sich gleich heimisch fühlen sollte. Oder sollte das ein Wink für die Polizei sein, falls sie sich doch einmal in der Wohnung sehen ließ? Schien ihm das für die Tarnung als mexikanischer Patriot ausreichend?

So freigebig Ermisch für seine Person und die der Geliebten war, geriet er doch schon bald in der Nachbarschaft in den Ruf, ein »pinchoso« (Geizkragen) zu sein, was sich wohl nur aus mangelnder Bereitschaft zu üppigen Trinkgeldern erklären läßt. Für einen Mann in seiner Lage war das ein schwerer Fehler.

Ermisch aber witterte keine Gefahr, ja er fühlte sich sogar sicher, daß er unten an der Haustür ein Messingschild anbringen ließ, aus dem jeder Besucher ersehen konnte, daß ein Friedrich Ermisch im Appartement 101 des Gebäudes wohnte.

Inzwischen hatte die Kriminalpolizei schon den ersten Hinweis auf den derzeitigen Aufenthaltsort des Betrügers von einem Grundstücksmakler in Freiburg erhalten, dem Ermisch kurz vor der Flucht ein herrschaftliches Anwesen im Werte von 350 000 Mark abgekauft hatte.

Schon bald nachdem er sich in Mexiko City etabliert hatte, war Ermisch so unvorsichtig, diesen Makler von dort anzurufen. Der Makler, der inzwischen von der Polizei ins Vertrauen gezogen worden war, nahm das Gespräch auf Tonband auf. Jetzt wußte die Polizei wenigstens, an welchem Ort sie den Flüchtling zu suchen hatte.

Das Gaunerpaar tat auch im übrigen unfreiwillg sein Bestes, um der Kripo die Arbeit leicht zu machen. In bodenlosem Leichtsinn lud Brigitte ihre Eltern, Werner und Alwine Szypa, zu Besuch ein. Das Paar flog am 15. Februar mit einer KLM-Maschine von Amsterdam nach Mexiko City. Vorher brachte Herr Szypa es fertig, zwei Koffer als Luftfrachtgut an die Adresse »Friedrich Ermisch, Calle de Socrates 390, Mexiko City« aufzugeben, als ob er keine Ahnung hätte, daß die Kripo hinter diesem Adressaten her war. Zwei Angestellte der holländischen Luftfahrtgesellschaft notierten sich die Anschrift und gaben sie an die Fahndungsstelle in Düsseldorf weiter.

Übrigens wäre das gar nicht nötig gewesen. Brigitte Glinga war noch leichtfertiger als ihr Vater. Sie schrieb um die gleiche Zeit einen Brief an ihren Bruder Hans Werner in Essen – mit voller Absenderangabe. Als der Brief ankam, saß der Bruder schon im Kittchen. Vater Szypa wurde nach seiner Rückkehr auf dem Flugplatz Düsseldorf unter dem Verdacht der Beihilfe verhaftet.

Mutter Alwine blieb vorerst bei ihrer Tochter und Ermisch in Mexiko City. Sie wollte eigentlich bis zu den Olympischen Spielen dort bleiben, doch dazu kam es nicht mehr. Inzwischen hatte nämlich die Sonderkommission zwei ihrer Mitarbeiter, Hauptkommissar Hans Fabelje und Staatsanwalt Dr. Georg Pieh, damit beauftragt, nach Mexiko zu fliegen, um die gesuchten Schwindler abzuholen.

Der an sich naheliegende Gedanke, Interpol einzuschalten und das Paar durch die mexikanische Polizei festnehmen zu lassen, wurde aus guten Gründen verworfen. Denn erstens handelte es sich bei dem begangenen Delikt, obwohl es an sich eine reine Betrugsaffäre war, mit dem Finanzamt als Opfer, um einen Sonderfall, den ein gewiefter Rechtsanwalt leicht hätte in eine Steuersache ummünzen können, und in Steuersachen gibt es nach internationalem Brauch keine Auslieferung. Daneben war man sich in Düsseldorf durchaus im klaren darüber, daß die mexikanische Polizei nicht immer gegen die Versuchungen des Backschisch gefeit ist; Ermisch hätte sich also eventuell noch nach seiner Verhaftung irgendwie freikaufen können.

Da war es schon besser, die Kosten und den Zeitverlust einer persönlichen Strafexpedition auf sich zu nehmen, und so flogen Pieh und Fabelje los. Pieh berichtete später vor Presseleuten: »Als wir nach Mexiko City kamen, gingen wir sofort zu seinem Haus. Es war Abend, und wir sahen Ermisch hinter einem hellerleuchteten Fenster auf und ab gehen.«

Es war also die leichteste Sache von der Welt, den Gesuchten aufzuspüren. Nicht ganz so leicht dagegen war es, ihn in die Hand des Gesetzes zu bringen. Auf Mexikos Obersten Staatsanwalt Manuel Rozales Miranda machte die Geschichte von dem Steuerschwindel in Deutschland, wie erwartet, gar keinen Eindruck. Wenn man alle Steuersünder ausliefern wollte . . .

Erst als Pieh und Fabelje durchblicken ließen, daß die beiden Gesuchten möglicherweise mit falschen Pässen nach Mexiko eingereist seien, horchte Miranda auf. Paßvergehen sind nirgendwo beliebt und führen meist zur prompten Ausweisung.

Miranda entsandte also ein paar Leute in Ermischs Wohnung, um die Pässe der Mieter zu überprüfen. Dabei stellte es sich heraus, daß der Paß von Ermisch offensichtlich manipuliert worden war. Der Paßinhaber hatte nämlich ganz einfach das Bild seiner spanischen Ehefrau Maria, die mit ihm in dem Dokument eingetragen war, herausgenommen und durch ein Foto seiner Geliebten ersetzt.

Das genügte, um die mexikanischen Behörden in Harnisch zu bringen; jetzt wurde die sofortige Ausweisung von Ermisch und Glinga verfügt.

Was sich danach abspielte, kann man als amtlichen Eiertanz am Rande der Legalität bezeichnen. Es war eine geschickt camouflierte Auslieferung, ohne es dem Namen nach zu sein.

Auf der deutschen Botschaft in Mexiko City, wo Pieh und Fabelje mit den zuständigen Beamten berieten, wie man die Sache am besten in die Wege leiten sollte, war man nach den Worten des Düsseldorfer Ersten Staatsanwalts Heydenreich »auf ein nicht einfaches Ringen um die Auslieferung gefaßt«. Dann aber wurden die deutschen Häscher, um wieder Heydenreich zu zitieren, »effektiv selbst überrumpelt«. Ein Anruf bei der Botschaft aus dem mexikanischen Innenministerium teilte mit, daß Ermisch und Glinga wegen Paßvergehens sofort das Land zu verlassen hätten und mit der nächsten Maschine abgeschoben werden würden.

Ob es aber wirklich die »nächste Maschine« überhaupt, die von Mexiko City aus startete, war, darf mit Fug bezweifelt werden. An und für sich darf nach internationalem Brauch eine Person, die abgeschoben oder ausgewiesen wird, nicht in das Land verbracht werden, in dem ihr strafrechtliche Verfolgung droht. Das ist gerade der grundlegende Unterschied zur *Auslieferung*, die immer und überall vor einem Gericht begründet werden muß und von diesem verfügt wird. Da eine solche gerichtliche Prüfung nicht stattgefunden hatte, hätte Ermisch durchaus Anspruch darauf gehabt, sein nächstes Reiseziel selbst zu bestimmen oder jedenfalls in ein anderes fremdes Land und nicht in die Bundesrepublik abgeschoben zu werden.

Die angeblich »nächste Maschine« aber startete vom Flugplatz Mexiko City am Dienstag, dem 5. März 1968, um 11 Uhr Ortszeit, und sollte nach einem Flug von rund 10000 Kilometern am Mittwochvormittag auf dem Flugplatz Köln-Wahn landen. Es war eine Boeing-Maschine der Lufthansa.

»Das ging alles so schnell, daß ich nur knapp die Maschine erreichte«, hat Staatsanwalt Pieh später der Presse erzählt. »Ich erfuhr erst 25 Minuten vor dem Abflug, daß Ermisch ausgewiesen war.« Ganz so schnell kann es jedoch nicht gegangen sein, denn Ermisch hatte immerhin Zeit genug, um neun Lederkoffer und drei große Bündel mit seinen Habseligkeiten zu packen und auf die Flugreise mitzunehmen.

Aus alledem geht recht eindeutig hervor: Es war ein zwischen den deutschen und mexikanischen Behörden abgekartetes Spiel, um eine Auslieferung durchzuführen, ohne dabei die dafür rechtlichen Normen zu beachten. Als Fabelje später von Reportern gefragt wurde, ob dabei auch Backschisch im Spiel gewesen sei, wies er diese Vermutung entrüstet zurück. »Das ist nicht wahr.« Der Kollege Pieh von der Staatsanwaltschaft gab jedoch zumindest zu, daß man sich bei einer Justizangestellten und dem Portier des Hauses, in dem Ermisch gewohnt hatte, »mit kleinen Geldgeschenken« für erwiesene Hilfe erkenntlich gezeigt habe. Na ja!

Es gab aber noch ein Problem, das nicht gleich gelöst werden konnte. Da bei Brigitte Glinga bereits die Wehen eingesetzt hatten, weigerte sich die Lufthansa, die hochschwangere Frau mitzunehmen, zumal sich kein Arzt an Bord des Flugzeuges befand. So mußte Brigitte nach einem tränenreichen Abschied von ihrem »Fred« vorläufig in Mexiko zurückbleiben. Dieser wurde bei seiner Ankunft auf dem Flugplatz von Köln gleich formell in Haft genommen – tatsächlich befand er sich auch schon während des Fluges in Haft – und in das Düsseldorfer Untersuchungsgefängnis Ulmer Höh eingeliefert.

Aber auch bei Brigitte wollten die deutschen Behörden sicher sein, daß sie ihrer Strafe nicht entgehen würde. Auf ihre Versicherung, daß sie sich freiwillig der Düsseldorfer Staatsanwaltschaft stellen wolle, sobald das Kind geboren sei, wollten sie sich nicht verlassen. Statt dessen engagierten sie, gegen ein Honorar von 1200 Mark, den mexikanischen Arzt Dr. Carlos Fink, die schwangere Frau auf ihrem Rückflug nach Deutschland zu begleiten. Am 7. März wurde auch sie unter Kripobewachung an Bord einer Lufthansa-Maschine gebracht, die am nächsten Tag auf dem Rhein-Main-Flughafen in Frankfurt landete.

Mit einem leeren Babykörbchen unter dem Arm bestieg Brigitte in weißem Flauschmantel das Flugzeug in Begleitung ihrer einundfünfzigjährigen Mutter. Wie eine Diva nach einer Galavorstellung winkte sie von der Gangway zurück zu den Neugierigen, die sich auf dem Flughafen Mexiko City angesammelt hatten. Sie schien sich mit dem Schicksal, das auch sie in der Heimat erwartete, abgefunden zu haben.

Man nahm Rücksicht auf den Zustand der Frau. Die gesamte Sitzreihe 15 der Touristenklasse war für sie freigehalten worden. Flugkapitän Breitscheidel meldete stolz: »Ich mied alle Turbulenzzonen über dem Atlantik. Ich hoffe, daß ich butterweich geflogen bin.«

Der Flug verlief ohne Zwischenfälle. Keiner der 63 Passagiere an Bord der Maschine ahnte, wer die sorgsam behütete – und bewachte – Frau war, die in der Hinterreihe liegend die Lüfte durchquerte. Wider Erwarten trat auch das allgemein Gefürchtete nicht ein: Das »Millionenbaby«, wie die Presse prompt das ungeborene Kind taufte, obwohl es kaum Aussicht hatte, jemals einen größeren Betrag zu erben, kam nicht in der Luft zur Welt. Es wurde erst am 12. März in der Entbindungsstation der Frauenstrafanstalt Bochum geboren, wohin die werdende Mutter sofort nach ihrer Landung in Frankfurt verbracht worden war.

Vor der Entbindung hielt Mutter Alwine eine Pressekonferenz ab: »Wenn es ein Junge wird, dann soll er Andreas Werner heißen«, erklärte sie. »Aber Brigitte wünscht sich von ganzem Herzen ein Mädchen. Es soll auf den Namen Natalie-Mercedes getauft werden.« Das Schicksal tat ihr jedoch nicht den Gefallen. Aus dem verhinderten Mexikaner und Millionenerben wurde ein kleiner deutscher Junge, Andreas Werner, der unter bescheidensten Umständen bei der Großmutter aufwächst.

Monsterprozeß mit Hindernissen

Nach vierzehnmonatiger Vorbereitung wurde der mit Spannung erwartete Prozeß »gegen Ermisch und andere« am 21. Mai 1969 vor der Ersten Strafkammer des Landgerichts Düsseldorf unter Vorsitz von Landgerichtsdirektor Kurt Monschau eröffnet. Es sollte ein Prozeß werden, der von einer seltsamen Mischung von Tragik, Komik, Kitsch und Kontroverse gekennzeichnet war.

Schon die Vorgeschichte des Hauptverfahrens war voller dramatischer Begebenheiten. Sie hatte schon, wie bereits erwähnt, zwei Menschenleben gefordert, dasjenige des Ermisch-Strohmanns Anton Peeters und das seines Rechtsanwalts und Steuerberaters Dr. Feige, der wohl auch ein Komplice und möglicherweise sogar der eigentliche Boß des Ringes war.

Bald sollte noch ein drittes Opfer dazukommen. Der neununddreißigjährige Justizbeamte Heinz Bala aus Wuppertal wurde Anfang März 1969 bei dem Versuch, einen Kassiber für Ermisch aus dem Gefängnis Duisburg-Hamborn zu schmuggeln, erwischt. Er gestand, für ein recht bescheidenes Entgelt – 300 Mark und vier Schachteln Zigaretten – sechs unzensierte Briefe für Ermisch befördert zu haben. Gegen Bala wurde daraufhin Anklage wegen schwerer passiver Bestechung und Begünstigung erhoben, doch wurde er nach seinem Geständnis vorläufig wieder auf freien Fuß gesetzt. Kurz darauf nahm er sich das Leben. Wie der Erste Staatsanwalt Heydenreich am 12. März bekanntgab, sei Bala in einem Wuppertaler Krankenhaus an einer Gasvergiftung gestorben. Die näheren Umstände würden noch ermittelt, doch liege einwandfrei Selbstmord vor.

Auch Ermisch selbst hatte aus der Untersuchungshaft mit Selbstmord gedroht, worauf das Gericht beschloß, ihn in der Zeit vom 17. März bis 29. April 1969 jede Nacht halbstündlich wecken zu lassen – eine schwer verständliche Anordnung, die Rechtsanwalt Willi Niehaus, einen der beiden Verteidiger des Hauptangeklagten, gleich zu Prozeßbeginn zu einem Protest veranlaßte. Sein Mandant habe infolge dieser Behandlung wochenlang keine richtige Nachtruhe gehabt und leide daher an Konzentrationsschwäche, erklärte der Anwalt.

Aus einem der abgefangenen Briefe ging hervor, daß Ermisch den Vater seiner Geliebten, Werner Szypa, der inzwischen wieder auf freien Fuß gesetzt worden war, zu einem Salzsäureattentat auf Staatsanwalt Pieh veranlassen wollte, um dadurch seinem »unerbittlichen Haß« gegen ihn wegen der geschickten Rückführung aus Mexiko Ausdruck zu verleihen. Zur Ausführung des Attentates sollten mehrere Helfer gedungen werden. Diese merkwürdige Aktion trug Ermisch eine Zusatzklage ein, zu der er sich bei seiner Vernehmung am 28. Mai temperamentvoll äußerte. »Ich wollte mir die Methoden der Außerparlamentarischen Opposition zu eigen machen und Pieh unter Terror setzen«, rief Ermisch in den erstaunten Gerichtssaal. Im übrigen versicherte er, daß die Salzsäure nur über das Auto des Staatsanwalts geschüttet werden sollte. »Nie in die Augen, das bestreite ich ausdrücklich«, fügte er hinzu.

Terror, ernst oder gespielt, sollte auch gegen den Vorsitzenden des Gerichts geübt werden. Wenige Tage vor dem Prozeßbeginn hatte Monschau einen drohenden Anruf erhalten: »Hier spricht der Killer. Wenn Sie den Vorsitz im Ermisch-Prozeß nicht niederlegen und den Prozeß nicht platzen lassen, erleben Sie den 21. Mai nicht mehr.«

Der Richter ließ sich nicht einschüchtern, und der Prozeß lief termingerecht an – unter strengen Sicherheitsvorkehrungen. Die Ausweise der Presseleute wurden ständig kontrolliert; sie und die Zuhörer durften den Gerichtssaal nur während der vom Vorsitzenden angeordneten Pausen verlassen.

Die Angeklagten waren zur Prozeßeröffnung vollzählig erschienen. Ermisch, sichtlich abgemagert und mit dunkler, goldgeränderter Brille, gab sich gelassen. Mit einem leicht herablassenden »Guten Morgen, meine Herren« betrat er den Gerichtssaal, etwa wie ein Konzernherr das Konferenzzimmer betritt, in dem die Untergeordneten seiner harren.

Brigitte, im lachsfarbenen Batistkleid, das in der Taille gerüscht war, betontem Augen-Make-up und langem wallendem Haar, ein Aktenköfferchen aus echtem Krokodilleder in der Hand, verlieh dem strengen Gerichtssaal einen Hauch von Eleganz und Lebensfreude. Von Journalisten auf ihre elegante Erscheinung angesprochen, erwiderte sie mit echt weiblicher Logik: »Warum sollte ich mich dunkel anziehen? Dazu habe ich doch keine Veranlassung. Heute ist doch kein Trauertag. In den nächsten Wochen und Monaten habe ich noch genügend Zeit, andere Kleider zu zeigen.«

Neben den beiden Stars mußten noch weitere fünf Personen auf der Anklagebank Platz nehmen: Vater Szypa unter der Beschuldigung der Beihilfe und Strohmann Jakob N. Wirtz von der Firma Phönix Brennstoffe; dazu die drei vom Finanzamt, Ernst A. Bieler, von dem schon ausführlich die Rede war; sein Kollege Vosen, früher Vergütungsprüfer beim Finanzamt Düsseldorf-Nord, sowie die auch schon erwähnte Ingeborg Herchenröder.

Schon am ersten Verhandlungstag kam es zu einer erbitterten Auseinandersetzung zwischen dem Vorsitzenden, der sich betont forsch gab und einen harten Verhandlungsstil an den Tag legte, und den Verteidigern.

Rechtsanwalt Karl Heinz Hütsch, der nach zehn Jahren wieder dem bedrängten Ermisch tatkräftigen Beistand lieh, holte gleich zu einem schweren Schlag aus, der den Prozeß leicht hätte zu Fall bringen können. Die Erste Kammer, so führte er aus, sei nach dem Geschäftsverteilungsplan des Landgerichts Düsseldorf für die Aburteilung des Falles nicht zuständig, da sie speziell für Steuerstrafverfahren abgestellt sei. Im Eröffnungsbeschluß sei aber nur noch von schwerem Betrug und schwerer Urkundenfälschung die Rede, dagegen nicht mehr, wie in der Anklageschrift, von Steuerhinterziehung. Das Verfahren müsse also nach der üblichen Praxis an die Fünfte Kammer abgegeben werden.

Diese Taktik der Verteidigung zielte offensichtlich darauf hin, Zeit zu gewinnen, denn eine neue Kammer würde sich erst lange einarbeiten müssen. Daraufhin ließ Landgerichtspräsident Bernhard Drees in Eile die neun Mitglieder des Präsidiums des Landgerichts zusammentrommeln. Ihr Beschluß, nach einer langen Sitzung, wies den Antrag der Verteidigung ab. Die Erste Kammer, so verkündeten die Richter, sei immer dann zuständig, wenn in der Anklageschrift von einer Steuerstrafsache ausgegangen wird, also auch im vorliegenden Falle.

Der andere der beiden Verteidiger Ermischs, Willi Nienhaus, erklärte, daß eine knapp vierwöchige Vorbereitungszeit, wie man sie ihm zugemutet habe, keinesfalls ausreiche, Hunderte von Aktenbänden durchzuarbeiten, und stellte daher einen Antrag auf Aussetzung, der vom Gericht ebenfalls abgelehnt wurde.

Einen noch schärferen Zusammenstoß gab es zwischen dem Vorsitzenden und Brigittes Anwalt, Peter Kruse, der dem Gericht vorwarf, ihm keine ausreichende Akteneinsicht gewährt zu haben, und deshalb ebenfalls Aussetzung oder Unterbrechung des Verfahrens gegen seine Mandantin beantragte. Darin wollte der Vorsitzende eine Weigerung, weiterzuverteidigen, sehen und schloß Kruse kurzerhand aus. Das Gericht bestellte dann den Dortmunder Rechtsanwalt Lothar Wäsche zum Pflichtverteidiger für Brigitte Szypa – der Name »Glinga« fiel im Prozeß nicht mehr – und gab ihm drei Wochen Zeit, die Akten zu studieren. So lange wurde das Verfahren gegen die junge Frau abgetrennt.

In der Hitze des Wortgefechts passierte dem Vorsitzenden ein ungewöhnlicher Lapsus, für den er sich allerdings gleich entschuldigte. Nachdem er den Ausschluß Kruses verkündet hatte, herrschte Monschau den Rechtsanwalt an: »Verlassen Sie bitte die *Anklagebank.*«

Nachdem das Geplänkel um Zuständigkeit, Aktenstudium und Aussetzung zu Ende war, machte Rechtsanwalt Nienhaus einen weiteren Vorstoß, um den Prozeß von vornherein zum Scheitern zu bringen. Er beantragte, noch vor der Vernehmung zur Person, mit der die Hauptverhandlung beginnt, zunächst in die Beweisaufnahme darüber einzutreten, ob Ermisch rechtswidrig von Pieh und Fabelje aus Mexiko in die Bundesrepublik zurückgeholt worden sei. Ausländische Zeugen sollten dazu vernommen werden, ebenso wie deutsche Konsulatsbeamte.

Nach Auffassung der Verteidiger Nienhaus und Hütsch sei die Festnahme Ermischs nur durch Anwendung »unrechtmäßiger Mittel« ermöglicht worden und sei mithin nicht gesetzmäßig gewesen. Sowohl Bestimmungen des Grundgesetzes als auch des Völkerrechts seien dabei erheblich verletzt worden.

Den Ausführungen der beiden Rechtsanwälte zufolge sei der deutsche Reisepaß Nr. 830/67, mit dem Ermisch seinerzeit nach Mexiko eingereist war, weder ungültig noch gefälscht gewesen. Sein einziges Manko habe in einem fehlenden Stempel auf dem Lichtbild auf Seite 3 des Passes bestanden. Das Fehlen des Stempels aber gehe eindeutig auf das Schuldkonto des Auswärtigen Amtes, das den Paß dennoch an Ermisch habe aushändigen lassen.

In Mexiko hätten jedoch die deutschen Ermittlungsbehörden erfolgreich eine Paßfälschung von seiten Ermischs vorgetäuscht, um damit seine Abschiebung in die Bundesrepublik zu erreichen. Im übrigen seien auch Rückfragen über die Echtheit des Passes nicht beim Auswärtigen Amt erfolgt, das dafür einzig zuständig gewesen wäre, sondern beim deutschen Generalkonsulat in Barcelona, was zur weiteren Verwirrung und Täuschung der Mexikaner beigetragen habe.

Die Verteidiger erklärten wörtlich, daß »ein deutscher Staatsanwalt bei Entfaltung dienstlicher Tätigkeit im Ausland durch objektiv unrichtige Angaben die Abschiebung des Angeklagten Ermisch erreicht hat« und daß »die mexikanischen Behörden ... getäuscht worden sind«; sie sprachen von »Entführung« und verlangten, daß ihr Mandant von Rechts wegen nach Mexiko zurückgebracht werden müsse.

Ermisch selbst erklärte schon am ersten Tage dem Gericht: »Ich befinde mich gesetzlich nicht in der Bundesrepublik, sondern in Mexiko.«

Dazu Staatsanwalt Dr. Pieh: »Ermisch hat doch immer wieder erklärt, er sei freiwillig gekommen.«

Ermisch: »Das war nur zynisch gemeint.«

Tatsache ist, daß Ermisch beim Verlassen des Flugzeugs in Wahn, am 4. März 1968, zu Journalisten gesagt hatte: »Ich kam freiwillig.« Er hatte sich auch danach im Büro des Staatsanwalts Pieh und im Beisein von Hauptkommissar Fabelje freundlich lächelnd fotografieren lassen und dabei ein fast herzliches Einvernehmen über die gemeinsame Rückreise nach Deutschland demonstriert. Vielleicht glaubte er durch diese Haltung eine mildere Beurteilung seiner Straftaten zu erreichen. Die lange Untersuchungshaft belehrte ihn eines Besseren.

Rechtsanwalt Nienhaus: »Selbstverständlich rückt Herr Ermisch heute von dieser Auffassung, daß er freiwillig gekommen sei, ab.«

Rechtsanwalt Hütsch: »Die Abschiebung verstößt gegen das Völkerrecht. In ähnlichen Fällen mußten die Leute anschließend wieder in das Land zurückgebracht werden, aus dem sie geholt worden waren.«

Staatsanwalt Pieh (ironisch): »Nach Ihren Ausführungen, Herr Verteidiger, ist es so, daß wir ihn nach Mexiko zurückbringen und sogar noch entschädigen müssen!«

Hütsch: »Herr Staatsanwalt, nehmen Sie das nicht so leicht. Die Dinge bedürfen einer eingehenden Prüfung.«

Das Gericht verwarf den Antrag mit der Begründung, daß die Abschiebung Ermischs ein rein »mexikanischer Verwaltungsakt« gewesen sei. Für das Gericht sei einzig entscheidend, daß Ermischs Festnahme auf dem Flugplatz rechtmäßig gewesen sei. Eine Rückführung wegen unrechtmäßiger Abschiebung könnte im übrigen nur von den Mexikanern auf diplomatischem Wege gefordert werden. Damit war die Debatte über diesen Punkt beendet.

Hungerstreik – oder freundliche Mitarbeit

Ermisch wollte sich nicht damit abfinden, daß das Gericht ihn für rechtmäßig verhaftet erklärt hatte. Er trat noch am Abend des ersten Prozeßtages in den Hungerstreik. »Das mache ich aus Protest«, erklärte er.

Bei einer unmittelbar vor dem Beginn des zweiten Verhandlungstages, am Freitag, dem 23. Mai 1969, vorgenommenen Untersuchung Ermischs durch einen Gerichtsmediziner wurde jedoch festgestellt, daß der Angeklagte trotz einer »gewissen Gewichtsabnahme« verhandlungsfähig sei, da eine »Beeinträchtigung seiner geistigen Leistungsfähigkeit« nicht vorliege.

Im übrigen erklärte der Sprecher des Landgerichts, daß der Prozeß unter Umständen auch dann fortgesetzt werden könnte, wenn der Angeklagte seinen Hungerstreik bis zur völligen körperlichen und geistigen Erschöpfung durchhielte und nicht mehr verhandlungsfähig wäre. Der Sprecher wies darauf hin, daß nach Paragraph 231 der Strafprozeßordnung ein Hungerstreik juristisch als »eigenmächtige Entfernung von der Hauptverhandlung« ausgelegt werden könnte, so daß das Gericht die Verhandlung auch in Abwesenheit des Angeklagten zu Ende führen könnte, wenn dieser über die Anklage vernommen worden sei und seine weitere Anwesenheit nicht für unbedingt erforderlich erachtet werde.

Gleich zu Beginn der Verhandlung beging Ermisch den Fehler, der es ihm unmöglich machte, die Fortsetzung des Prozesses durch Hungerstreik zu verhindern. Nachdem nämlich der Vorsitzende die Sitzung eröffnet hatte, fragte er Ermisch, ob er sich zur Anklage äußern wolle, worauf dieser, statt zu schweigen, erwiderte: »Nein, ich äußere mich nicht.« Diese Antwort erfüllt nach den Bestimmungen der Strafprozeßordnung den Begriff der »Vernehmung über die Anklage«, so daß der Prozeß nun notfalls auch in Abwesenheit des Angeklagten weitergeführt werden konnte.

Ermisch setzte sich wieder und sagte fortan kein Wort mehr. Er wirkte lethargisch, als ob ihn das Ganze nichts mehr anginge. Zu seiner Passivität trug wohl auch bei, daß Brigitte, der er am ersten Tag noch verstohlen ein Küßchen aus gespitzten Lippen zugeworfen hatte, jetzt nicht mehr im Gerichtssaal anwesend war.

Erst am 28. Mai brach der stark abgemagerte Angeklagte – sein Gewicht war inzwischen von 87 auf 77,5 Kilo gesunken – sein Schweigen und begründete seinen Hungerstreik als Protest gegen die »verbrecherische« Art und Weise, in der er nach Deutschland zurückgeholt worden sei. Anschließend gab er die schon erwähnte Erklärung zu der Zusatzanklage ab (Salzsäureattentat auf Staatsanwalt Pieh). Danach wurde Ermisch aus dem Gerichtssaal abgeführt, da inzwischen ein Medizinalbeamter dem Vorsitzenden mitgeteilt hatte, daß jetzt Kollapsgefahr bestehe und der Angeklagte nicht länger verhandlungsfähig sei.

Das Gericht ordnete daraufhin an, daß Ermisch künstlich ernährt werden sollte, und setzte die Verhandlung in seiner Abwesenheit fort. Bevor Ermisch von einem Wachtmeister in das Untersuchungsgefängnis zurückgebracht wurde, rief er den Richtern mit sich überschlagender Stimme zu: »Ich verlange, daß man mir einen fairen Prozeß macht. Dies hier ist kein fairer Prozeß!«

Die künstliche Ernährung tat ihre Wirkung, und Ermisch brach bald darauf seinen Hungerstreik ab. Inzwischen wurde gegen die anderen Angeklagten verhandelt und zahlreiche Zeugen zur Sache vernommen. Anfänglich war Landgerichtsdirektor Monschau davon ausgegangen, daß das Verfahren in weniger als drei Monaten beendet werden könnte, so daß das Urteil etwa am 12. August gefällt werden sollte. Bald mußte der Richter jedoch einsehen, daß dieser Zeitplan nicht eingehalten werden konnte, da die Verhandlung durch Ermischs Hungerstreik und andere Umstände arg in Verzug gekommen war.

Auch zeigte es sich bald, daß Monschaus Hoffnung, den Hauptangeklagten zu einem umfassenden Geständnis bewegen und dadurch das Verfahren schnell beenden zu können, vergeblich war. Ermisch wich allen Versuchen, ihm die Namen seiner Hintermänner zu entlocken, geschickt aus. In anderer Hinsicht jedoch trat im Verhalten Ermischs nach seinem Hungerstreik eine überraschende Wendung ein. Hatte er sich vorher in Trotz und Haß verbissen, so zeigte er sich nun auf einmal recht aufgeschlossen und zur Zusammenarbeit mit dem Ankläger und Gericht bereit.

Am deutlichsten kam diese Sinnesänderung zum Ausdruck, als Ermisch am 20. Juni zur Überraschung aller Außenstehenden einen großen Teil der noch in seiner Verfügungsgewalt stehenden Millionenbeute freiwillig an die Staatskasse abtrat. Während einer dafür extra vom Gericht eingeräumten Verhandlungspause unterzeichnete er vor dem Oberamtsrichter Vossen vom Amtsgericht Düsseldorf eine Abtretungsurkunde, in der er sich mit der Herausgabe seiner Vermögenswerte – Grundstücke, Wertpapiere und Banknoten – im Gebiet von Freiburg, in der Schweiz und in Mexiko einverstanden erklärte. Den Gegenwert dieser Objekte bezifferte ein Sprecher der Finanzverwaltung auf rund 3,2 Millionen Mark.

Gewiß wäre eine Verzichterklärung Ermischs nicht unbedingt notwendig gewesen, um diese Vermögenswerte wieder an ihren rechtmäßigen Eigentümer, den Staat, zurückfallen zu lassen. Soweit sie sich im Bundesgebiet befanden, waren sie sowieso schon mit Arrest belegt worden, insbesondere das Herrschaftshaus in Freiburg, das Ermisch dem Vernehmen nach hatte zu einem Hotel ausbauen wollen. Aber auch an die im Ausland befindlichen Werte hätte der Staat herankommen können, eventuell im Wege der Zivilklage. Durch die Abtretungserklärung Ermischs wurde jedoch in allen Fällen das Verfahren beschleunigt, so daß die Erträge aus der Realisierung dieser Vermögenswerte eher wieder der Staatskasse zufließen konnten.

Was hatte den bisher so störrischen Ermisch zu diesem Entgegenkommen veranlaßt? Obwohl von amtlicher Seite abgestritten wurde, daß irgendwelche Gegenleistungen oder Zusagen im Spiel waren, nahmen Prozeßbeobachter doch als wahrscheinlich an, daß diese Abtretung einen gewissen Einfluß auf das Strafmaß haben werde.

Insbesondere wurde darauf hingewiesen, daß Ermisch als mehrfach vorbestrafter »Gewohnheitsverbrecher« angesichts des Umfangs der von ihm begangenen Schwindeleien nicht nur eine hohe Zuchthausstrafe, sondern darüber hinaus die gefürchtete Sicherheitsverwahrung zu gewärtigen hatte. Er mußte also schlimmstenfalls damit rechnen, nie wieder die Freiheit zu erlangen.

Es waren also 3,2 Millionen sichergestellt – aber wo war der Rest des Geldes in Höhe von 9,5 Millionen geblieben? Um diese Frage ist im weiteren Verlauf des Prozesses noch heftig gerungen worden. In der entspannten Atmosphäre nach der Unterzeichnung der Verzichterklärung war man sich nähergekommen. Er werde »demnächst« auch Angaben über den Verbleib desjenigen Teils der Beute machen, dem die Steuerfahndung und die Kripo bisher noch nicht auf die Spur gekommen seien. Insoweit er über weitere Beträge werde verfügen können, so meinte er, würde er auch diese dem Fiskus zurückerstatten.

Als der Richter ihn dann noch fragte, ob er jetzt endlich bereit sei, wahrheitsgetreue Aussagen über seine Hintermänner und Helfershelfer zu machen, erwiderte der Angeklagte mit gönnerhaftem Lächeln: »Na ja, wissen Sie, ich bin zwar kein Judas, aber ich werde mich zumindest bemühen.«

Bemühen, ein »Judas« zu sein? Namen zu nennen, mit der ganzen Wahrheit herausrücken, ein alles aufhellendes Geständnis ablegen? Schon in den nächsten Tagen war davon nicht mehr die Rede. Statt dessen spielte Ermisch Versteck, sprach von einem großen Unbekannten, in dessen Tasche der Löwenanteil der Beute angeblich geflossen sei, und ließ sich durch keine verfängliche Frage und keine versteckte Drohung aus der Ruhe bringen.

Als Richter Monschau den Angeklagten am 25. Juni nochmals ermahnte, endlich die Wahrheit darüber zu sagen, wieviel Umsatzsteuervergütung er zwischen 1962 und 1967 zu Unrecht vom Finanzamt kassiert habe, entwickelte sich folgendes Zwiegespräch:

Ermisch: »Rund drei Millionen, Herr Vorsitzender!«

Richter: »Die Anklage geht aber doch von 12,7 Millionen aus! Wo sind denn die Differenzbeträge geblieben?«

Ermisch (jovial): »Na ja, wir müssen erst einmal von diesen 12,7 Millionen Abstand nehmen.«

Danach machte der Angeklagte seine eigene Rechnung auf, die darauf hinausging, daß er mit den Geschäften verschiedener der zur Debatte stehenden Scheinfirmen nichts zu tun gehabt habe. Auf ihn selbst seien lediglich drei Millionen Mark entfallen, zuzüglich eines zurückgezahlten Darlehens in Höhe von noch einmal 1,1 Millionen. Die restlichen neun bis zehn Millionen seien von anderen kassiert worden. Darauf fragte der Richter: »Von wem?«

»Jan van der Berghe«, war die Antwort.

Richter: »Wer ist denn das nun schon wieder? Etwa ein neuer großer Unbekannter? Zwei Unbekannte hatten Sie uns ja schon während der Voruntersuchung aufgetischt ...«

Ermisch: »Ja, die waren erfunden, das stimmt, aber der Jan van der Berghe existiert wirklich!«

Richter: »Wo?«

Ermisch: »Ja, Herr Vorsitzender, die genaue Anschrift kenne ich leider auch nicht, aber glauben Sie mir, er lebt wirklich! Na ja, vielleicht ist das auch gar nicht sein wirklicher Name. Sie müssen nämlich wissen, Herr Vorsitzender, diese Holländer, mit denen ich zu tun hatte, die hatten oft falsche Namen ...«

Der Angeklagte bestand auch bei dieser Gelegenheit wieder darauf, daß er wirklich Kohle nach Holland exportiert habe. Daß er bei diesem Geschäft auch ab und zu mit »Gefälligkeitsrechnungen« gearbeitet habe, wollte er gar nicht in Abrede stellen.

Solche »Gefälligkeitsrechnungen« seien aber wohl nicht so tragisch zu nehmen, meinte Ermisch und fügte erläuternd, wenn auch nicht gerade einleuchtend, hinzu: »Man weiß ja, wenn der Gesetzgeber eine Tür zumacht, so läßt er an anderer Stelle ein Fenster offenstehen.« Durch so ein offenstehendes Fenster sei er dann halt mit seinen »Gefälligkeitsrechnungen« geschlüpft – so stellte Ermisch seine Betrügereien dar.

Ob Ermisch denn anhand von Belegen nachweisen könne, daß er tatsächlich Kohle exportiert habe, wollte der Richter nun wissen.

Ermisch (traurig den Kopf schüttelnd): »Nein, Herr Vorsitzender, das ist es ja eben. Die Buchhaltung ist leider verbrannt ... Aber nicht von mir! Ich war es nicht!«

Richter: »Wer denn sonst?«

Ermisch: »Tja, wenn man das nur wüßte ...«

Später, im Laufe derselben Sitzung, schnitt Richter Monschau noch einmal die Frage an, über welche Beträge denn Ermisch nach seiner Abtretung der 3,2 Millionen noch verfüge. Der Angeklagte erwiderte: »Nichts, Herr Vorsitzender, gar nichts besitze ich mehr davon!«

Diese Versicherung erschien dem Gericht wenig glaubhaft, und es ermahnte den Angeklagten, endlich die Wahrheit zu sagen. Darauf Ermisch begütigend: »Mal sehen, Herr Vorsitzender, vielleicht bin ich in der Lage, da doch noch etwas für Sie tun zu können; ich muß mir das alles halt noch einmal gründlich überlegen.«

Der gleichen Meinung war auch der Richter, der an diesem Tage die Verhandlung vorzeitig abbrach und den Angeklagten mit dem »wohlgemeinten Rat« entließ, sich bis Freitag, dem 27. Juni, »noch einmal alles genau zu überlegen«.

Die Überlegung führte zu nichts. Als Ermisch an diesem Freitag wieder von Richter Monschau auf seine Hintermänner und Helfershelfer angesprochen wurde, erklärte er lapidar: »Die Wahrheit kann ich nicht sagen, lügen will ich nicht, daher sage ich zu dem Düsseldorfer Finanzskandal überhaupt nichts mehr.«

Doch eins sagte er noch, und es sprach Bände. Wenn er auch keine Namen nennen wolle, so meinte Ermisch, »ist es ja wohl doch klar, daß ich das nicht allein gemacht haben kann«.

Viel weiter war man auch nicht gekommen, als dann bald darauf infolge der Gerichtsferien eine längere Verhandlungspause eingelegt werden mußte.

Inzwischen lief die von Regierungsdirektor Kurt Welling von der Oberfinanzdirektion Düsseldorf eingeleitete Fahndung nach dem Verbleib der von Ermisch ergaunerten Millionen unentwegt weiter. Sie erbrachte, nach einem Sonderbericht der Kölnischen Rundschau vom 25. Oktober 1969 folgendes Ergebnis:

1. 3,5 Millionen DM liegen in Spanien. Davon hatte Ermisch seiner ersten Frau Maria 2 Millionen DM übertragen, diese wiederum verteilte das Geld zu je einem Drittel auf ihre eigene Hausbank, auf die Konten ihrer Mutter und ihrer Schwester. Der Rest von 1,5 Millionen ist in Immobilien angelegt, davon 1 Million DM als Mietshaus in Barcelona und 500 000 DM als Villa.

2. 800 000 DM in Mexiko, von Ermisch hochverzinslich angelegt, wurden aufgrund von Vollstreckungstiteln wieder hereingebracht (originellerweise hat sich das Geld in Mexiko um rund 100 000 DM vermehrt, so daß vom Fiskus Verluste wieder etwas ausgeglichen werden konnten).

3. 1,5 Millionen legte Erimsch vor seiner Flucht in Freiburg in Hausbesitz und Grundstücken an. Zivilprozesse gegen einen Architekten und einen Makler »schweben« noch.

4. 1,2 Millionen DM ergeben sich aus Bankguthaben verschiedener »Beteiligter« der Ermisch-»Unternehmen«, aus Versteigerungen und Verwertungserlösen. Das Geld ist in der Hand des Fiskus, teilweise wurde es sogar freiwillig zurückgezahlt.

5. 1 Million DM ergeben sich aus Steuerzahlungen von »Gewinnen« der Ermisch-Gruppe, denn von dem zusammengebluﬀten Geld mußten ja wiederum Steuern gezahlt werden.

6. 500 000 DM ergeben sich als Rekonstruktion zweifelhafter Ansprüche.

7. 850 000 DM liegen noch auf einer Bank in Basel. Der Vollstreckungstitel wurde eingebracht.

Es bestehen Aussichten, daß die öffentliche Hand – grob geschätzt – von diesen 8,8 Millionen DM etwa zwei Fünftel wieder hereinbekommt. Von den restlichen rund 3 Millionen DM der Gesamtsumme hat Ermisch laut Schätzungen 1 bis 2 Millionen in seinen »Lebensstandard« gesteckt. Bleibt noch eine Million. Wo hat er sie? In Holland? Ermisch sagt nichts. Er versucht bei jeder Besprechung, den Leuten von Justiz und Fiskus einen »Vergleich« anzubieten.

Sie weiß von nichts

Inzwischen wurde auch das Verfahren gegen Brigitte Szypa wieder aufgenommen und gab nun reichlich Anlaß zu dem, was die Gerichtsreporter »Heiterkeit im Gerichtssaal« zu nennen pflegen. Hier ein paar Kostproben:

Über den Abschluß ihres Gesellschaftsvertrages mit Ermisch befragt, erklärte Brigitte am 24. August 1969 vor Gericht: »Ja, was meine Funktion in der Firma war, habe ich eigentlich nie richtig begriffen . . . Darüber wurde damals auch nicht gesprochen . . . Wissen Sie, das ging nämlich so vor sich: Da sitzt man in gemütlichen Sesseln, da wird geraucht, Kognak getrunken, ich darf ab und zu mal lächeln, und der Anwalt sagt, ich hätte doch eine nette Frisur. Na, und dann habe ich eben unterschrieben, ohne die Sachen vorher großartig durchzulesen. Dazu hatte ich auch gar keine Lust.«

Warum sie denn überhaupt Gesellschafterin geworden sei, wollte der Vorsitzende von Frau Szypa wissen. Na ja, erzählte diese weiter, Ermisch habe ihr ein Nettogehalt von 650 Mark im Monat versprochen, und das war nicht zu verachten, da praktisch keine Arbeit damit verbunden war. Sie sollte nur ein bißchen auf das Telefon aufpassen und ab und zu kleine Botengänge erledigen.

»Da habe ich natürlich ja gesagt.«

Der Geschäftsbetrieb in dem Düsseldorfer Souterrainbüro war durchaus nach Brigittes Geschmack: »Es hatte mir da gut gefallen, das Büro hatte große Fenster, davor eine Wiese, und wenn nichts zu tun war, konnte man sich dort in die Sonne legen.«

Was sie denn sonst die ganze Zeit gemacht habe? forschte das Gericht weiter. Buchführung? Korrespondenz? Telefongespräche?

Brigitte wehrte ab – nichts von alledem! Die Buchführung sei im Ausland gemacht worden, behauptete sie; an Geschäftspost seien in den anderthalb Jahren ihrer Tätigkeit als Inhaberin der Firma Hansa-Export nur zwei oder drei Briefe eingegangen; und wenn einmal ein telefonischer Anruf kam, so war er fast immer privater Natur. Die einzige Arbeit, die sie gehabt habe – und dafür brauchte sie pro Tag etwa eine halbe Stunde, »ohne Putzen, meine ich« – war die Sache mit dem Kassenbuch.

Da horchte der Richter auf. Kassenbuch. Jetzt wird wohl die Wahrheit ans Licht kommen. Also, was haben Sie denn in das Kassenbuch eingetragen, fragte er die Angeklagte.

»Na, Benzinrechnungen, Briefmarken, Blumen und dann natürlich Spesen.«

Richter (der Erschöpfung nahe): »Schon gut, schon gut, aber haben Sie denn wenigstens mal etwas auf der Schreibmaschine geschrieben?«

Brigitte: »Nein, ich habe doch von Geschäftskram keine Ahnung und konnte auch gar keine Geschäftsbriefe schreiben. Auf der Schreibmaschine habe ich nur meine englischen Vokabeln abgetippt.«

Richter: »Wollen Sie wenigstens zugeben, daß Sie mit Prüfern des Finanzamts außerdienstlich Restaurants besucht und stets die Rechnungen beglichen haben?«

Angeklagte: »Ja, das stimmt, Ermisch hatte mir gesagt, daß das so üblich sei.«

Richter: »Kamen Ihnen wirklich keine Bedenken?«

Brigitte: »Wieso, Herr Vorsitzender? Ich meine, wenn jemand arbeitet, dann muß man ihn auch zum Essen einladen.«

Wenn jemand arbeitet – ja, wie z. B. der Vergütungsprüfer beim Finanzamt Düsseldorf-Nord, Paul Vosen, der am gleichen Tage ebenfalls vor Gericht Rede und Antwort zu stehen hatte.

Bei jeder ersten Betriebsprüfung will er »Lampenfieber« wie ein Bühnenschauspieler bei der Premiere gehabt haben, so jedenfalls erzählte Vosen dem Gericht von seiner Arbeit. Seine erste Prüfung in der Firma Hansa-Export überstand er allerdings ohne Lampenfieber, denn dort ging es sehr kollegial zu. Hatte doch mittlerweile seine langjährige Kollegin im Finanzamt, Ingeborg Herchenröder, die steuerliche Beratung dieser angeblichen Kohlen- und Stahlexportfirma übernommen.

Vosen legte nach dieser ersten Prüfung das Ergebnis schriftlich so nieder: »Alle erforderlichen Unterlagen, Ausfuhrerklärungen, Rechnungen, Bescheinigungen des Bundesamtes für gewerbliche Wirtschaft und des Zollamtes sind vorhanden und stehen mit der beantragten Höhe der Umsatzsteuerrückvergütung im Einklang.«

Das war wirklich gute Arbeit, zumal ja nach Brigittes Angaben die ganze Buchführung der Firma im Ausland gemacht worden war und in dem Düsseldorfer Büro überhaupt keine Unterlagen vorhanden waren.

Auf eine Frage des Richters, ob er denn damals nicht gewußt habe, daß die angeblichen Stahlexporte Ermischs nach Holland höher waren als die tatsächlichen Exporte aus der ganzen Bundesrepublik in die Niederlande zur gleichen Zeit, antwortete Vosen: »Das war mir nicht bekannt.«

Vosen gab übrigens vor Gericht unumwunden zu, Bestechungsgelder angenommen zu haben. Nach seiner zweiten Betriebsprüfung bei Hansa-Export, die zu dem gleichen positiven Ergebnis führte wie die erste, ließ er sich von Brigitte Szypa einen Briefumschlag mit 40 000 Mark überreichen, nachdem er vorher das Angebot eines Wochenendhauses in Holland ausgeschlagen hatte.

»Die ganze nächste Nacht habe ich darüber nachgedacht, wie ich mich verhalten sollte«, sagte Vosen aus, »dann habe ich am nächsten Morgen zwei Bankkonten eingerichtet und das Geld dort angelegt.«

Ob Brigitte wohl auch schlaflose Nächte gehabt hat: So naiv konnte das »Goldkind« – so wurde sie unter Journalisten genannt – ja wohl doch nicht gewesen sein, daß sie sich bei einer so offensichtlichen Beamtenbestechung keine Gedanken gemacht hätte!

Kavalier Ermisch tat sein Bestes, um der bedrängten Unschuld beizustehen. Auch er versicherte dem Gericht, daß Brigitte keine Schuld treffe, daß sie von seinen Manipulationen nichts gewußt habe.

Ermisch, mit treuherzigem Augenaufschlag dem Richter zugewandt:

»Sie weiß wohl aus einem Pfund Rindfleisch eine gute Suppe zu kochen und sie kann auch zur Not einen Mann glücklich machen, aber von Geschäften hatte sie keine Ahnung!«

Wie Brigitte ihren Freund »zur Not glücklich« machte, und auch umgekehrt, auch darüber wurde an diesem Tag verhandelt.

Die beiden hatten sich Anfang 1965 in dem Kosmetiksalon in Essen kennengelernt, in dem Brigitte, wie sie betonte, als »Empfangsdame« beschäftigt war. Bald kam es zu einer Verabredung, die zu weiteren führte. Es dauerte auch nicht allzu lange, bevor der stattliche, elegante Ermisch, der mehr den Mann von Welt als den routinierten Playboy herauskehrte, das Herz der jungen Frau gewonnen hatte.

Daß Brigitte aber bei allem Überschwang der Gefühle auch nüchtern zu rechnen verstand, ergab sich, als der Vorsitzende einmal die Frage an sie richtete, ob sie denn alles geglaubt hätte, was Ermisch ihr auftischte, nämlich unter anderem, daß er Direktor einer Bank in Barcelona und Millionär sei.

Doch, sie habe nie an der Echtheit seiner Versicherungen gezweifelt, und Brigitte gab ein durchschlagendes Argument für ihren guten Glauben zum besten: »Er hatte doch einen Solitär am Finger.«

Der Solitär steckte am Finger eines echten Frauenhelden, der aber auch ein verhinderter Kriegsheld war. Ermisch war zwar nie an der Front – er wurde wegen eines Herzleidens zurückgestellt –, verstand es aber doch, der Geliebten weiszumachen, daß er im Krieg »Kommandant oder jedenfalls doch irgendwie eine wichtige Persönlichkeit« gewesen sei, wie sie sich ausdrückte, »auf jeden Fall natürlich Offizier«.

Richter Monschau, der seinen Pappenheimer schon zur Genüge kannte, stellte dann die Frage: »Hat er Ihnen auch das Märchen aufgetischt, er sei mit dem Ritterkreuz ausgezeichnet worden?«

Antwort: »Ja, Ritterkreuz und all das, was man in einem Krieg halt so bekommt, wenn man tüchtig ist ... So genau kenne ich mich da allerdings nicht aus.«

Richter: »Und wie war das mit den Panzern?«

Brigitte: »Ja, daß er die feindlichen Panzer immer als erster erkannte und als schneller Rechner dann immer sofort abschoß, das erzählte er mir.«

Auch der Staatsanwalt hatte da noch eine Frage, die freilich nicht ganz fair war und mit dem zur Verhandlung stehenden Delikt schon gar nichts mehr zu tun hatte. Er wollte wissen, ob es wahr sei, daß Brigitte bei diesen Märchenstunden dann und wann mal eingeschlafen sei.

Brigitte (ganz Dame): »Nehmen Sie es mir bitte nicht übel, aber so genau möchte ich das hier nicht sagen.«

Schließlich wird der Richter ungeduldig, er wundert sich, ob diese Frau, die keineswegs dumm ist, denn nie Bedenken hatte, ob ihr die Vorgänge, an denen sie angeblich nur passiv beteiligt war, nie merkwürdig erschienen, ob sie denn nie Fragen gestellt habe.

Nein, das wäre ihr nie in den Sinn gekommen, denn »Sie müssen wissen, ich komme aus ganz einfacher Familie, und wenn man dann einen reichen Freund hat, dann freut man sich eben, daß es einem so gut geht, und stellt keine Fragen ...«

Tragisches Ende einer Groteske

Von Monat zu Monat schleppt sich das Verfahren gegen Ermisch & Co. dahin, ohne daß ein merklicher Fortschritt in der Sache selbst zu verspüren wäre. Dagegen war die umständliche Prozedur reich an Zwischenfällen der verschiedensten Art, von denen die meisten nicht zur Routine eines Strafprozesses gehören.

Es begann damit, daß Ermisch, der zu dieser Zeit seinen Sinn für Humor – oder vielleicht sollte man in diesem Fall lieber von Galgenhumor sprechen – noch nicht verloren hatte, dem Gericht am

4. September 1969 einen Vortrag über die bessere Ausbildung von Steuerbeamten hielt.

»Generell sollten die Steuer- und Betriebsprüfer regelmäßig in Fortbildungskursen zusammengefaßt werden«, meinte der auf diesem Gebiet durchaus sachverständige Angeklagte, und fügte hinzu: »Sie kennen einfach zu wenig auf ihrem Gebiet. Aber daran sind nicht die Beamten schuld, sondern der Gesetzgeber.«

Er bezweifelte, »daß es bei unseren Steuerbeamten ausreichend qualifizierte Leute gibt«. Auf den Einwand des Vorsitzenden, daß er, Ermisch, doch schließlich über einen gewissenhaften Steuerprüfer gestolpert sei, entgegnete der Angeklagte mit der ihm oft eigenen Gönnermiene: »Na ja, das war eben eine Ausnahme. Sie wissen doch, viele sind berufen, aber nur wenige sind ausersehen.«

Einen »Quell reinster Freude« hatte ein paar Tage vorher der Vorsitzende, Landgerichtsdirektor Monschau, die Ermisch-Akten genannt, nachdem zwei Vorfälle bekannt geworden waren, die der Angeklagte selbst nur mit der Bemerkung »Es geschehen schon mal Zeichen und Wunder« erklären konnte. Einmal, so ergab sich aus den Akten, hatte Ermisch mit Erfolg Steuerrückvergütung beantragt für Lieferungen, die seine Firma angeblich getätigt hatte, noch ehe diese überhaupt gegründet worden war.

Über diese Feststellung Monschaus zeigte sich Ermisch so verblüfft, daß er ausrief: »Das glaube ich nicht, da müssen Sie mir mal die Akten zeigen.« Nach kurzer Einsicht gab er die Akte zurück, ohne auf ihren Inhalt noch einmal einzugehen, wobei sich jedoch sein Gesicht zu einem bezeichnenden Lächeln verzog.

Allgemeine Heiterkeit im Gerichtssaal erregte auch ein offizielles Schreiben der Ermisch-Firma »Phönix-Brennstoffe«, das beim Finanzamt einging, bevor es nach dem Datum auf dem Briefkopf überhaupt geschrieben sein konnte.

So unwahrscheinlich in dieser Affäre alles erscheinen mußte, was nachweislich geschehen war, tat Ermisch sein Bestes, um das Gericht bei jeder gegebenen Möglichkeit noch hinters Licht zu führen und die Dinge noch toller erscheinen zu lassen, als sie offensichtlich waren.

So erzählte er am 1. September dem Gericht, er habe zu Weihnachten 1966 nicht weniger als 24 Präsentkörbe im Werte von zwischen 150 und 500 Mark verteilt, von denen acht an das Finanzamt Düsseldorf-Nord, der Rest an Beamte der Oberfinanzdirektion Düsseldorf und des Landesfinanzministeriums gegangen seien.

Dazu der ständige Prozeßbeobachter des Ministeriums vor Journalisten: »Das ist alles gelogen. Da ist kein Wort von wahr.«

Erheblich weniger geständnisfreudig zeigte sich der Angeklagte, als Monschau ihn am 5. September eindringlich ermahnte, er solle zugeben, wer ihn Ende 1967 gewarnt hatte, daß der Steuerschwindel ruchbar geworden sei, und wer ihn während seines Aufenthaltes in Mexiko ständig über den Stand der Ermittlungen auf dem laufenden gehalten hatte.

Das Ansinnen wies Ermisch mit der Bemerkung zurück: »Ich bin doch kein Judas!« Diesen Ausdruck hatte er vorher schon einmal gebraucht. Er bequemte sich nur dazu, auszusagen, der mitangeklagte frühere Steueramtmann Paul Vosen sei es nicht gewesen.

In diesem Zusammenhang wurde noch bekannt, daß die Leiterin einer der von Ermisch gegründeten Scheinfirmen, eine gewisse Frau Schmitter, Selbstanzeige erstattet und 135 000 Mark Steuern an das Finanzamt Düsseldorf-Nord bezahlt hatte, nachdem der ganze Schwindel aufgeflogen war. Darüber zeigte sich Ermisch ziemlich erbost, denn er hatte, wie er vor Gericht aussagte, noch während seiner Flucht Frau Schmitter telefonisch die Anweisung gegeben, die Steuern nicht mehr zu bezahlen. Er wies die Frau an, sich von dem geschuldeten Betrag selbst 75 000 Mark zu nehmen und die restlichen 60 000 zurückzulegen, bis sie abgeholt würden, was die Schmitter aber nicht tat. Darauf wurde das schon gegen sie anhängig gemachte Verfahren eingestellt.

Mitte September gab es noch ein amouröses Intermezzo, das allerdings nicht weit gedeihen sollte. Während der Sitzung vom 14. September flüsterte Ermisch dem vor ihm sitzenden Verteidiger eines seiner Mitangeklagten ein paar Worte zu, die mit der Sache, die gerade vor Gericht verhandelt wurde, nichts zu tun hatten. Er bat den Anwalt, der Brigitte Szypa – mit der Ermisch selbst nicht sprechen durfte – zu verstehen zu geben, daß er, Ermisch, sie am liebsten noch während der Untersuchungshaft heiraten würde. Die Sache kam Journalisten zu Ohren, die natürlich Frau Szypa sofort darauf ansprachen.

»Ich weiß von nichts«, erklärte die Auserwählte, »aber heiraten würde ich ihn schon.«

Dahin sollte es allerdings nicht kommen. Wenige Tage später mußte die Szypa wegen einer Unterleibserkrankung zur Operation in das Marien-Hospital in Essen eingeliefert werden. Dort übermannte sie die Schwermut. In einem unbewachten Augenblick schnitt sie sich in der Nacht zum 23. September die Pulsadern auf.

Eine andere Patientin benachrichtigte jedoch rechtzeitig die Stationsschwester, so daß ein Verbluten verhindert werden konnte.

Der Prozeß aber war jetzt ernstlich gefährdet. Um die auf zehn Tage begrenzte Frist der Unterbrechung eines Strafprozesses einhalten zu können, beschloß das in Düsseldorf tagende Gericht sofort, einen Termin im Krankenhaus abzuhalten. Unter scharfen Sicherheitsvorkehrungen wurden Ermisch und die anderen Angeklagten am 25. September nach Essen gebracht. Sämtliche Straßenkreuzungen waren gesperrt, das Krankenhaus selbst war von der Polizei hermetisch abgeriegelt. Da niemand während der nur eine halbe Stunde dauernden, als reine Formalität gedachten Verhandlung am Krankenbett der Szypa den Saal betreten durfte, mußten die anderen Patienten und die Krankenschwestern die gesetzlich vorgeschriebene »Öffentlichkeit« spielen. Brigitte Szypa saß in einem Rollstuhl, fast völlig von Tüchern verhüllt. Wie schon bei früheren Gelegenheiten versuchte Ermisch, durch »Luftküsse« ihre Aufmerksamkeit auf sich zu lenken.

Danach wurde die Verhandlung auf den 3. Oktober vertagt, nachdem die Ärzte der Hoffnung Ausdruck gegeben hatten, daß die Szypa dann für kurze Zeit verhandlungsfähig sein würde.

Es sollte sich aber bald zeigen, daß diese Hoffnung trügerisch war. Immer wieder mußte die Fortsetzung des Verfahrens nach Wahrnehmung kurzer Termine vertagt werden, da die Szypa den Anstrengungen der Verhandlung körperlich nicht mehr gewachsen war, der Vorsitzende andererseits aber nicht gewillt war, das Verfahren gegen sie wieder abzutrennen. Ein zweiter Krankenhaustermin in Essen unter ähnlichen Vorkehrungen erbrachte auch keinen Fortschritt.

So quälte sich der Prozeß durch den Oktober und in den November hinein, und es schien, als sollte er nie wieder richtig vom Fleck kommen. Dann aber kam es zu einer überraschenden und tragischen Wendung.

Am Frühmorgen des 11. November 1969 fand ein Aufseher, als er um 4.30 Uhr das Licht in Ermischs Zelle im Block C des Untersuchungsgefängnisses »Ulmer Höh« routinemäßig angeknipst hatte, das Bett des Insassen leer. Ehe er weitersuchte, so verlautete amtlich, rief er sofort einen Sanitätsbeamten.

Sie fanden Ermisch rechts neben der Zellentür in der Ecke an einem Heizungsrohr, das unter der Decke verlief, erhängt vor. Wiederbelebungsversuche hatten keinen Erfolg.

Wie konnte es dahin kommen?

Man hatte Ermisch, der ja schon vorher Selbstmordtendenzen gezeigt hatte, alle erdenklichen Werkzeuge zur Ausführung einer solchen Tat abgenommen – nicht nur wie allgemein üblich, Hosengürtel und Schnürsenkel, sondern auch Rasierzeug, Eßbesteck, Nagelschere usw. Er durfte sich nur unter Aufsicht rasieren.

Doch eine Nähnadel und Faden hatte man ihm belassen. Damit hatte er, so wurde amtlich festgestellt, eine Schlinge in ein Handtuch genäht und sich damit an dem Heizungsrohr aufgehängt. Fürwahr ein Kunststück – aber Ermisch war eben in seiner Art ein Künstler.

In einer noch am gleichen Tage einberufenen Pressekonferenz teilte Oberstaatsanwalt Heydenreich weitere Einzelheiten mit. Heydenreich schilderte Ermisch als einen »Mustergefangenen«, der nie Schwierigkeiten gemacht habe und sich auch nie über das Essen beklagt habe. Die anfangs vom Gericht angeordneten strengen Sicherheitsvorkehrungen, wonach Ermischs Zelle jede Nacht alle 30 Minuten kontrolliert werden mußte, seien später auf Antrag der Verteidigung gelockert worden.

Am Nachmittag vor seinem Tode sei Ermischs Zelle noch einmal routinemäßig kontrolliert worden, erklärte Heydenreich weiter. Dabei habe der Gefangene einen recht aufgeräumten Eindruck gemacht und sei weniger bedrückt gewesen als an früheren Tagen. Noch am Freitag, dem 7. November, sei Ermisch ärztlich untersucht worden, nachdem dem Gerichtsvorsitzenden das schlechte Aussehen des Angeklagten aufgefallen war. Ermisch selbst habe dagegen erklärt, er fühle sich gesund, habe aber großen Kummer, über den er sich nicht näher äußern wollte.

Wie die Süddeutsche Zeitung am 12. November 1969 berichtete, wurden in der Zelle des Toten sechs Briefe gefunden, alle vom 9. und 10. November datiert. Bei der letzten Kontrolle (das heißt am Montag, dem 10. November um 16.30 Uhr) waren sie nicht aufgefallen, hieß es weiter in dem Blatt,, »weil Ermisch immer viel korrespondierte«.

Diese Erklärung muß etwas dürftig erscheinen, denn aus den sechs Briefen, die er ja nicht gut verstecken konnte, scheint die Selbstmordabsicht des Gefangenen recht klar hervorgegangen zu sein.

Denn, so hieß es weiter, »als Motiv für den Selbstmord ging aus dem Brief an den Gerichtsvorsitzenden Landesgerichtsdirektor Kurt Monschau hervor, daß Ermisch das Verfahren nach wie vor als rechtswidrig betrachtete, weil er von Staatsanwalt Pieh wegen einer angeblichen Paßfälschung aus seinem Exil in Mexiko nach Deutschland gelockt worden sei. In einem Brief an die Staatsanwaltschaft bekannte Ermisch sich schuldig, ›aber nicht im Sinne der Anklage‹, wie er hinzusetzte«.

Weitere Briefe hinterließ Ermisch, der gleichen Quelle zufolge, für seine Geliebte Brigitte Szypa, für seine Eltern, für einen Sachverständigen, für seinen Verteidiger Karl Heinz Hütsch und für Landesjustizminister Josef Neuberger. Er verfügte, daß seine Leiche eingeäschert und die Urne auf seinem Besitz in Spanien, einer Villa an der Costa Brava, wo seine Frau lebt, beigesetzt werden soll.

Von Journalisten daran erinnert, daß Ermisch ihm wegen des angeblichen »Kidnapping« in Mexiko einmal mit dem Tode gedroht habe, und gefragt, was er nun zu dem Selbstmord sage, erwiderte Staatsanwalt Pieh nachdenklich: »Jedes Menschenleben ist lebenswert, warum soll mich der Tod des Angeklagten nicht beeindrucken?«

Dann aber ging er alsbald zur Sache über.

»Soweit die Briefe als Beweismittel Bedeutung haben, werden sie Gegenstand des Prozesses«, erklärte er kurz und bündig und kündigte an, daß das Verfahren gegen die überlebenden Angeklagten, nämlich Brigitte und ihren Vater Werner Szypa, den Kaufmann Jakob N. Wirtz, die frühere Steuerinspektorin Ingeborg Herchenroeder sowie die Steueramtmänner Paul Vosen und Ernst August Bieler am Mittwoch morgen um 9 Uhr programmgemäß weitergehen werde.

Neben dem Eingang zum Verhandlungssaal im Düsseldorfer Landgericht, in dem der Ermisch-Prozeß nun trotz selbstverschuldeter Abwesenheit des Hauptangeklagten weiterlaufen soll, steht der Spruch aus der Apokalypse: »Streck deine Sichel aus und ernte.« Viermal schon hat die Sichel ausgeholt und dreimal hat sie geerntet.

Wo blieben die Ermisch-Millionen?

Erst nach Ermischs Tod wurden weitere Zusammenhänge klar, die den Fall wieder in einem ganz neuen Licht erscheinen ließen. Nun stellte sich heraus, daß die spanische Ehefrau des vermeintlichen Steuerkünstlers, über die bisher nur dürftigste Informationen vorlagen, in der Affäre eine weit größere Rolle gespielt hatte, als sich vorher annehmen ließ.

Als Ermischs sterbliche Hülle am 14. November auf dem Friedhof Essen-Südwest zu Grabe getragen wurde, warteten Kriminalbeamte vergebens vor dem Tor, in der Hoffnung, endlich der geheimnisvollen Dame mit dem wohlklingenden Namen Maria de Los Angeles Soria Fabregas – Tochter eines adligen spanischen Generals – einen Haftbefehl vor die Nase halten zu können. Nach Ansicht deutscher Juristen war die Generalstochter, die Ermisch um 1964 geheiratet und von der er sich im Frühjahr 1968 hatte scheiden lassen, schlicht eine Hehlerin, weil sie rund 3,5 Millionen, die der Steuerjongleur dem Fiskus abgeschwindelt hatte, beiseitegeschafft hatte. Dieser Betrag besteht aus Bargeld und Vermögenswerten, die Ermisch seinerzeit nach Spanien transferiert hatte und die sich im Besitz der geschiedenen Ehefrau befinden.

»Allen Versuchen der deutschen Instanzen, dieses Geld und der Vermögenswerte habhaft zu werden, konnte sich die resolute Spanierin (dank ihren Beziehungen, so wird berichtet) bisher erfolgreich widersetzen«, hieß es in einem Düsseldorfer Sonderbericht der »Stuttgarter Zeitung« vom 18. November 1969. Und weiter: »Ob die geschäftstüchtige Maria de Los Angeles, die inzwischen ihre durch die Heirat erworbene deutsche Staatsangehörigkeit abgelegt hat, um sich auch formal allen Zugriffen der deutschen Justiz mit Erfolg entziehen zu können, überhaupt noch je zur Herausgabe des Geldes gezwungen werden kann, ist deshalb sehr zweifelhaft. Die 3,5 Millionen Mark werden also einstweilen unter ›Dubiose‹ gebucht.«

Dem Zugriff der deutschen Justiz entzog sich Maria auch dadurch, daß sie zur Beerdigung ihres geschiedenen Mannes nur Kränze schickte, im übrigen es aber vorzog, mit ihren beiden Söhnen aus dieser Ehe in ihrer schmucken Villa an der Costa Brava zu bleiben. Die Kripo mußte unverrichtetersache wieder abziehen, als sich das Grab über Ermisch schloß.

Die »dubiosen« Vermögenswerte in Spanien stellen den größten Happen der Ermisch-Beute dar, und sie sind dem Fiskus voraussichtlich für immer verlorengegangen. Rund vier Millionen waren nach Angaben der Oberfinanzdirektion Düsseldorf bis Mitte November wieder in die Staatskasse zurückgeflossen, darunter vor allem Werte, die Ermisch in die Schweiz und nach Mexiko geschafft hatte. Bei weiteren zwei Millionen Mark bestehe begründete Aussicht, daß sie noch – wenn auch zum Teil auf dem Umwege über risikobeladene Prozesse – eingetrieben werden könnten, erklärten Vertreter der Oberfinanzdirektion vor Gericht am 17. November.

Über die noch offenen 2 bis 2,5 Millionen Mark, so stellten die

Beamten fest, habe Ermisch in der letzten Zeit sehr wahrscheinlich ebenfalls nicht mehr verfügen können. Sie dürften zum großen Teil durch den persönlichen Aufwand Ermischs, der Brigitte Szypa und deren Eltern, sowie durch eine große Zahl von »Dotationen« an mitangeklagte oder nicht angeklagte Finanzbeamte aufgezehrt worden sein. Rund 150 000 Mark soll auch, nach Bekundungen eines als glaubwürdig erachteten Zeugen, der schwerkranke Vater Ermischs von seinem Sohn kurz vor dessen Flucht nach Mexiko erhalten haben. Weitere Hunderttausende sollen als Gebühren an die verschiedenen Anwälte Ermischs bezahlt worden sein. Allein aus der Erbmasse des ebenfalls durch Selbstmord aus dem Leben geschiedenen Dr. Feige klagt die Oberfinanzdirektion 500 000 Mark ein, da die Zuwendungen, die dieser von Ermisch erhalten hatte, weit über das übliche Maß von Anwaltshonoraren hinausgingen (es sollen etwa 800 000 Mark gewesen sein).

Kurz vor seinem Tode hatte Ermisch einmal erklärt: »Ich bin ein armer Hund ... Ich besitze praktisch nichts mehr.«

Nach den obenerwähnten Feststellungen der Oberfinanzdirektion Düsseldorf in dem (bis Anfang 1970) noch immer nicht abgeschlossenen Ermisch-Prozeß war auch die Staatsanwaltschaft bereit, diese Erklärung als zutreffend hinzunehmen.

Fazit: Rund die Hälfte der Beute war in den guten Jahren von Ermisch und seinem zahlreichen Anhang verpulvert worden bzw. in die Hände der »resoluten Spanierin« gelangt, denen sie kaum wieder zu entreißen sein werden. Fest steht jedenfalls, daß spanische amtliche Stellen bisher keine Neigung gezeigt haben, dem deutschen Fiskus zur Wiedererlangung dieses Geldes zu verhelfen.

Endgültig zerstört wurde die Legende von Ermisch, dem genialen Steuerkünstler, die eine Zeitlang die deutsche Öffentlichkeit gefesselt hatte, durch ein Gutachten, das der Duisburger Psychiater Dr. Günther Bohne am 10. Dezember 1969 vor dem Gericht in Düsseldorf erstattete. Der Sachverständige hatte den Angeklagten wochenlang im Gefängnis untersucht.

Nach Ansicht Dr. Bohnes war Ermisch ein großer »Schaumschläger«, von einem krampfhaften Geltungsbedürfnis besessen, maßlos eitel und nur mittelmäßig intelligent. Wörtlich erklärte der Gutachter: »Ermisch war ein typischer Blender und Aufschneider. Er hatte nirgendwo wirkliche Kenntnisse. Auch seine finanziellen Manipulationen konnte er auf Grund seines Intellekts nicht allein vollenden. Er mußte sich hierbei einer ganzen Organisation bedienen.«

Weiter vertrat der Sachverständige die Auffassung, daß Ermischs zahlreiche Liebschaften dem Kohlenhändler auch nur dazu gedient hätten, in der Gesellschaft eine angesehene Rolle zu spielen. So habe er wahrscheinlich die spanische Generalstochter nur geheiratet, »um die Leiter zum gesellschaftlichen Erfolg leichter emporsteigen zu können.« Es sei aber nicht auszuschließen, daß er diese Frau tatsächlich geliebt habe.

»Von Treue allerdings hielt Ermisch recht wenig«, fuhr Dr. Bohne fort. »Er konnte keiner Frau treu sein und spielte bei ihnen gerne den Ritter ohne Furcht und Tadel.«

Nach Ansicht des Psychiaters war die mitangeklagte frühere Steueroberinspektorin Ingeborg Herchenröder den geistigen Fähigkeiten ihres Freundes und Gönners mit Abstand überlegen. Eine sexuelle Hörigkeit verneinte Dr. Bohne jedoch bei beiden Frauen, die auf der Anklagebank saßen. Daß Brigitte Szypa sehr an Ermisch gehangen haben könnte, räumte er ein. Einmal habe sie ihm – Bohne – während einer Untersuchung erklärt, Ermisch sei »im Vergleich zu anderen Männern in sexueller Hinsicht sehr aus dem Rahmen gefallen.« Regungslos, mit unbeweglichem Gesicht, hörte sich Brigitte das Urteil des Sachverständigen über den toten Geliebten an. Ob sie vielleicht an den Hauptmann von Köpenick dachte, der nach seinem abenteuerlichen Coup, bei dem er in Offiziersuniform die Stadtkasse an sich brachte, von Sachverständigen als primitiver Mensch ohne ausreichende Schulbildung gekennzeichnet wurde, so daß sich jedermann fragte, wie er nur Erfolg bei seiner Gaunerei haben konnte?

Versteht sie als einfache Frau vielleicht mehr von der Faszination, die Ermisch auf die Behörde auszuüben wußte? Sind vielleicht seine Liebschaften, sein Auftreten, sein Schmieren der Beamten, seine primitive Form der Firmenverschachtelungen gerade die richtige Mischung aller dieser Bestandteile, um einen solchen Riesenbetrug erfolgreich durchführen zu können?

War Ermischs Intelligenz, wenn auch nicht im Sinne des Psychiaters, so doch vom Wirkungsgrad aus gerade richtig und gut abgestimmt, um sein Vorhaben durchzuführen? Vielleicht verstand er es, sich so zu geben, daß jeder einzelne der Beteiligten ihn als »echt« akzeptierte. Nun, Brigitte Szypa wird das Funktionieren der Affäre vielleicht besser noch als der Sachverständige verstehen.

Oder sind alle die Deutungen noch nicht vollständig? Ermisch hat gelegentlich Hinweise gegeben, daß er nur ausführendes Organ war, und daß hinter seinem Betrug ein meisterhaftes Gehirn stand, das den Plan entwarf und für die richtige Durchführung sorgte. War es wieder einmal der große Unbekannte, der für so viele Verbrecher die letzte Ausflucht ist, wenn sie sich noch einmal an einem Geständnis vorbeidrücken wollen? Oder gibt es hier ein »mastermind«, einen Mann mit dem besonderen Verstand, der Ermischs Vorgehen geplant hat? Brigitte wird es wissen. Wahrscheinlich aber existiert ein solcher Unbekannter nicht, denn hätte er die Flucht so weltfremd inszeniert? Ermischs Weltfremdheit – auch sie ist sonderbar für einen Mann, der jahrelang mit einer Frau der spanischen Welt verheiratet war.

Ermisch ist tot, und doch stellen sich immer wieder neue Fragen. Sind sie ein Zeichen dafür, daß Ermisch zwar all das war, was der Psychiater sagte, und außerdem noch mehr, nämlich etwas, was der Psychiater nicht sah, auf eine morbide, verdrehte Weise ... auch genial?

Erich Wirrwa, der Geldzauberer von Altona

Aus eins mach sieben

Kolumbus hat nicht nur Amerika entdeckt, sondern etwas, das mit Recht noch mehr Aufsehen erregte: Das Ei, das aufrecht auf dem Tisch steht. Erich Wirrwa aus Hamburg-Altona tat es Kolumbus gleich. Er hat zwar kein Neuland entdeckt, dafür aber die Zauberformel der Finanz, die bisher allen entgangen war: Wie man als Kleinsparer rasch zu Vermögen kommen kann. Jedenfalls glaubte er, diese Formel gefunden zu haben, und 5000 Hamburger glaubten es ihm. Nicht wenige von ihnen glauben es auch heute noch.

»Eine mächtige Stütze der persönlichen Freiheit und Unabhängigkeit ist das Eigentum, der Besitz, das Vermögen. Wer etwas Vermögen hat, es braucht gar nicht viel zu sein, kann mit anderen Augen in die Welt schauen, er kann den Risiken des Lebens mit Ruhe und Gelassenheit gegenübertreten.«

Der kleine, schmächtige Endvierziger mit dem hageren Gesicht und schnurgeradem Scheitel genau in der Mitte seines schütteren Kopfhaares ließ sich so in einer Schrift vernehmen, die er 1962 herausgab und die bald zu einem hamburgischen Lokal-Bestseller wurde.

Zur besseren Unterrichtung des Publikums, das an Vermögensbildung und an dem damit verbundenen neuen Lebensgefühl interessiert ist, schilderte die Zwei-Mark-Broschüre, wie die 7000 Millionäre, die es vermutlich in der Bundesrepublik gibt, »ihr Vermögen mit kleinstem Anfangskapital innerhalb von wenigen Jahren erarbeiteten«.

Alle diese Männer und Frauen, so hieß es schlicht und eindrucksvoll in der Broschüre, haben sich eines einfachen Prinzips bedient, das aus einem Monatsgehalt als Anfangskapital in elf Jahren eine volle Million macht: »Dieses Geheimnis ist das Gesetz der Kapitalverdoppelung.«

Wer da nicht die Ohren spitzte, dem war offenbar nicht mehr zu helfen. Wer aber die Botschaft hörte und auch bereit war zu glauben, für den war Herr Wirrwa bereit, das Geheimnis zu lüften.

Natürlich würde es witzlos sein, nunmehr den Versuch zu unternehmen, »Millionen von Arbeitern zu Millionären heranzubilden«, fügte der Autor einschränkend hinzu, denn er war kein Phantast, sondern ein Wirtschaftsmann, der sich auf dem Boden der Realitäten bewegte.

Aber, so führte er weiter aus, bei der in weitesten Volkskreisen vorhandenen völligen Unkenntnis der Möglichkeit des Geldverdienens durch ein eigenes Vermögen ist es notwendig, ein besseres System der risikolosen Eigentums- und Vermögensbildung zu entwickeln. Dieses System glaubte Herr Wirrwa entdeckt zu haben, und so machte er sich daran, eine »Gesellschaft zur Förderung der Eigentumsbildung (GFE)« zu gründen, die er im August 1961 in das Vereinsregister von Hamburg-Altona eintragen ließ. Über Zweck und Ziele der Gesellschaft war in der Broschüre zu lesen: »Es soll weitesten Kreisen der zur Zeit noch vermögenslosen und einkommensschwachen Bevölkerung durch ständige Beratung und Aufklärung der Weg gewiesen werden, wie sie durch sinnvolle Gemeinwirtschaft Ersparnisse erzielen und durch Ersparnisse im Laufe der Jahre zu einer ständig anwachsenden Eigentums- und Vermögensbildung gelangen können.«

In Paragraph 1 der Satzung der GFE hieß es, daß ihr Zweck »der örtliche Zusammenschluß von Mitgliedern zur Pflege des zeitlich begrenzten Sparens« sei. In Paragraph 9, unter »Rechte und Pflichten des Vorstandes«, wurde bestimmt: » . . . Er verwaltet insbesondere das Vermögen des Vereins.«

Damit war dem Initiator der Gesellschaft, Herrn Wirrwa, der sich bescheiden mit dem Posten des Vereinskassiers begnügte, die

Möglichkeit gegeben, sein System ganz nach eigenem Gutdünken in die Tat umzusetzen.

Das System, wenn man es so nennen darf, macht dem Namen seines Urhebers alle Ehre. Es ist ein Wirrwarr, in dem sich noch kein Mensch zurechtgefunden hat, Staatsanwalt und Richter eingeschlossen.

Fachleute meinen, es handle sich dabei um eine Abwandlung des berüchtigten und verpönten »Schneeballsystems«, mit dessen Hilfe schon mancher gewiefte Kaufmann reich zu werden versucht hat, doch meistens vergebens: Mit dem Geld der immer neu hinzukommenden Kunden werden jeweils die alten Forderungen bezahlt. Das geht eben gut, solange immer wieder neue Kunden tatsächlich hinzukommen. Tritt aber einmal aus irgendeinem Grunde eine Stockung ein, so bricht das ganze System zusammen und die letzten gehen leer aus – genau wie es im Falle Wirrwa passiert ist.

Wirrwa, der immer bestritten hat, daß er nach der alten Schneeballmethode gearbeitet habe, entwickelte und beschrieb in seiner Broschüre ein System der Vermögensbildung, wie man es sich in der Tat nicht verlockender vorstellen kann.

Grundlage ist, daß alle Mitglieder der GFE mit dem Verein einen »Spar- Gewinn- und Kaufvertrag« abschließen und sich der »gemeinwirtschaftlichen Wareneinkaufseinrichtung« bedienen, die der GFE angegliedert ist. Nach Wirrwas Ansicht läßt sich beim größten Teil der Artikel des täglichen Bedarfs ein Nettogewinn von 10% erwirtschaften, sofern die Unkosten zielbewußt niedrig gehalten werden. Werden die Spareinlagen des Vereinsmitglieds in diesem Geschäft angelegt, so arbeiten sie für den Sparer außerordentlich gewinnbringend, wie man aus der Broschüre erfährt:

Wer ein Jahr lang in Wirrwas »Einkaufseinrichtung« wöchentlich für 50 Mark Wurst, Butter, Käse, Tabak- und Süßwaren, Textilien und andere Haushaltswaren eingekauft hat, dem wird, wie *Die Zeit* es ausgedrückt hat, »das wundersame Erlebnis zuteil, die Wurst zwar gegessen, das Geld aber nicht ausgegeben zu haben«.

Wieso? Ganz einfach, weil Wirrwa dem Sparerkunden verspricht, daß er im folgenden Jahr für weitere 50 Mark pro Woche umsonst einkaufen darf. Dazu hieß es in der GFE-Broschüre: »Die Hausfrau kann natürlich mit ihren erzielten Gewinnen machen, was sie für gut und richtig hält. Es bleibt ihr völlig freigestellt, diese wöchentlichen Gewinne sofort wieder zu verausgaben und sich damit einen oder mehrere ihrer kleinen Wünsche zu erfüllen.

Die großen Wünsche, nach einer schönen Eigentumswohnung oder einem schuldenfreien Eigenheim mit eigenem Garten unter gleichzeitigem Fortfall der monatlichen Miete, lassen sich damit leider noch nicht erfüllen.«

Doch auch für die großen Wünsche weiß Wirrwa Rat. Wer ein Jahr lang bei ihm für 50 Mark in der Woche eingekauft hat, der hat also in 52 Wochen insgesamt zweitausendsechshundert Mark »erspart«. Legt er dieses Geld nun wieder bei Wirrwa an, so vermehrt es sich ständig weiter in imposanter Weise um 85 Prozent.

»Denn die durch überlegten Einkauf gewonnenen 2600 DM, als 15prozentige Anzahlung für einen nachfolgenden Spar-Gewinn- und Kaufvertrag angewandt, erbringen im Verlauf des zweiten Jahres schon die stattliche Summe von 17 400 DM. Damit ließe sich gewiß mancher größere Wunsch erfüllen. Wer aber wirklich nach etwas Wertvollerem strebt, der sollte auch diese Summe zum Abschluß eines Spar- Gewinn- und Kaufvertriges benutzen, der ihm nach Ablauf des dritten Jahres die beachtliche Summe von 87 000 DM erbringt.«

Da muß ja wohl dem Dümmsten einleuchten, daß er es in einigen Jahren todsicher zum Millionär bringen wird, wenn er nur lange genug stillhält und immer weiter Spar-Gewinn- und Kaufverträge mit dem Verein abschließt. Wer aber nicht so lange warten will, sondern sich schon in kurzer Zeit einen mittelgroßen Wunsch – sei es nach einem Auto, einem Kühlschrank oder nach Möbeln – erfüllen will, auch der kommt beim Wirrwa-System auf seine Rechnung. Denn, so rechnet ihm der Geldwunderdoktor vor und »beweist« es anhand von langen Zahlenspalten, die seine Broschüre wie eine Logarithmentafel zieren – wer ein Jahr hindurch Woche für Woche im GFE anlegt, kann zum Jahresende den Volkswagen seiner Träume dafür in Empfang nehmen.

Das geht so vor sich: Schon die erste Einzahlung des Interessenten in Höhen von 15 Mark wirft in der ersten Woche bereits 1,50 Mark Gewinn ab, der sich aus dem zehnprozentigen Nettogewinn der »Gemeinwirtschaftlichen Wareneinkaufseinrichtung« ergibt. In der zweiten Woche arbeiten also für den Sparer schon 16,50 Mark plus 15 Mark der zweiten Wochenrate. Über das ganze Jahr fortgesetzt, ergibt das eine Jahreseinzahlung von 780 Mark = 15 Prozent des Kaufpreises eines VW im Werte von 5200 Mark. Die restlichen 85 Prozent aber legt Wirrwa dazu, indem er den ganzen Betrag an den Autohändler zahlt, der dem glücklichen Sparer sofort den Wagen aushändigt mitsamt Kraftfahrzeugbrief.

Woher nimmt Wirrwa die 4420 Mark, die er bei jedem dieser fabelhaften Autokäufe »dazubuttern« muß? Nach seinen Angaben aus den Erträgen des gemeinwirtschaftlichen Ein- und Verkaufssystems, durch die sie echt verdient worden seien. Hier setzten die Zweifel der Behörden und Finanzexperten ein, denn einen so hohen Ertrag kann keine Verkaufsorganisation, und sei sie noch so rationell aufgezogen, herauswirtschaften.

Wie aber sonst hat Wirrwa es geschafft, sein System tatsächlich ein Jahr lang reibungslos funktionieren zu lassen und über hundert Sparer mit Autos im Werte von fünf- bis zwanzigtausend Mark zu beglücken, für die sie jeweils nur 15% der Kaufsumme einbezahlt hatten? Nun, es war eben doch nach der Schneeballmethode – die letzten haben für die ersten bezahlt und sind dann selbst leer ausgegangen. Von den »letzten« aber gab es so viele, daß das Geld zur Auszahlung der »ersten« tatsächlich vorhanden war – fast drei Millionen Mark, die von den rund 5000 Mitgliedern der GFE im Laufe eines Jahres eingezahlt worden waren.

So konnte Wirrwa auf der Höhe seines freilich kurzlebigen Erfolges stolz verkünden: »Mit meinen 20 Mitarbeitern werde ich in diesem Jahr rund 40 Millionen Mark umsetzen. Der Plan für 1964 sieht bereits einen Umsatz von 465 Millionen Mark vor. Und eines Tages werden 52 Millionen Bundesbürger meine Kunden sein. Dann werde ich den deutschen Automobilfabriken die Preise diktieren. Sie werden Autos nach meinen Wünschen bauen.«

Milchmädchenrechnung oder Hexeneinmaleins

Man muß Erich Wirrwa schon zugute halten, daß er sein unwahrscheinliches Versprechen, jedem Vereinsmitglied, das ein Jahr lang seine Spargroschen zur GFE gebracht hatte, ein Auto oder einen anderen Wertgegenstand für nur 15% der Kaufsumme zur Verfügung zu stellen, tatsächlich gehalten hat – solange man ihn in Ruhe ließ.

Jeden Freitagabend war große »Schenk-Schau« der GFE im Vereinslokal Hotel Stadt Pinneberg am Hamburger Schlachthof. Vor der Tür des Lokals stand ein funkelnagelneues, fahrbereites Automobil – mal ein Volkswagen, mal ein Mercedes, oder eine Mittelklasse – umringt von einer großen Schar Vereinsmitglieder oder Gaffer, die gekommen waren, um das größte Wirtschaftswunder aller Zeiten zu bestaunen.

Jetzt betritt Kassierer Wirrwa den Saal, gefolgt von seiner Chefsekretärin Inge Otto, die sich links neben ihn an einen großen Tisch setzt. Zur Rechten des »Geldzauberers« nimmt der erste oder die erste der Glücklichen Platz, die heute an der Reihe sind – manchmal bis zu einem Dutzend Personen an einem Abend.

Lächelnde oder auch strahlende Gesichter, Händeschütteln, freundliche Begrüßungsworte – dann läuft das Wunder vom Stapel.

Wirrwa greift sich ein großes Bündel Geldscheine aus einer mitgebrachten Kassette heraus, packt es auf den Tisch und erklärt ganz beiläufig mit einem Blick auf die Reporter und Pressefotografen, die zu der immer sehenswerten Schau erschienen sind: »Das sind erst einmal 50 000 Mark.«

Er wirft einen Blick auf die vor ihm liegende Liste: Über 219 000 Mark werden heute ausbezahlt. Vor einer Woche waren es 250 000.«

Eine junge Frau im Pelzmantel ist zuerst an der Reihe. Sie hat einen Karmann-Ghia im Wert von rund 9500 Mark erstanden und 15% dieser Summe im Laufe des vergangenen Jahres bei der GFE angelegt. Wirrwa blättert ihr das Geld auf den Tisch und läßt sich eine Quittung darüber ausstellen. Dann reicht die Dame den erhaltenen Betrag an den Vertreter eines Hamburger VW-Händlers weiter. Der Autohändler steckt die Scheine in seine Brieftasche und überreicht der Kundin die Wagenpapiere und die Schlüssel zu dem schmucken Auto, das draußen vor der Tür steht. Die neue Eigentümerin bedankt sich und braust davon.

Als nächster nimmt ein Mann in mittleren Jahren rechts neben Wirrwa Platz. Ein anderer Autohändler schiebt einen Kaufvertrag über einen Ford 17 M über den Tisch. Wirrwa greift wieder nach einem dicken Bündel Geldscheine und bezahlt. Die Wagenpapiere werden ausgefertigt, und dann verläßt wieder ein glücklicher Autobesitzer strahlend den Saal. Auch er hat nur 15% des Kaufpreises selbst erlegt, die restlichen 85% hat Wirrwa aus der Vereinskasse dazugegeben.

Unglaublich, aber wahr. Ein dritter Kunde, ein junger Beamter, der für seinen fabrikneuen Fiat mit dem Ladenpreis von 8700 Mark ganze 1305 Mark bei Wirrwa eingezahlt hat und jetzt ebenfalls seinen Wagen ausgehändigt bekommt, gibt seiner Bewunderung für den Geldzauberer unverhohlen Ausdruck: »Der Mann müßte einen Orden bekommen.«

Wie hat Wirrwa das gemacht, wie konnte das so lange gutgehen? Nun, die GFE hat sicher gut gewirtschaftet, sie hat wohl auch manchen Rabatt herausschlagen können, der dem einzelnen Käufer sicher nicht gewährt worden wäre, es ist an allen Ecken und Enden gespart worden. So hat sich Wirrwa z. B. nie mit einem Warenlager belastet. Beim Abschluß eines jeden Sparvertrages hat er sich bloß die Kaufwünsche des Kunden notiert und diese dann an die einzelnen Lieferanten weitergegeben. Da er alle Anschaffungen prompt und bar bezahlte, konnte er sich auch auf reibungslose Lieferungen verlassen.

Das alles erklärt aber immer noch nicht die Fixigkeit, mit der Wirrwa jedem seiner »Einjährigen« mehrere Tausende von Mark stiften konnte, ohne daß die Vereinskasse jemals in Schwierigkeiten gekommen wäre. Daß die GFE wirklich einen Nettogewinn von 10% in der Woche erwirtschaften konnte, glaubte kein Kaufmann und kein Finanzexperte.

Vor allem konnte man das nicht bei der Kriminalpolizei und der Staatsanwaltschaft glauben, die sich schon Ende 1962 mit den Zaubereien des Herrn Wirrwa zu befassen begannen, obwohl keine Anzeige gegen ihn erstattet worden war. Wohl aber hatte die »Deutsche Zentralstelle zur Bekämpfung der Schwindelfirmen e. V.« in Hamburg die Wirrwaschen Geschäftsmethoden aufs Korn genommen.

»Wirrwa hat einen Zulauf wie weiland der Rattenfänger von Hameln«, erklärte die Zentralstelle und erreichte mit dieser Warnung das genaue Gegenteil von dem, was beabsichtigt worden war. Der Zulauf wurde noch größer.

Der Fall Wirrwa gab den Hamburger Behörden eine schwere Nuß zu knacken. Niemand fühlte sich geschädigt, kein Mensch hatte Anzeige erstattet, kein Gesetzesparagraph war verletzt worden. Mit welcher Begründung konnte man da gegen den Mann vorgehen? Daß es aber bei seinen an Zauberei grenzenden Finanzmanipulationen einfach nicht mit rechten Dingen zugehen konnte, darüber war man sich bei der Kripo und der Staatsanwaltschaft einig.

Von der letzteren wurde Anfang 1963 ein Wirtschaftsprüfer beauftragt, das Wirrwa-System genau zu durchleuchten. Während die Staatsanwaltschaft noch das Ergebnis des Gutachtens abwartete, schaltete sich auch die Steuerfahndung in die Affäre ein. Dort war man der Meinung, daß Wirrwa es mit der Umsatzsteuer und der Kapitalertragsteuer nicht so genau genommen hatte.

Am 22. Februar 1963 veröffentlichte das sozialdemokratische Hamburger Echo, das damals in Behördenkreisen einen beträchtlichen Einfluß hatte – inzwischen hat das Blatt sein Erscheinen eingestellt –, einen längeren Bericht unter der suggestiven Schlagzeile »Geht ›Geldzauberer‹ Wirrwa nun auf Tauchstation?« Drei Tage später besetzte ein stattliches Aufgebot von Beamten der Kripo und der Steuerfahndung die Büroräume der GFE in der Ehrenbergstraße in Altona und beschlagnahmte alle Geschäftsunterlagen. Finanzpräsident Wibbelmann teilte am 26. Februar 1963 der Presse mit, daß das Aktenmaterial der GFE so umfangreich und kompliziert sei, daß die Beamten noch zu keiner Übersicht gekommen seien. Auch stehe nicht fest, wie hoch die Forderungen des Finanzamtes gegenüber der Gesellschaft seien.

Wirrwa selbst war an diesem Morgen nicht in seinem Büro erschienen, doch hatte eine sofort eingeleitete Fahndung wenig später Erfolg. Vor der Haustür seiner Wohnung in der Bleicherstraße in Altona wurde der »Zauberer« von zwei Beamten sistiert. Er folgte ihrem Befehl: »Kommen Sie mit, wir sind von der Kriminalpolizei!« ohne Widerstand.

Da das Büro in der Ehrenbergstraße am 25. Februar den ganzen Tag über geschlossen blieb, verbreitete sich die Nachricht von der Polizeiaktion mit Windeseile unter den Wirrwa-Sparern. Es kam aber vorläufig noch nicht zu dem gefürchteten Run auf die Geschäftslokale. Noch blieb ein großer Teil der Gefolgschaft dem »Geldzauberer« treu.

Wirrwa selbst, der schon ein paar Tage nach seiner Festnahme wieder auf freien Fuß gesetzt worden war, weil Fluchtverdacht oder Verdunklungsgefahr nicht bestünden, gab sich noch nicht geschlagen. Schon am 28. Februar ließ er durch seinen Rechtsanwalt Dr. Dittmer auf einer Pressekonferenz mitteilen, daß er »weitermachen« werde.

Tatsächlich erfolgte schon am nächsten Freitag wieder wie üblich die Auszahlung der fälligen Sparverträge, allerdings nicht mehr im Vereinslokal »Stadt Pinneberg«. Der Wirt hatte sich geweigert, die »Schenk-Schau« noch weiter in seinem Restaurant zuzulassen, angeblich weil er befürchtete, daß ihm sein Mobiliar von den erregten Sparern zerschlagen werden könnte.

Wirrwa ließ sich dadurch nicht beirren. Er hielt den »Zahltag« kurzerhand in seinem Büro ab. Auf der Straße vor dem Gebäude

Ehrenbergstraße 25, wo die GFE ihren Geschäftssitz hatte, standen 15 nagelneue Wagen geparkt und warteten auf ihre neuen Besitzer. Die Straße war schwarz von Menschen, an einer Kreuzung regelten zwei Polizisten den Verkehr, weitere waren an verschiedenen Ecken postiert. Ein Peterwagen kreuzte umher. Blitzlichter flammten auf, das große Ereignis wurde wie immer fotografiert und gefilmt. Alles ging friedlich zu.

Es sollte die letzte Auszahlung werden. Am 8. März 1963 wurde Wirrwa der gewerbsmäßige Abschluß von Spar-Gewinn- und Kaufverträgen durch die Behörde für Wirtschaft und Verkehr untersagt. Die Behörde unternahm diesen Schritt, nachdem ihr das von der Staatsanwaltschaft angeforderte Gutachten eines Wirtschaftsprüfers vorgelegen hatte. Bei dieser Prüfung hatte sich u. a. ergeben, daß keine ordentlichen Geschäftsbücher geführt worden waren. Auch hatte sich der Verdacht verstärkt, daß die hohen Ausschüttungen von 85 Prozent der Sparsumme nicht aus dem Geschäftsgewinn erzielt, sondern jeweils aus den Bareinzahlungen der später eingetretenen Mitglieder des Vereins gedeckt worden waren.

Daher wurde das Verbot erlassen, gestützt auf Paragraph 35, Abs. 1 der Gewerbeordnung, wonach die Ausübung eines Gewerbes untersagt werden kann, wenn Tatsachen vorliegen, welche die Unzuverlässigkeit des Gewerbetreibenden ... dartun und die weitere Ausübung des Gewerbes für die Allgemeinheit oder das Eigentum anderer eine Gefährdung mit sich bringt.

Ein Antrag Wirrwas beim Hamburger Verwaltungsgericht, die »sofortige Vollziehung der Gewerbeuntersagung aufzuheben«, wurde prompt abgelehnt. Wirrwa reichte daraufhin Beschwerde gegen diesen Beschluß ein. Als er auch damit nicht weiterkam, verklagte er die Stadt Hamburg. Das Verwaltungsgericht wies die Klage ab.

Wirrwa setzt sich ab – und wird verhaftet

Durch das Gewerbeverbot kam die Lawine unvermeidlich ins Rollen. Zwar erklärte sich Wirrwa sofort bereit, den unruhig gewordenen GFE-Mitgliedern ihre Sparraten zurückzuzahlen – was ihm auch von der Behörde für Wirtschaft und Verkehr ausdrücklich gestattet wurde, sofern damit keine Gewinnausschüttung verbunden sei –, doch reichten die Barmittel dazu bald nicht mehr aus. Denn nun war mit einem Schlag die Quelle versiegt, aus der bisher die »Schenk-Schau« so aufwendig finanziert worden war: der unablässige Andrang neuer Mitglieder, die an dem Wirrwaschen Wirtschaftswunder teilnehmen wollten.

Schon am frühen Morgen des 12. März 1963 begannen die enttäuschten GFE-Sparer, das Büro in der Ehrenbergstraße zu belagern, und forderten ihr Geld zurück. Zeitweilig reichte die Menschenschlange vom 1. Stock des Wohnhauses über die Treppe bis auf die Straße. Polizei mußte eingesetzt werden, um das Treppenhaus zu räumen.

Da in den Morgenstunden nichts ausbezahlt wurde, begann die Menge zu murren. »Wir lassen uns nicht wieder wegschicken«, riefen einige, »wir sind schon zum zweitenmal da!«

Wer tatsächlich nachweisen konnte, daß er schon zum zweitenmal da war, indem er nämlich bereits am Vortage seinen Spar-Gewinn- und Kaufvertrag mit der Gesellschaft gekündigt hatte, schnitt noch relativ gut ab. Denn um neun Uhr dreißig wurde die Kasse wieder aufgemacht, und Leute, die gekündigt hatten, wurden ausbezahlt, allerdings unter Abzug einer Wochenrate der Sparsumme, die als »Bearbeitungsgebühr« einbehalten wurde. Die anderen gingen leer aus.

Ein junger Mann wollte nicht von der Bürotür weichen. »Ich bin über hundert Kilometer gefahren«, schrie er, »ich will jetzt mein Geld sehen.« Die Polizei wies ihn schließlich fort.

Währenddessen hatte sich Wirrwa gegen acht Uhr von seiner Sekretärin Inge Otto wegfahren lassen. Erst hieß es, er sei »wegen dringender Geschäfte« nach Herford in Westfalen verreist; später verlautete, er sei nach Berlin geflogen.

Unter den Wirrwa-Sparern herrschte Verwirrung und Uneinigkeit. Während viele erbittert davon sprachen, daß sie einem Schwindler aufgesessen seien, hielten andere nach wie vor zu dem Wundermann. »Es ist nicht seine Schuld, daß das Ganze zu Bruch gegangen ist«, meinte einer, »die haben ihn systematisch ruiniert.« Auf eine Gegenfrage, wer mit »die« gemeint sei, erfolgte prompt die Antwort: »Das internationale Kapital«.

Am Abend des 15. März drängten sich in dem alten Vereinslokal Stadt Pinneberg rund 400 der Geschädigten, um über ihre Lage zu diskutieren. Ein Bund der Wirrwa-Sparer wurde gegründet.

»Alle Sparer sitzen in der Klemme«, erläuterte Günter Hein, neugewähltes Beiratsmitglied des Bundes, die Neugründung. Und: »Wir sind keine treuen Genossen, die am Zipfel des Zauberers hängen.«

Ein anderer Redner: »Es geht darum, die berechtigten Interessen der Sparer zu wahren.« Es gab aber auch solche, die Wirrwa in Schutz nahmen und gegen die Art und Weise, wie man ihn »fertiggemacht« hatte, aufbegehrten.

»Man verbietet uns, Gewinne nach dem Wirrwa-System zu kassieren«, rief einer. »Warum untersagt man Wirrwa, weiter Verträge zu erfüllen?« ein anderer.

Aus dem überfüllten Saaleingang ließ sich plötzlich eine Stimme vernehmen: »Hier ist ein Herr von der Wirtschaftsbehörde. Sollen wir den 'reinlassen?«

Gemurmel, dann überwiegende Zustimmung. Der Beamte wurde hereingelassen und danach mit Fragen bestürmt, die er meist nicht beantworten konnte.

Bei Schluß der stürmischen Versammlung erklärte der Sprecher des Bundes, Herr Hein, man wolle dem Geldzauberer noch heute »auf die Pelle rücken«. Vor allem wollte der neue Verein von Wirrwa wissen, wieviel Geld tatsächlich auf dem Konto der GFE vorhanden sei. Von der Beantwortung dieser Frage solle es abhängen, welche Schritte der Bund nächstens unternehmen werde.

Inzwischen war Wirrwa, der tatsächlich über Hannover nach Berlin geflogen war, um dort, wie er zu verstehen gab, »Finanzierungsverhandlungen« zu führen, auch das Berliner Pflaster zu heiß geworden. In der Lokalpresse wurde vor seinen Plänen gewarnt. Die zuständige Wirtschaftsbehörde versandte ein Warnschreiben an alle Berliner Bezirke.

Am 19. März erließ die Staatsanwaltschaft Hamburg gegen Wirrwa Haftbefehl wegen des Verdachts der Untreue, nachdem die ersten Strafanzeigen enttäuschter Sparer eingegangen waren.

Da verlor Wirrwa den Kopf. Er beschloß nun, im Osten sein Glück zu versuchen. Schon vor seiner Abreise aus Hamburg hatte er einem Freund anvertraut: »Im Osten wird man mein Wirtschaftssystem mit Kußhand übernehmen, wenn mir der Westen keine Chance gibt.« Zu einem anderen soll er gesagt haben, er wolle »das Wirtschaftssystem der Zone reformieren«.

Der Empfang im Ostsektor der geteilten Stadt war aber ganz anders, als Wirrwa sich vorgestellt hatte. Als Wirrwa mit einer – wie es hieß – von Banknoten prall gefüllten Aktentasche am Grenzübergang Friedrichstraße erschien und sich ein bißchen vordrängeln wollte, wurde er von einem Volkspolizisten barsch an das Ende der Schlange von Menschen verwiesen, die dort auf die Ausstellung von Passierscheinen warteten.

Wirrwa (empört): »Ich bin Erich Wirrwa aus Hamburg, der Geldzauberer. Kennen Sie mich denn nicht?« Es machte keinen Eindruck.

Drei Hamburger, die in Ostberlin Verwandte besuchen wollten, hatten in dem Mann mit der prallen Aktentasche Erich Wirrwa wiedererkannt und berichteten darüber später der westdeutschen Polizei.

Unterdes bestürmten in Hamburg Reporter die Wohnung Wirrwas, um von dessen Gattin Auskunft über den Verbleib ihres Mannes zu erhalten. Die Frau, seit 25 Jahren mit Wirrwa verheiratet, saß ohne einen Pfennig Geld da und erklärte verzweifelt: »Ich weiß nicht, wo sich mein Mann befindet. Er hat mir kein Wort gesagt. Ich kann es noch gar nicht fassen. Aber ich habe das Unglück vorausgeahnt.«

Unheil schwante auch der Chefsekretärin Wirrwas, Fräulein Otto, die von ihrem Arbeitgeber für 2000 Mark einen hellblauen Citroën gekauft und dabei – wie alle anderen Vereinsmitglieder – 85% des Kaufpreises dazubekommen hatte. Sie verkaufte nun ihren Wagen wieder »aus Angst«, weil sie fürchtete, den Restbetrag von mehr als 8000 Mark zurückzahlen zu müssen.

Ein paar Tage lang ließen die Ostberliner Behörden Wirrwa gewähren, dann hatten sie genug von seinen Wirtschaftstheorien und Reformplänen. Am 21. März wurde der Zauberer über den Grenzübergang Chausseestraße im Wedding nach Westberlin abgeschoben und dort sofort verhaftet. Wenige Tage später wurde er nach Hamburg in ein Untersuchungsgefängnis gebracht.

Alles ist hin

»Die Gewinner sind beschenkt worden. Wenn sich ein Mann an den Jungfernstieg stellt und für ein Fünfmarkstück einen Fünfzigmarkschein hergibt, wird niemand, der ein solches Angebot annimmt, nachher erklären, daß er den Schein gekauft habe. Er wird vielmehr sagen: Man hat mir 45 Mark geschenkt. Der einzige Unterschied zwischen Wirrwa und dem Mann am Jungfernstieg ist, daß Wirrwa auch die Fünfmarkstücke wieder ausgegeben hat.«

So begründete Konkursverwalter Dr. Joachim Kilger ein Jahr nach dem Zusammenbruch der »Gesellschaft zur Förderung der Eigentumsbildung« sein Vorgehen gegen die Gewinner der Blütezeit, um für die Verlierer etwas mehr aus der Konkursmasse herauszuholen. Er hatte 48 Zahlungsbefehle gegen Wirrwa-Sparer beantragt, denen Autos oder andere Wertgegenstände als »Gewinn« ausgehändigt worden waren.

Gegen elf der Gewinner wurden vom Konkursverwalter Prozesse angestrengt. Acht der Gewinner arrangierten sich mit dem Konkursverwalter, und fünfzig andere wurden nicht verklagt, weil sie sich bereit erklärten, ihre Gewinne in kleineren oder größeren Raten an die Konkursmasse zurückzuerstatten. Die Zahlungsbefehle, die am 19. und 20. März 1964 versandt wurden, betrafen Leute, die es bis dahin unterlassen hatten, mit dem Konkursverwalter zu verhandeln oder auch nur sich bei ihm zu melden.

Die Besonderheit dieses Konkursverfahrens lag darin, daß Rechtsanwalt Dr. Kilger die Rückzahlung mit dem Argument der Schenkung forderte, nicht mit der Begründung, daß die Verträge der Sparer wegen Geschäftsunfähigkeit Wirrwas ungültig seien.

Inzwischen war Wirrwa nämlich durch Gerichtsbeschluß für nur beschränkt geschäftsfähig erklärt worden. Er war am 21. Juli 1963 nach fast viermonatiger Untersuchungshaft aus dem Gefängnis entlassen worden, mit der Auflage, daß er sich alle 14 Tage mittwochs bei der Polizei melden müsse und seine Wohnung nicht ohne Wissen der Staatsanwaltschaft wechseln dürfe. Auch mußte er sich einer Beobachtung seines Geisteszustandes in der Hamburger Universitäts-Nervenklinik unterwerfen.

Nach sechswöchiger Beobachtung erstattete Professor Bürger-Prinz, der vom Gericht als Sachverständiger bestellt worden war, ein Gutachten, in dem er feststellte, daß es Wirrwa an jeglichem kaufmännischen Verantwortungsbewußtsein fehle und daß seine geistigen Fähigkeiten nicht zur Ausübung seines »Systems« ausreichten. Er sei also in diesem Sinne für geschäftsunfähig zu erklären. Andererseits, so meinte der Gutachter, sei ihm auch strafrechtlich nur eine bedingte Zurechnungsfähigkeit zuzuerkennen.

Die Prozeßfähigkeit wurde Wirrwa nicht aberkannt, und er machte alsbald wieder weidlich davon Gebrauch. Nachdem das Hamburger Verwaltungsgericht seine Klage gegen die Stadt abgewiesen hatte, legte er Berufung ein beim Oberverwaltungsgericht, das sich daraufhin am 12. November 1965 erneut mit den Geschäftspraktiken des Ex-Zauberers zu befassen hatte. Zu Beginn der Verhandlung stellte der Vorsitzende des Ersten Senats, Senatspräsident Dr. Pardey, fest, daß »im Genie auch Wahnsinn liegen kann«. Diese Bemerkung bezog sich auf die Tatsache, daß Wirrwa inzwischen in zwei Gutachten erheblich verminderte Zurechnungsfähigkeit in strafrechtlicher Hinsicht zugebilligt worden war.

Auf eine Frage des Vorsitzenden, ob er an die Durchführbarkeit seines Systems, das stark an das unzulässige Schneeballsystem erinnere, immer noch glaube, erwiderte Wirrwa: »Das System funktioniert ausgezeichnet auch ohne ständige Vergrößerung des Geschäfts. Der Erfolg wurde nur dadurch verhindert, daß die Behörde vorzeitig einschritt. Ich bin bereit, mein Geschäft unter Aufsicht zu wiederholen. Wenn ich scheitere, dann soll man mich verurteilen.«

Als ihm der Vorsitzende daraufhin vorhielt, es sei doch wohl undenkbar, daß ein Geschäftsmann innerhalb eines Jahres aus einer Anzahlung von nur 15 Prozent der Kaufsumme 100 Prozent hervorzaubern könne, erklärte Wirrwa: »Die Gelder hätte ich durch Großeinkauf und vor allem durch Verrechnung der von mir erzielten Vermittlungsgebühren hereinbekommen.«

Er konnte dem Gericht allerdings nicht genau erklären, wie er sich die Verwirklichung dieses Planes denke, sondern verwies statt dessen auf seinen »Zahlungsplan A« und das Tabellenmaterial, von dessen Beweiskraft sich der Richter jedoch nicht überzeugen ließ. Die Klage wurde wiederum abgewiesen.

Danach wurde es still um Erich Wirrwa. Die Ermittlungen der Staatsanwaltschaft, die sich über Jahre erstreckten, verliefen im Sande. Betrügerische Absicht konnte ihm nicht nachgewiesen werden. Auch hatte er offensichtlich nicht in die eigene Tasche gewirtschaftet, da er bettelarm geworden war. Bei seiner Verhaftung in Berlin hatte er ganze 30 Ostmark und 20 österreichische Schilling bei sich. Von den 7000 DM, die er angeblich vor der Flucht von seinem Konto abgehoben und mitgenommen hatte, fehlte jede Spur. Die »pralle Aktentasche« enthielt wohl doch nur ein paar Butterbrote und ein Bündel Geschäftspapiere. Schon während der Untersuchungshaft suchte sich Wirrwa einen Job und verschwand für immer aus dem öffentlichen Leben.

Die Abwicklung des Konkursverfahrens nahm jedoch noch eine ganze Weile Zeit in Anspruch. Zuerst sah es so aus, als ob die 1200 Gläubiger, die ihre Spareinlagen zur GFE gebracht hatten, nur einen kleinen Bruchteil ihres Geldes wiedersehen würden.

Bei der Eröffnung des Konkursverfahrens im Oktober 1963 sah die Bilanz traurig aus. Den angemeldeten Forderungen der Gläubiger in Höhe von rund einer Million Mark (darunter 8000 Mark offenstehende Gehaltszahlungen) standen in diesem Zeitpunkt nur 189000 Mark Konkursmasse gegenüber.

Doch hatte die energische Aktion des Konkursverwalters gegen die von Wirrwa »beschenkten« Gewinner weitreichenden Erfolg.

Von den insgesamt 1,1 Millionen Mark, die von der GFE an die frühgekommenen Mitglieder als »Gewinn« ausgeschüttet worden waren, konnte etwa ein Drittel für die Konkursmasse zurückgewonnen werden.

Unerwarteten Zufluß bekam die Konkursmasse, als sich das Finanzamt im Juli 1963 bereit erklärte, rund 128 000 Mark Kapitalertragsteuer, die Wirrwa an den Fiskus abgeführt hatte, zurückzuerstatten. Diese von dem Konkursverwalter Dr. Kilger selbst gemachte Mitteilung mußte einige Verwunderung hervorrufen, denn die Aktion gegen Wirrwa war ja in erster Linie von der Steuerfahndung ausgelöst worden. Auch hatte es noch im März desselben Jahres geheißen, daß das Finanzamt zu den Gläubigern Wirrwas zähle, da dieser 35 000 Mark nicht gezahlter Kapitalertragsteuer schulde.

Im Dezember 1965 gewährte der Konkursverwalter den Gläubigern Wirrwas eine erste Auszahlung in Höhe von 34 Prozent. Zu diesem Zeitpunkt standen den angemeldeten Forderungen in Höhe von 760 546,19 Mark auszahlungsbereite 304 218,47 Mark gegenüber. Nach einigen Monaten war jedoch ein weiterer erheblicher Betrag an rückerstatteten Gewinnen in die Konkursmasse zurückgeflossen, so daß Dr. Kilger Anfang April 1967 mitteilen konnte, daß eine zweite Quote von 11 Prozent ausgezahlt werden könnte.

Mit insgesamt 45 Prozent sind die allzu gutgläubigen Jünger des »Geldzauberers« letzten Endes also doch noch ganz gut davongekommen. Am besten aber – mit einem kleinen Schrecken – kamen bei dieser Affäre die Wirtschaftssysteme von West und Ost davon.

Der Fall Bobby Baker

Beziehungen muß man haben ...

Washington, im Sommer 1961.

Ein elegant gekleideter junger Mann mit beflissener Miene eilt durch die Wandelhalle des Kapitols, wie das gewaltige Hauptgebäude des Kongresses heißt. Vor der Bürotür mit der Aufschrift »F 80« macht er halt, zögert einen Augenblick und geht dann hinein.

Freundlich lächelnd blickt die anmutige Empfangsdame im Vorzimmer von ihrer spannenden Lektüre auf. Beim Anblick des Besuchers erhellt sich ihr farbenfrohes Puppengesicht noch um einige Lichtstärken. Nicht nur weil Ralph Hill gut aussieht und trotz seiner Jugend schon Präsident einer gutgehenden Firma, der Capitol Vending Co., ist, sondern vor allem weil sie weiß, daß sein Besuch dem Chef immer willkommen ist. So darf Ralph Hill dann auch gleich in das innere Sanktum eintreten.

Drinnen thront an einem großen, mit Akten übersäten Schreibtisch ein anderer junger Mann, der es mit seinen knapp 34 Jahren noch viel weiter gebracht hat als Mr. Hill. Man sieht es dem rundlichen Robert G. (Bobby) Baker mit dem frischen Knabengesicht wirklich nicht an, daß er einer der mächtigsten Männer in diesem hohen Hause ist. Nur die lebhaften, wieselschlauen Augen in dem glatten Gesicht verraten vielleicht etwas von dem, was sich hinter der jugendlichen Biedermannsmaske verbirgt. Und doch würde selbst der erfahrenste Menschenkenner es sich kaum einfallen lassen, auf Anhieb zu sagen: Vorsicht – Spitzbube!

Nur wer mit den internsten Vorgängen im Kapitol vertraut ist oder wer, wie Mr. Hill, darauf angewiesen ist, stets an die richtige Tür zu klopfen, weiß, daß diese unauffällige Gestalt hinter dem Aktenberg »the man you gotta see« (der Mann, mit dem man sich gut stellen muß) ist.

Oberflächlich betrachtet mag das Amt, das Bobby Baker nun schon seit sechs Jahren verwaltet, nicht besonders wichtig erscheinen. Seines Zeichens ist er Sekretär der demokratischen Senatsfraktion, die seit der Wahl im Jahre 1954 wieder die Mehrheit hat – eine Mehrheit, die sich bei jedem weiteren ergänzenden Wahlgang verstärkt.

Im Grunde kommt es für den Einfluß eines solchen Amtes darauf an, was sein Inhaber daraus macht. In dieser Hinsicht ist Bobby Baker Spitzenklasse. Noch nie vor ihm hat es einen Fraktionssekretär gegeben, der es hätte wagen dürfen, mit den würdigen Herren Senatoren so gleichgestellt und ebenbürtig zu verkehren.

Ach was, er verkehrt nicht mit ihnen – er springt mit ihnen um. Etwa so, wie ein erfahrener Zirkusdompteur mit seinen gut dressierten Seelöwen. Wenn Bobby die Peitsche knallt, hüpfen sie durch die Ringe. Oder sie winden sich, wenn ihre Leibesfülle keine großen Sprünge erlaubt.

»Ich habe für jede Abstimmung mindestens zehn Sensationen in der Hand«, hat sich Bobby Baker selbst einmal gebrüstet. Es war sicher keine Übertreibung – eher ein »understatement«. Nicht umsonst nennt man ihn, mehr ehrerbietig als spöttisch, den 101. Senator, denn seit der Aufnahme Alaskas und Hawaiis als Bundesstaaten der Union hat der Senat 100 Mitglieder.

Wie hat er das eigentlich geschafft, der Tausendsassa, daß er sich eine solche Machtstellung erwerben konnte? Diese Frage bewegt schon seit langem Washington. Die Antwort lautet: Beziehungen.

Amerikas krummste Erfolgsstory dieses Jahrhunderts beginnt damit, daß im Jahre 1941 ein heller Junge aus der Kleinstadt Pickens (South Carolina) den Staub seiner hinterwäldlerischen Heimat abschüttelt und sich nach Washington begibt, um Präsident der USA oder Multimillionär zu werden, am liebsten beides (schon mancher hat es geschafft). Der erst vierzehnjährige Bobby ist ein Sohn des Postbeamten Baker, der sich mit Frau und acht Kindern schlecht und recht durchs Leben schlägt. Doch auch er hat schon Beziehungen: Ein guter Freund ist mit dem Senator des Staates, Burnet Maybank, gut bekannt, und dieser erbietet sich, Bobby in Washington eine Stelle als Senatspage zu beschaffen.

Kaum ist er am Ziel seiner Wünsche angelangt, da verfolgt der junge Baker seine weiteren Pläne geschickt und zäh. Mit 16 Jahren ist er schon Chefpage, und das will was heißen. Die Senatspagen müssen viel laufen und schleppen und haben nichts zu sagen, aber sie sind immerhin den Großen des Landes dauernd nahe, und damit kann ein gewitzter Kopf allerhand anfangen. Man merkt sich die Gewohnheiten der hohen Herren (vor allem ihre schlechten), nützt geschickt ihre kleinen Schwächen aus, um sich Liebkind zu machen, notiert sich fleißig alle Gerüchte. Hauptsache, man ist immer in der Nähe, dienstfertig, hilfsbereit – und auf der Lauer.

Wohl nichts ist mehr bezeichnend für Bobby Bakers »Way of Life« als die geschickt versteckte Drohung, mit der er sich später unbequemer Nachforschungen zu erwehren versteht. Als man ihn einmal fragt, warum er sich nicht den Untersuchungsbeamten stellt, die den Knäuel seiner unlauteren Geschäfte zu entwirren suchen, erwidert Baker höhnisch: »Ich habe keine Zeit für sie, denn ich bin dabei, ein Buch zu schreiben, und das nimmt meine ganze Zeit in Anspruch.«

Schon allein bei dem Gedanken, daß der alleswissende Baker jemals in Versuchung kommen könnte, eine wahrheitsgetreue Lebensbeichte zu schreiben, läuft einem halben Hundert Politiker in Washington der kalte Schweiß über den Rücken. Da hilft schnell alles mit, die Untersuchung abzublasen, damit sich Bobby wieder seinen Geschäften widmen kann und das Bücherschreiben vergißt!

Zwei Männer sind es vor allem, die an dem beflissenen Chefpagen Gefallen finden und ihn gemeinsam unter ihre Fittiche nehmen.

Der eine ist der alte Senator Robert S. Kerr, ein steinreicher Ölmann aus Oklahoma, Chef der Kerr-McGee Company, die zu den größten und erfolgreichsten Ölgesellschaften Amerikas gehört. Senator Kerr hat später einmal vor Zeugen wörtlich erklärt: »Abgesehen von meinen Söhnen und meiner Frau gibt es keinen Menschen, den ich so liebe wie Bobby Baker. Ich glaube kaum, daß es irgend etwas in der Welt gäbe, das ich nicht für ihn tun würde, wenn er mich darum bäte ...«

Auch der andere große Gönner des jungen Baker, der damalige Führer der demokratischen Senatsfraktion (und, da sie die Mehrheit hat, zugleich Senatsführer) Lyndon B. Johnson, hat seine enge Verbundenheit mit Bobby Baker in überschwenglichen Wendungen bekundet. Hier eine kleine Blütenlese:

»Ja, ich weiß, daß ich ihn eigentlich formell als Herrn Sekretär der Mehrheitsfraktion anreden sollte, doch sagt meine Zunge wie mein Herz lieber Bobby zu ihm ... Immer ist er zur Stelle, immer hilfsbereit und vor allem immer verständnisvoll und mit klugem Rat überzeugend. Zu Ihnen allen sage ich heute abend: Das ist fürwahr ein junger Mann, der viel und Gutes verspricht« (aus einer am 27. Juli 1956 im Senat gehaltenen Rede Lyndon B. Johnsons).

»Er (Bobby Baker) ist ein Mann, der sich wirklich um sein Vaterland verdient gemacht hat und den ich zu meinen zuverlässigsten, ergebensten und tüchtigsten Freunden zähle« (Lyndon B. Johnson in einer Senatsrede am 30. August 1957).

»Nur ganz selten in meinem Leben habe ich einen jungen Mann getroffen, bei dem sich soviel Weisheit und Reife mit soviel Jugendfrische und Begeisterung verbindet wie bei Bobby Baker ... Das ist ein junger Mann, der es im Leben schon weit gebracht hat und noch viel weiter bringen wird. Ich glaube, er wird noch zu großen Höhen aufsteigen« (im Senat am 23. August 1958).

Und dann noch diese Perle: »Bobby ist mein starker rechter Arm, der letzte Mann, den ich am Abend sehe, der erste, der mir am Morgen begegnet« (Lyndon B. Johnson im Gespräch mit Bobbys Vater während der Wahlkampagne von 1960).

Zwölf Jahre lang sind Senator Johnson und Bobby Baker unzertrennlich und helfen einander bei jeder Gelegenheit vorwärts. Man weiß aus Bakers eigenem Mund, wie er es anstellte, um Johnson 1951 erst die Stellung als »Einpeitscher« (Whip) der Mehrheitspartei und im nächsten Jahr – nachdem die Demokraten bei der

Eisenhower-Wahl vom November 1952 vorübergehend in die Minderheit geraten waren – den Posten als Fraktionsführer der Demokraten zu verschaffen.

»Das habe ich so gemacht, daß ich systematisch Mitteilungen in die Presse lancierte, wonach Johnson bestimmt gewählt würde« (Bobby über seine Rolle 1951).

Eigentümlicherweise hat Johnson schon den Beginn seines epochemachenden Aufstiegs dem Republikaner Barry Goldwater zu verdanken. Im Zuge der Eisenhower-Wahl von 1952 gelingt es diesem nämlich, seinem demokratischen Gegenspieler Ernest McFarland den Senatssitz von Arizona zu entreißen. Senator McFarland war bis dahin Führer der demokratischen Fraktion im Senat; nun war sein Sitz freigeworden.

Am Tage nach der Wahl ruft Lyndon Johnson seinen Getreuen in Washington per Ferngespräch nach Texas. Bobby sagt darüber: »Er wollte von mir wissen, was nun werden würde und was die Leute in Washington zu dem Wahlausgang meinten. Da habe ich gleich zu ihm gesagt, daß er jetzt sicher Führer der demokratischen Fraktion werden würde. Und so geschah es auch, als der Kongreß wieder zusammentrat.«

Nach der Wahl von 1954, bei der die Demokraten die Senatsmehrheit zurückgewinnen, revanchiert sich Johnson. Auf einer Fraktionssitzung am 5. Januar 1955 schlägt er vor, den tüchtigen Bobby Baker zum Sekretär zu wählen. So geschieht es dann auch.

Ein bis zwei Jahre der Einarbeitung, dann beginnt sich in Bobby Baker der Geschäftssinn zu regen. Es kümmert ihn wenig, daß er jetzt hoher Staatsbeamter ist – denn er ist nicht etwa nur ein Parteiangestellter, sondern bezieht sein Gehalt aus der Staatskasse. Die rund zwanzigtausend Dollar, die er im Jahr aus öffentlichen Mitteln bezieht, sind kein Pappenstiel, aber reich werden kann man damit nicht. Und Reichwerden um jeden Preis, vor allem aber schnell, ist Mr. Bakers Lebensziel.

Er macht sich also daran, die Fülle seiner Beziehungen systematisch zum Zwecke seiner persönlichen Bereicherung einzusetzen. Bald hat es sich herumgesprochen, daß Bobby am Schalthebel sitzt. Er ist offen der Günstling der beiden mächtigsten Männer im Senat: Fraktionsführer Lyndon B. Johnson und Senator Robert S. Kerr. Außerdem zählt er zu seinen engsten Freunden u. a. Senator George A. Smathers (Florida), Senator Olin D. Johnston, Vertreter seines Heimatstaates South Carolina, und Senator Howard W. Cannon (Nevada). Mit solchen Beziehungen kann man allerhand anfangen, zumal sich bald zeigt, daß ein Wink von Johnson oder Kerr genügt, um die Vergebung eines lukrativen Regierungsauftrags an eine Baker-freundliche Firma zu bewirken.

Bald ist der wendige Mr. Baker in einer Vielzahl außerdienstlicher Geschäftsbeziehungen verstrickt, die sich alle in klingender Münze auswirken. Da fällt ein »heißer Tip« hier, daß bei der Firma So-und-So Vorzugsaktien zu einem Spottpreis erhältlich seien, wenn man nur höheren Orts ein gutes Wort für sie einlege; da winkt eine Steuervergünstigung dem, der sich mit Mr. Baker gut zu stellen versteht; da sind schließlich aus der Parteikasse alle möglichen saftigen Pfründe zu vergeben; wobei dann stets für den Vermittler eine Provision abfällt.

Das also ist der Mann, dessen Amtszimmer im Senatsgebäude an diesem Tage der Fabrikant Ralph Hill betritt.

»Hello, Ralph.«

»Hello, Bob.«

Trotz der vertraulichen Anrede ist die Begrüßung ziemlich frostig. Kein Wunder, denn zwischen demjenigen, der einen unberechtigten Tribut erheischt, und demjenigen, der ihn notgedrungen zahlen muß, bestehen selten herzliche Beziehungen.

Hill weiß, daß er sich drehen und winden kann, wie er will, um die Tributzahlung kommt er nicht herum. So greift er denn gleich in die Rocktasche und zieht daraus ein dickes Bündel Dollarscheine hervor, die er seinem Gegenüber auf den Schreibtisch legt.

Der nimmt die Scheine und zählt sie ab mit einem Behagen, das nicht nur Ralph Hill, sondern auch anderen Tributpflichtigen, die den schweren Weg zum Zimmer »F 80« nehmen mußten, für immer in Erinnerung bleiben wird.

»Ich kenne niemand sonst, der beim Geldzählen so liebevoll über die Scheine streicht«, erzählt Mr. Hill später.

Als er mit dem Zählen fertig ist, nickt Bobby leicht mit dem Kopf und wendet sich seinen Papieren zu. Hill kehrt in sein Büro zurück und trägt in seinem Hauptbuch den Betrag von 650 Dollar unter »zusätzliche Betriebsunkosten« ein.

Im Zeichen des Doppelkreuzes

Nichts ist so verpönt unter ehrbaren Gaunern wie das, was man in Amerika mit einem unübersetzbaren Fachausdruck ein *doublecross* (wörtlich: Doppelkreuz) nennt. Darunter versteht man etwa folgendes: Gangster A sagt zu seinem Kumpan B: »Alter Freund, hier ist ein gutes Geschäft, machen wir's fifty-fifty.« – »Okay«, sagt der andere, und jeder kassiert seine 50 Prozent ein. Beim nächsten Mal aber, als das gleiche Geschäft wieder denselben Ertrag abwerfen sollte, entdeckt A, von dem der Tip stammte, daß er nichts mehr bekommt, weil B sich inzwischen einen neuen Partner zugelegt hat und ihm für ein anderes Geschäft vom Erlös die Hälfte zukommen läßt, oder sich sonst selbständig gemacht hat.

Das also wäre, schematisch vereinfacht, ein »doublecross« – unter Gangstern das schwerste Verbrechen (nach dem Verrat), das es gibt. Es wird fast immer mit dem Tode gesühnt.

Auf der höheren Lebensstufe aber, auf der sich ein Bobby Baker bewegt, spielen sich die Dinge etwas anders ab, wie seine Auseinandersetzung mit Ralph Hill zeigt.

Wie kommt dieser überhaupt dazu, an den Herrn Sekretär der demokratischen Senatsfraktion einen monatlichen Tribut zu zahlen?

Nun, die Capitol Vending Company des Mr. Hill stellt Verkaufsautomaten her, die besonders in größeren Fabrikanlagen aufgestellt werden, um die Arbeiter mit Fruchtsäften, Brausen, Kaffee und dergleichen zu versorgen. Das ist ein gutes Geschäft, aber die Konkurrenz ist groß. Wer die besten Beziehungen hat, bekommt die meisten Konzessionen zur Aufstellung seiner Apparate, und die anderen haben das Nachsehen.

Zu den großen Betriebsanlagen in der Nähe von Washington, in denen sich Ralph Hill gerne die Automatenkonzession sichern möchte, gehört auch Melpar Inc. in Falls Church, einem im Staate Virginia gelegenen Vorort der Hauptstadt. Eines Tages im Frühjahr 1961 macht sich Hill auf den Weg nach Falls Church, um Mr. Eugene M. Bostick, dem Präsidenten der Melpar Inc., sein Anliegen vorzutragen.

Bei seinem Gespräch mit Bostick erfährt Hill, daß die Konzession für die Aufstellung von Automaten in diesem Betrieb leider schon vergeben sei. Da jedoch in dem erst kürzlich fertiggestellten Werk noch nirgends solche Apparate zu sehen sind, wundert er sich, wer ihm denn da zuvorgekommen sein mag. Nachforschungen ergeben, daß der Konzessionsinhaber ein gewisser Bobby Baker ist, der zwar selbst Automaten weder herstellt noch vertreibt, sich dafür aber auf andere Weise nützlich gemacht hat. Zum Dank dafür hat er die Konzession bekommen und kann sie nun an einen Hersteller seiner Wahl weitergeben.

Was hat denn Bobby Baker für Melpar Inc. getan, um sich ein so saftiges Entgelt zu sichern? Hill bohrt weiter, und allmählich werden ihm die Zusammenhänge klar.

Die Melpar Inc. ist eine Tochtergesellschaft der riesigen North American Aviation, Inc., die Flugzeuge, Raketen und Raumschiffe baut. Um diese Zeit ist ein scharfer Konkurrenzkampf im Gange zwischen North American Aviation und anderen Rüstungskonzernen, wie Lockheed, Boeing, Douglas Aircraft, Grumman u. a. Neben den schon immer heiß begehrten Aufträgen des Pentagon gilt es bei diesem Wettbewerb vor allem, sich die Gunst der Raumfahrtbehörde, der National Aeronautics and Space Administration, kurz NASA genannt, zu sichern. NASA, das ist in eingeweihten Kreisen schon bekannt, wird im Laufe des Jahrzehnts allein für »Projekt Apollo«, d. h. die bemannte Raketenfahrt zum Mond, die für 1969 vorgesehen ist, rund 20 Milliarden Dollar ausgeben.

Wer was und wieviel von diesem mit herrlichen Rosinen gespickten Kuchen abbekommt, darüber hat NASA nicht allein zu befinden, sondern auch andere Regierungsstellen reden ein gewichtiges Wort mit. Vor allem kommt es dabei auch auf den Raumfahrt-Ausschuß (Space Committee) des Senats an, der die Tätigkeit und die Ausgaben der NASA überwacht. Und der Vorsitzende dieses Ausschusses ist schon seit Jahren (und zwar bis zu seinem Tode am 1. Januar 1963) der mächtige Senator Robert S. Kerr – der Mann, der nach eigener Aussage seinem Günstling Bobby keinen Wunsch versagen würde. Auch der andere Protektor Bakers, der noch einflußreichere Senatsführer Lyndon B. Johnson – diese Dinge spielen sich hauptsächlich im Jahre 1960 ab – ist führendes Mitglied verschiedener Senatsausschüsse, die für Rüstungsfragen, Luftfahrt und andere Regierungsaufträge, an denen die North American Aviation interessiert ist, zuständig sind.

In Washington unterhält North American Aviation eine »Beratungsstelle«, die von dem tüchtigen Verbindungsmann und Lobbyisten Fred Black geleitet wird. Black, so erfährt man später, als dem allzu tüchtigen »Berater« wegen riesiger Steuerhinterziehungen der Prozeß gemacht wird, läßt sich allein von der North American Aviation für seine Dienste im Jahr 160 000 Dollar bezahlen. Es ist das aber gewiß kein hinausgeworfenes Geld, denn es ist weitgehend Blacks Bemühungen zu verdanken, daß diesem Konzern die dickste Scheibe des Raumfahrt-Kuchens zufällt, nämlich Aufträge im Gesamtwert von etwa vier Milliarden Dollar.

Wie schafft der Fred Black das bloß, daß er so großen Erfolg hat? fragen sich die Leute. Sehr einfach: Er ist ein Intimus von Bobby Baker, mit dem er zahlreiche Geschäftsinteressen teilt. So läuft die Kette der Beziehungen reibungslos von der North American Aviation über die Herren Black und Baker zu den Senatoren Kerr und Johnson und von dort in die Auftragsabteilungen des Pentagon und der NASA.

Jetzt weiß Ralph Hill, wie die Sache gedeichselt werden kann: Er muß zu Bobby Baker gehen und von diesem die Konzessionen, die er zum Dank für seine Dienste von der NASA-Tochter Melpar, Inc. bekommen hat, kaufen oder pachten.

Die beiden kommen gleich ins Gespräch, doch findet Hill den von Baker verlangten »Pachtzins« in Höhe von 1000 Dollar pro Monat zu hoch. Nach längerem Feilschen kommt eine Einigung zustande. Hill verpflichtet sich, gestaffelte Zahlungen zu leisten, die im Laufe der Zeit von 250 Dollar auf 650 Dollar im Monat ansteigen.

Damit auch Hill auf seine Kosten kommt, gibt Bobby ihm den guten Rat, er solle den Verkaufspreis der Fruchtsäfte und der anderen Getränke, der ursprünglich mit 5 Cents geplant war, auf das Doppelte heraufsetzen. Baker verspricht, er werde selbst bei der Geschäftsleitung vorstellig werden, damit sie die Preiserhöhung genehmigt. Und so geschieht es dann auch. Die Belegschaft von Melpar, Inc. murrt zwar ein bißchen, zahlt dann aber doch. Was soll sie auch anderes machen? Irgend jemand muß ja schließlich für die Schmiergelder aufkommen, die in Bobby Bakers Tasche fließen.

Soweit also ist alles in bester Ordnung. Siebzehnmal macht sich Ralph Hill auf den Weg zum Kapitol, um seinem Lehnsherren den monatlichen Tribut zu zahlen. Immer nur in bar, natürlich, denn Bobby teilt die allen Gangstern eigene Abneigung gegen Schecks. Man kann nie wissen, wo die mal eines Tages hängen bleiben, wenn etwas schiefgeht. Bargeld riecht nicht.

So hätte es noch lange weitergehen können, wenn sich Bobby nicht durch seine Habgier hätte dazu verleiten lassen, dem Hill ein so schäbiges *doublecross* zu verpassen, wie man es kaum je in der finstersten Unterwelt antrifft.

Während nämlich Ralph Hill treu und brav seinen monatlichen

Tribut leistet, baut sich Bobby Baker in aller Stille eine eigene Herstellungsfirma für Verkaufsautomaten auf, die den Namen »Serv-U« (Bedien-Dich) bekommt. Da Baker das für eine so kostspielige Geschäftsgründung erforderliche Kapital nicht allein aufbringen kann, tritt er zu diesem Zweck in Partnerschaft erstens mit seinem alten Freund Black und zweitens mit einer Gruppe von Berufsspielern aus Nevada, die aus den Herren Edward Levinson, Benny Sigelbaum und Edward Torres besteht.

Vom organisierten Kasinobetrieb, der überhaupt nur in dem Kleinstaat Nevada gesetzlich erlaubt ist, zur regelrechten Gangsterei ist in Amerika nur ein kleiner Schritt. Kein Wunder also, wenn man vernimmt – und zwar aus einer so zuverlässigen Quelle wie die New York Times (7. November 1963) –, daß Edward Levinson »ausgedehnte Verbindungen zu berüchtigten Unterweltkreisen« hat. Diese reichen, dem gleichen Blatt zufolge, bis zur Meyer-Lansky-Gang, einer der berüchtigtsten Verbrecherbanden in der Geschichte Amerikas.

Hier rundet sich ein erstaunliches Bild, dessen Echtheit doch von keiner Seite in Abrede gestellt worden ist oder werden konnte: Bobby Baker, der Schützling von Lyndon B. Johnson und Vertrauensmann des Senats, macht privat Geschäfte mit waschechten Gangstern!

In aller Öffentlichkeit geht das natürlich nicht, so daß nach bewährten Vorbildern ein Strohmann zwischengeschaltet werden mußte. Dazu gibt sich ein Washingtoner Winkeladvokat namens Ernst C. Tucker her, der die für Baker und Black anfallenden Anteile von je 28½ Prozent »treuhänderisch« verwaltet.

So kann Bobby Baker, als es im September 1963 zum großen Eklat kommt, mit ruhiger Stirn behaupten, er sei an der Serv-U Corporation gar nicht beteiligt. Wenige Monate später – jetzt ist ihm alles egal – steht er jedoch ganz offiziell als Großaktionär da, der 84% des Aktienkapitals in seinem Besitz vereinigt, nachdem Black und zwei der Nevada-Gestalten diskret aus dem Geschäft ausgeschieden sind.

Noch sind wir jedoch nicht soweit. Noch trabt der nichtsahnende Hill jeden Monat zum Kapitol, um dem Herrn Sekretär der Mehrheitsfraktion 650 Dollar in die Hand zu drücken. Noch kassiert die Capitol Vending Co. von jedem durstigen Arbeiter und Angestellten der Melpar, Inc. 10 Cents für jedes Getränk.

Dann, eines Tages Anfang 1963, trifft den Hill ein Blitz aus heiterem Himmel. Er wird zum Chef der Melpar, Inc., Mr. Bostick, bestellt, der ihm mit trockenen Worten eröffnet, daß seine Konzession nicht verlängert werden würde, da eine andere Firma bessere Bedingungen geboten hätte.

So gut sich Ralph Hill in seiner Branche auskennt, von einer Serv-U Corporation hat er noch nie etwas gehört. Auch sein stiller Partner Bobby Baker kann ihm da leider gar nichts sagen. Er zuckt nur bedauernd die Achseln und verspricht zu tun, was er kann.

Nun wendet sich Ralph Hill an eine Auskunftei, die nicht sehr lange braucht, um die notwendigen Unterlagen zu beschaffen: Serv-U ist eine ganz neue Automaten-Vertriebsgesellschaft, die erst vor kurzem eine große Herstellungsanlage in Kalifornien in Betrieb genommen hat. Die Gesellschaft hat jedoch ihren Geschäftssitz in Maryland. Präsident ist Eugene Hancock (Miami), der langjährige Erfahrungen in dieser Branche hat, selbst jedoch keine nennenswerten Anteile am Aktienkapital der Serv-U besitzt. Vizepräsident und Sekretär der Gesellschaft ist Ernest C. Tucker, Rechtsanwalt in Washington. Hauptaktionär und eigentlicher Inhaber des Unternehmens ist Robert G. Baker, Büro »F 80« im Kapitolgebäude ...

Ralph Hill ist wie vom Donner gerührt. So eine Perfidie ist ihm in seinem ganzen Leben noch nicht vorgekommen. Als er Baker zur Rede stellt, streitet dieser alles rundweg ab. Sein lieber Freund Ralph muß eben einer Fehlinformation zum Opfer gefallen sein. Er, Robert Baker, habe mit Serv-U nicht das geringste zu tun.

Doch Hill weiß nur zu wohl, daß die ihm gegebene Auskunft richtig ist. Er beschwört Baker, die eingegangene Abmachung einzuhalten und den Status quo wiederherzustellen. Vergebens. Mit aalglatter Miene, die sich dabei zusehends verdüstert, weist Baker alle Beschuldigungen zurück. Schließlich bittet er Hill, ihn zu entschuldigen, da er gerade heute sehr beschäftigt sei.

Hill stürmt entrüstet hinaus. Erst will er gleich zum Rechtsanwalt, um Himmel und Erde in Bewegung zu setzen, dann fällt ihm ein, daß es vielleicht doch noch ein Mittel gäbe, um Baker zur Räson zu bringen.

So macht er sich auf den Weg zu einem ebenso gastlichen wie verschwiegenen Haus im südöstlichen Teil der Stadt, wo er schon mehrfach zu Besuch gewesen ist. Es ist Bobby Bakers »Townhouse« (Stadtwohnung), das er allerdings nur selten betritt, denn er selbst wohnt mit seiner Frau Dorothy und fünf Kindern in einer feudalen Villa (Einheitswert: rund eine halbe Million Mark) im vornehmsten Villenviertel von Washington, Spring Valley. In unmittelbarer

Nähe befinden sich unter anderem die nicht minder stattlichen Behausungen Fred Blacks und Lyndon B. Johnsons.

Das dreistöckige »Townhouse«, unweit des Kapitols gelegen, fällt schon von weitem durch seine betont orientalische Note auf. Innen umfängt den Besucher der sinnenbetörende Luxus eines byzantinischen Serails. Kostbare Perserteppiche bedecken jeden Fußbreit Boden. Vier luxuriös eingerichtete Schlafgemächer im Lavendel-Stil reihen sich um den prunkvollen Salon. Seine Wände sind mit französischen Gobelins behängt, die Möbel sind aus philippinischem Mahagoni geschnitzt.

In dieser anheimelnden Umgebung bietet eine Schar reizender junger Damen den guten Geschäftsfreunden und Gönnern Bobby Bakers angenehme Unterhaltung und Entspannung vom hektischen Berufsleben.

Fest residieren im »Townhouse« nur zwei von ihnen, die dreiundzwanzigjährige Nancy Carole Tyler und ihre etwa gleichaltrige Freundin Mary Alice Martin. Aber auch andere wagemutige Wesen, darunter vor allem die (für amerikanische Begriffe) »exotische« Schönheit Elly Rometsch aus dem Ruhrgebiet sind hier häufig zu Gast, so daß selten eins der vier Schlafzimmer leersteht. Von alledem wird noch später ausführlich die Rede sein.

Dieses Mal begibt sich Ralph Hill nicht allein ins »Townhouse«, wie er es sonst zu tun pflegt, sondern er nimmt einen guten Bekannten mit, der ein Tonbandgerät in Taschenformat in seiner Jacke verbirgt. Denn die Unterredung, die Hill nun mit der ihm wohlbekannten Carole Tyler zu führen gedenkt, ist mehr geschäftlicher als gesellschaftlicher Art.

Hill weiß nur zu gut, daß sich bei der hübschen, lebhaften Carole ein reger Geist mit körperlicher Anmut verbindet. Miss Tyler ist nicht nur dem Namen nach Bobby Bakers Sekretärin, sondern durchaus das, was man in Amerika ein »Girl Friday« (Mädchen Freitag – Anspielung auf Robinson Crusoe) nennt. Sie ist eine langjährige Vertraute, auf deren klugen Rat er gerne hört.

Im Laufe der freundschaftlich-ernsten Unterhaltung, zu der sich auch Mary Martin gesellt – sie ist eine Angestellte des Senators Smathers, der auch mit Bobby Baker Geschäfte macht –, gibt Hill jetzt zu erkennen, daß er zum Äußersten entschlossen ist. Dieses unerhörte *doublecross* wird er sich unter gar keinen Umständen gefallen lassen.

Wenn diese Unbill nicht wiedergutgemacht wird, so erklärt Hill rundheraus, dann wird er Bobby Baker verklagen und gleichzeitig die Sache in die Presse bringen.

Carole ist bestürzt.

»Oh, nur das nicht«, bittet sie ihn. »Eine Klage, Publizität – dann wird alles, alles herauskommen.« Sie schlägt die Hände vors Gesicht und fängt beinahe zu weinen an.

Schließlich erbittet sie sich eine Woche Bedenkzeit, in der sie versuchen will, ihren Chef umzustimmen. Hill ist damit einverstanden und verläßt mit seinem Begleiter das Haus.

Doch dieses Mal hört Baker nicht auf seine Freundin. In totaler Verblendung fühlt er sich seiner Sache so sicher, daß er glaubt, Hills Herausforderung unbedenklich hinnehmen zu können.

Am 8. September 1963 macht Ralph Hill seine Drohung wahr und reicht bei Gericht eine Schadensersatzklage in Höhe von 300 000 Dollar gegen Baker und Genossen ein. Auch die von ihm an Bobby direkt gezahlten Schmiergelder von insgesamt 5600 Dollar fordert er zurück. Gleichzeitig lanciert er den Fall in die Presse.

Damit kommt der Stein ins Rollen. Nur wenige ahnen, wieviel er schon umgestoßen hat. Und niemand weiß, wann und wo er stehenbleiben wird.

Senator Williams greift ein

»Geben Sie mir mal bitte die Akte Bobby Baker.«

Der große, wuchtige Mann mit dem Charakterkopf eines kahlen Löwen – die einst dazugehörende dunkle Mähne ist längst einer Gelehrtenglatze gewichen – beugt sich erwartungsvoll am Schreibtisch nach vorn. In seinen durchdringenden Augen ist der gefährliche Glanz, den seine Sekretärin, Eleanor Lenhart, fürchten gelernt hat. Diese Miene, dieser Tonfall bedeuten, daß der Chef auf die Jagd gehen will, das weiß sie aus langer Erfahrung.

Im Gegensatz zu den meisten anderen Sekretärinnen im Kapitol ist Miss Lenhart kein hübsches junges Ding, sondern sie sieht mit ihrem etwas grob geschnittenen Gesicht, ihrer etwas gedrungenen Figur und der ein bißchen komisch wirkenden Halskette über dem züchtig hochgeschlossenen Pullover eher wie ein braves Hausmütterchen aus, das sich ins falsche Milieu verirrt hat. Weil sie, aus unerfindlichen Gründen, so gerne Rot trägt, hat man ihr den Spitznamen »The Lady in Red« gegeben, der aber auch gar nicht zu ihr paßt.

»Was haben Sie denn mit Herrn Baker vor?« fragt sie ein bißchen schnippisch, als sie ihrem Chef, Senator John J. Williams, die gewünschte Akte reicht. »Das ist doch wirklich so ein netter junger Mann.«

»Ja, ja, so ein netter junger Mann, das sagen sie alle«, gibt der Senator zurück. »Ich habe es auch lange geglaubt. Kenne ihn zwar nicht gut, aber er grüßt immer so freundlich. Alle scheinen ihn gern zu haben. Schade wäre es gewiß, wenn ich mir den aufs Korn nehmen müßte. Und meine Kollegen würden es bestimmt auch nicht schätzen. Sie wissen ja, was man von uns sagt: daß wir der exklusivste Klub der Welt sind; daß eher eine Krähe der anderen die Augen aushacken würde, als daß ein Senator einem anderen ein Leid antun würde. Und Bobby ist ja einer von uns – der 101.«

»Warum lassen Sie ihn dann nicht in Ruhe?«

»Wie lange würden Sie bei mir bleiben, Eleanor«, fragt Williams jetzt scharf, »wenn es Ihnen zu Ohren käme, daß ich hier, von diesem Amtszimmer aus, private Geschäfte machen würde – Riesengeschäfte, Schwindelgeschäfte? Wenn Sie erfahren würden, daß ich meinen Einfluß für klingende Münze verkaufte und dann den Käufer noch obendrein übers Ohr hauen würde?«

»Keine fünf Minuten, Herr Senator.«

»Na, also. Dann geben Sie mir bitte die Akte Bobby Baker.«

Senator John J. Williams, republikanischer Vertreter des winzigen Staates Delaware, ist ein Phänomen ganz eigener Art in der Treibhausatmosphäre von Washington. Er ist kein Streber, sondern ein Verfolger, kein Spendenempfänger, sondern ein Kontrolleur. Er ist der geschworene Feind der Korruption, die sich überall breitmacht. Ausrotten will er sie, notfalls ganz allein.

Man nennt ihn den »Spürhund des Kapitols« und den »Sherlock Holmes des Kongresses«. Man hat ihn mit den großen Eiferern der Geschichte verglichen, von Cato bis Savonarola. Das alles trifft ein bißchen zu, und ein bißchen daneben. Williams ist Williams.

Senator Williams, Jahrgang 1905, stammt – ebenso wie Miss Lenhart – aus der kleinen Ortschaft Millsboro in Delaware, die es bei der letzten Volkszählung auf ganze 536 Nasen gebracht hat. Bevor er im Jahre 1946 in den Senat einzog, dem er seitdem ununterbrochen angehört hat, war Williams Verkäufer von – Hühnerfutter.

Für viele Amerikaner ist das ehrbare Huhn eine komische Gestalt, und jemand, der Hühnerfutter vertreibt, wird zwangsläufig zur Zielscheibe leichten Gespötts. In Washington wird dem frischgebackenen Senator aus dem ländlichen Millsboro alsbald der Spitzname »Hayseed« (Heusaat) angehängt. Hinter dem breiten Rücken von Williams feixen die Gauner, denen er zu Leibe rückt.

»Schon mancher von ihnen hat sich über Senator Williams unentwegt lustig gemacht – bis zu dem Augenblick, wo sich das Zuchthaustor hinter ihm schloß«, bemerkt dazu trocken das New York Times Magazine vom 9. Februar 1964.

Wie so oft, hat auch im Falle Williams eine kleine Ursache große Wirkungen gehabt. Kaum ist er im Januar 1947 ins Kapitol eingezogen, so erreicht ihn – verspätet – eine Mahnung der Steuerbehörde von Wilmington (Delaware). Darin heißt es, man habe feststellen müssen, daß die Firma John J. Williams, Hühnerfutter en gros, mit einer bestimmten Zahlung im Rückstand sei. Es wird gebeten usw.

Williams ist sich keiner Schuld bewußt. Er hat seine Steuern immer pünktlich bezahlt und hat den Beleg, daß der angemahnte Betrag schon längst von ihm entrichtet worden ist. Ein Irrtum der Steuerbehörde also . . .

Zufällig läuft um die gleiche Zeit im Senatsbüro von Williams der Brief eines verärgerten Steuerzahlers ein, der sich über einen ähnlichen Irrtum beschwert. Und dann noch einer.

Da spitzt der Senator die Ohren. Das kann doch nicht mit rechten Dingen zugehen. Tut es auch nicht. Nachforschungen ergeben, daß bei der Steuerbehörde in Wilmington ein Beamter sitzt, der schwer verschuldet ist und sich auf die Weise gesundzumachen versucht, daß er für eigene Rechnung gefälschte Mahnungen und Zahlungsbefehle ausschickt. Er wird verhaftet und verurteilt.

Nach diesem ersten Erfolg in eigener Sache spezialisiert sich Senator Williams auf die Aufdeckung von Amtsmißbrauch, Unterschlagung, Erpressung, Steuerschwindel und ähnlichen Delikten mit bürokratischen Vorzeichen. Bald gehen ihm aus allen Kreisen der Bevölkerung laufend Tips zu, die er unerbittlich verfolgt.

Gewiß stehen dem Senat keine richterlichen Befugnisse zu, und auch bei den verschiedenen »Untersuchungen«, die von den verschiedenen Ausschüssen periodisch in die Wege geleitet werden, steht der unbequeme Williams meist am Rande. Er will auch gar nicht anklagen oder richten, sondern nur klärend und wegweisend wirken. Das von ihm in mühsamen Nachforschungen erarbeitete Material geht in dem Augenblick, wo es ihm beweiskräftig erscheint – jedoch nicht vorher –, an das FBI oder die Staatsanwaltschaft, die dann oft mehr oder weniger notgedrungen eingreifen müssen.

Daneben steht Williams, wie jedem Senator, das Recht zu, jeden beliebigen Fall im Plenum des Senats zur Sprache zu bringen oder sein Dokumentarmaterial darüber dem »Congressional Record« einzuverleiben. In beiden Fällen ist damit zu rechnen, daß die Affäre von der Presse aufgegriffen wird, die dann meistens nicht locker läßt, bis sich der Staat der Sache annimmt.

Auf diese Weise hat Senator Williams in den achtzehn Jahren seiner Tätigkeit als »Sherlock Holmes des Kongresses« schon Hunderte von Gaunern, Schiebern und Hochstaplern zur Strecke gebracht und der Staatskasse Millionen von Dollar, die ihr sonst entgangen wären, zugeführt.

Auch seine erbittertsten Gegner – und natürlich hat ein solcher Mann viele – müssen zugeben, daß Senator Williams sich bei seinen Ermittlungen nicht von Parteiinteressen beeinflussen läßt. Er weiß nur zu wohl, daß »the mess« (wörtlich: das Schlamassel) in Washington, wie man die permanente Korruption mit einem ungemein treffenden Ausdruck genannt hat, eine überparteiliche Institution ist, an der die Republikaner genausogut Anteil haben wie die Demokraten. Vielleicht einen noch größeren sogar, wenn sie sich ein bißchen länger an der Macht halten können. Williams hat ebensogut das Seine getan, um den Eisenhower-Berater Sherman Adams, der sich von dem Großindustriellen Bernhard Goldfine teure Geschenke geben ließ, bloßzustellen, wie er ähnliche Dinge in der Regierungszeit Trumans angeprangert hatte.

Gewiß ist der Fall Baker für die Republikaner ein gefundenes Fressen, denn in einem Jahr ist wieder Wahl, und Bobby ist nun einmal demokratischer Parteifunktionär. Außerdem stand der zweitmächtigste Mann der Partei, Vizepräsident Lyndon B. Johnson, mitten in der Schußlinie. Die Chance muß man am Schopf fassen.

Je mehr sich Senator Williams in die Akte Baker vertieft, um so mehr wird er sich dessen bewußt, daß diese Affäre wie kaum eine andere zuvor mit politischem Sprengstoff geladen ist. Da ist immerhin gewisse Vorsicht geboten. Verdachtsmomente genügen nicht – alle Beschuldigungen müssen genau belegt sein durch Zeugen oder unanfechtbares Beweismaterial.

Anfang Oktober 1963 hat Williams so ziemlich alles heraus, was er über Bobby Baker, dessen Freundeskreis und Geschäfte zu erkunden gesucht hat. In einer Rede im Senat gibt er das erste Ergebnis seiner Ermittlungen bekannt und verlangt eine Untersuchung der Affäre durch den zuständigen Verfahrens- und Verwaltungsausschuß (Senate Rules Committee). Darauf legt Baker am 7. Oktober sein Amt nieder. Drei Tage später beschließt der Senat, den genannten Ausschuß mit einer eingehenden Untersuchung des Falles Baker zu beauftragen.

Daß dabei in der Praxis nicht allzuviel herauskommen wird, weiß Senator Williams, der dem Untersuchungsausschuß *nicht* angehört, aus langjähriger Erfahrung.

Da die Demokraten im Senat über eine Zweidrittelmehrheit verfügen, stellen sie auch sechs von den insgesamt neun Mitgliedern des Ausschusses, und natürlich den Vorsitzenden, Senator Benjamin Everett Jordan (North Carolina). Dieser ist ein alter Freund und Bundesgenosse eben jenes Politikers, dessen Ansehen und Stellung durch die Baker-Affäre am meisten bedroht ist: Vizepräsident Lyndon B. Johnson. Auch im Wahlkampf von 1960, als Kennedy und Johnson miteinander um die Präsidentschaft auf dem Parteikongreß rangen, hatte sich Jordan auf die Seite von Johnson geschlagen. Was war schon von einer Untersuchung zu erwarten, die unter solchen Auspizien begann?

Was aber auch die demokratische Mehrheit des Ausschusses tun mag, um den Kern der Affäre zu vertuschen, Senator Williams ist entschlossen, unabhängig von ihr und, wenn nötig ganz auf eigene Faust, die eigene Nachforschung weiterzutreiben.

Daß er sich damit neue und vielleicht unversöhnliche Feinde machen wird, dessen ist sich der Reformator aus Delaware wohl bewußt. Einmal, als Williams zufällig unter dem Bild des großen 1852 verstorbenen amerikanischen Volkstribunen Daniel Webster verweilt, das in einer Wandelhalle des Senats aufgehängt ist, bemerkt ein Freund, wie ähnlich sich die beiden Männer sehen.

»Was glauben Sie«, gibt Williams lächelnd zurück, »wie sich mancher freuen würde, wenn *ich* es wäre, der da hinge.«

Der Singvogel

Schnell hat der erfahrene »Spürhund« Williams heraus, wo das schwächste Glied der Bakerschen Geschäftskette sitzt. Es ist sein guter Freund und Mitaktionär in vielen Unternehmungen Don B. Reynolds, ein früherer Luftwaffenmajor, der jetzt in Silver Spring, einem Vorort von Washington, eine gutgehende Versicherungsagentur leitet.

Reynolds weiß über alles Bescheid, was Baker an außerdienstlichen Geschäften betrieben hat. Er ist auch bestens unterrichtet über das, was man sehr zart »die moralische Seite« der Baker-

Affäre genannt hat. Damit sind die zarten Bindungen gemeint, die der dienstbeflissene Bobby zwischen seinen zahlreichen Freundinnen einerseits und seinen Gönnern und Geschäftspartnern andererseits angebahnt hat.

Im Laufe der Untersuchung kommt es zu einem putzigen Zwischenfall. Als Senator Hugh Scott, ein republikanisches Mitglied des Ausschusses, einmal unumwunden erklärt, daß Baker einen »Call-Girl-Ring« betrieben habe, fällt ihm der Vorsitzende ins Wort und erklärt diese Bezeichnung als unzulässig. Senator Howard Cannon, einer der sechs Demokraten des Ausschusses, stellt in einer Presseerklärung fest, es sei unzutreffend, daß in den Aussagen des Zeugen – es handelt sich um den schon mehrfach erwähnten Mr. Bostick, Präsident der Melpar, Inc., – von »Call-Girls« die Rede gewesen sei.

Nun steckt Scott ein bißchen zurück. »Technisch« mag der Kollege recht haben, gibt er zu. Gleich darauf entfährt ihm jedoch (im Gespräch mit einem Journalisten) ein vielsagender Ausruf: »Sie sollten aber mal den Wortlaut von Bosticks Zeugenaussage sehen!«

Leider hat die Öffentlichkeit bis heute dieses sicher interessante Dokument nicht in Augenschein nehmen dürfen, und wahrscheinlich wird es nie veröffentlicht werden. Wenn man Senator Scott recht versteht, wird darin wahrscheinlich deutlich zum Ausdruck gebracht, was sein republikanischer Kollege im Untersuchungsausschuß, Senator Carl Curtis, mit diesen Worten als Kern des Bakerschen Geschäftsbetriebes bezeichnet hat: »*Party-Girls* und Amüsement gehören zur Geschäftswerbung . . . Mädchen wurden per Amtstelefon bestellt und zu einem verabredeten Ort gebracht, um dort dem Kunden angenehme Gesellschaft zu leisten . . .«

Das ist des Pudels Kern. Es handelt sich nicht um einen *Call-Girl*-Ring, denn Call-Girls sind schließlich nichts weiter als Prostituierte, die sich per Telefon verabreden. Die ungewöhnlich reizvollen und zum Teil hochkultivierten jungen Damen, die Bobby systematisch für seine Geschäftszwecke einsetzt, sind dagegen Party-Girls. Das ist nicht genau dasselbe, auch wenn es im Endeffekt oft aufs gleiche hinausläuft.

Das Party-Girl steht auf der höchsten Stufe des Kurtisanentums, und es gibt auch Mädchen dieses Berufs, die überhaupt nicht unmoralisch sind. Es würde sich auch in der Regel nicht einfallen lassen, von einem Kunden Geld anzunehmen. Für den finanziellen Bedarf sorgt Bobby Baker selbst. Die bezaubernden Nymphen, die im Townhouse, im Quorum Club und im Carousel Motel, um die drei wichtigsten Amüsierbetriebe Bobby Bakers vorwegzunehmen, einflußreiche Politiker, hohe Beamte und Militärs sowie Bobbys Geschäftsfreunde umgirren, tun es auf seine Kosten und für seine Rechnung.

Das alles, und vieles mehr, weiß Don Reynolds. Er kennt sich wie kein Zweiter in dem Labyrinth geschäftlicher Verflechtungen mit amourösem Hintergrund aus, in dem Bobby Baker regiert. Dieser ist übrigens nominell Vizepräsident der »Don B. Reynolds Associates« und bezieht dafür ein Jahresgehalt von 15 000 Dollar, ohne daß man von ihm eine andere Leistung erwartet als einen gelegentlichen Versicherungstip.

Als Reynolds Anfang Oktober 1963 merkt, daß Williams hinter ihm her ist, wendet er sich hilfesuchend an Baker. Dessen Rat ist sauer: »Um Himmels willen, verschwinde. Laß dich nur nicht von dem Williams auspumpen, sonst bringt der uns noch alle ins Gefängnis.«

Verschwinden? Alles im Stich lassen – das schöne Heim, das gutgehende Geschäft, das herrliche süße Leben? Dazu hat Reynolds keine Lust. Aber das böse Wort »Gefängnis«, mit dem Baker etwas leichtfertig seinem Kumpan Schrecken eingeflößt hat, kommt diesem nicht mehr aus dem Sinn. Er weiß, daß es in den USA für einen Komplicen – und mehr ist er selbst ja nicht – immer einen Ausweg gibt, wenn die Bande »hochgeht«. Er braucht bloß eine Kehrtwendung zu machen und sich dem Gesetz als Kronzeuge zur Verfügung zu stellen. Dabei kommt man noch immer am gelindesten weg, allerdings auf das nicht zu unterschätzende Risiko hin, daß die verpfiffenen Genossen sich einmal blutig rächen könnten.

So ist es in der Unterwelt, und so ähnlich geht es in dem politischen Halbweltmilieu zu, dem Baker und Reynolds angehören.

Wenn sich ein Ganove, von der Polizei hart bedrängt, endlich dazu bequemt, ein Geständnis abzulegen, so sagt man von ihm in Amerika, daß er »singt«. Auch Reynolds wird nun zu einem »songbird« (Singvogel) – einem der am muntersten zwitschernden in der amerikanischen Kriminalgeschichte.

Bisher sind nur Bruchstücke von Reynolds Gesang im Feuerofen der Williamschen Inquisition bekannt geworden, doch auch das Wenige, das durchgesickert ist, genügt. Schon so gut wie alles, was über Bakers zwielichtige Finanzgeschäfte und seine Vermittlung von Party-Girls herausgekommen ist, geht auf Fingerzeige von Reynolds zurück. Diese Enthüllungen wurden gedrosselt, vor allem, weil Präsident Johnson selbst durch Reynolds direkt belastet wurde.

Zwei konkrete Anschuldigungen erhebt Reynolds gegen Johnson, der beim Anlaufen der Affäre noch Vizepräsident war, bald darauf aber Präsident wird. In beiden Fällen handelt es sich um sogenannte »Kickbacks« – wieder ein ins Deutsche schwer übertragbarer Ausdruck. »Schmiergelder« trifft nicht ganz zu, wenn es auch ein verwandter Begriff ist, besser noch wäre der vom erfolgreichen Coup nachträglich vergütete Anteil. Reynolds geht noch weiter; er spricht unumwunden von einem »shakedown«, also von Erpressung.

Der eine Fall ist ziemlich verwickelt. Im Jahre 1957 wird Reynolds von seinem guten Freund Baker darauf aufmerksam gemacht, daß Senator Lyndon B. Johnson, der kurz vorher einen schweren Herzanfall erlitten hatte, daran interessiert sei, eine Lebensversicherung in beträchtlicher Höhe einzugehen. Reynolds' Agentur darf die Police schreiben, deren Versicherungswert nach und nach auf 200 000 Dollar erhöht wird. Ein solcher Betrag erfordert natürlich ziemlich hohe Prämien, so daß das ein ausgesprochen gutes Geschäft für Don B. Reynolds Associates ist, und damit auch für Baker.

Zwei Jahre später legt Bobby seinem Partner nahe, er solle sich für die ihm erwiesene Ehre, Senator Johnson versichern zu dürfen, diesem gegenüber erkenntlich zeigen. Er weiß auch gleich guten Rat, auf welche Weise das geschehen könne. Der Herr Senator möchte gern ein Stereoplattengerät haben, hat er seinem Freund Baker im Gespräch anvertraut.

Dienstbeflissen beschafft sich Reynolds einen Magnavox-Katalog und gibt ihn Baker mit zur Weiterleitung an Johnson. Kurz darauf ist der gewünschte Apparat ausgesucht; er kostet 585 Dollar, mit Installation. Reynolds bestellt ihn direkt vom Hersteller in Fort Wayne, Indiana, und läßt ihn per Luftfracht in die Wohnung der Familie Johnson liefern, also zu diesem Zeitpunkt an die Adresse 4921, 30th Place, Washington N. W.

Als die Sache Anfang 1964 ruchbar wird, sieht sich Präsident Johnson veranlaßt, in einer am 23. Januar abgehaltenen Pressekonferenz zu erklären: »Das Stereoplattengerät kam von der Familie *Baker*, mit der wir früher gelegentlich Geschenke ausgetauscht hatten . . . er (Bobby) verlangte keine Gegenleistung und erwartete auch keine, soviel ich weiß, ebensowenig wie ich eine Gegenleistung erwartet hätte für ein von mir an ihn gegebenes Geschenk.«

Was der Herr Präsident bei dieser Darstellung der Dinge allerdings nicht erwähnt, das ist, daß Don Reynolds urkundlich nachweisen kann, nämlich durch Vorlage der Rechnung und des von ihm zur Zahlung ausgestellten Schecks, daß er (und nicht Baker) den Apparat bestellt und bezahlt hat, sowie daß er ihn im Hause Johnson installieren ließ.

Nicht genug damit, Reynolds hat einen Zeugen, den Fernsehmechaniker Don Mulgannon, der aussagt, daß er nach der Installation des Stereoplattengeräts noch »sechs- oder siebenmal« im Hause Johnson gewesen ist, um die Anlage zu verbessern und Lautsprecher in der ganzen Wohnung anzubringen. Jedesmal, das bestätigt Mulgannon ausdrücklich, wurde ihm beim Verlassen des Hauses erklärt: »Schicken Sie die Rechnung an Mr. Reynolds«, was er dann auch tat.

Das alles weiß Senator Williams schon längst, bevor die Öffentlichkeit davon erfährt. Noch hält er jedoch mit seiner genauen Kenntnis der Dinge hinterm Berg und gibt damit seinem demokratischen Gegner Johnson Gelegenheit, sich mit einer nachweisbar unrichtigen Darstellung des Vorfalls in aller Öffentlichkeit zu blamieren.

Ähnlich geht es in der anderen Angelegenheit, über die Don Reynolds dem Senator berichtet. Er erklärt, daß er im Jahre 1961 – also zu einer Zeit, als Johnson schon Vizepräsident war – von Walter Jenkins, dem Geschäftsleiter der Fernsehstation KTBC in Austin (Texas), die ganz im Besitz der Familie Johnson ist, unter Druck gesetzt worden sei, diesem Sender einen Werbeauftrag in Höhe von 1208 Dollar zu erteilen. Da sich sein Versicherungsgeschäft auf Washington und Umgebung beschränkt, so fügt er hinzu, wäre eine Werbung dort im fernen Texas für ihn natürlich völlig sinnlos gewesen. Er habe sich jedoch dem Druck nicht entziehen können, habe aber über die Sendezeit anders verfügt.

Wieder wartet Senator Williams mehrere Monate ab, bevor er mit der letzten Enthüllung herauskommt, die das obligate Dementi aus dem Weißen Haus zuschanden macht. Und jetzt kommt es zu ungewöhnlichen Verwicklungen. Jenkins, der nach Johnsons Aufstieg zur Präsidentschaft Kanzleichef geworden ist und als der wichtigste persönliche Referent des neuen Präsidenten gilt, scheut sich nämlich nicht, in einer eidesstattlichen Erklärung vor einem Vertreter des Untersuchungsausschusses zu versichern, daß an den Behauptungen des Mr. Reynolds kein wahres Wort sei. Er, Jenkins, habe mit Reynolds nichts zu tun gehabt und wisse von dem fraglichen Werbeauftrag nichts.

Hier steht also Eid gegen Eid, und es müßte von Rechts wegen ein Meineidsverfahren gegen Reynolds oder Jenkins, oder beide, eingeleitet werden. Um dafür eine noch bessere Grundlage zu schaffen, drängen nun die drei republikanischen Mitglieder des Ausschusses wiederholt darauf, daß Jenkins vorgeladen werden soll, um sein Leugnen noch einmal in aller Form unter Eid zu erhärten, was aber immer wieder von der demokratischen Mehrheit vereitelt wird.

Erst nachdem Walter Jenkins im Oktober 1964 im Zuge eines beispiellosen Sittenskandals – über den in der ganzen Weltpresse berichtet worden ist – zum Rücktritt gezwungen wird, läßt sich die Ausschußmehrheit dazu herbei, ihn doch noch zu laden. Doch Jenkins erscheint nicht, sondern schickt statt dessen seinen Psychiater, der dem Ausschuß in bewegten Worten schildert, wie zerrüttet die Nerven seines Patienten seien, und daß für ihn »akute Lebensgefahr« bestehen würde, wenn er gezwungen würde, sich dem Ausschuß zu stellen. Kaum ist die Komödie zu Ende gespielt, so kehrt Jenkins nach Texas zurück, um dort ein Industrieberatungsbüro aufzumachen. Seine Nerven sind wieder in bester Verfassung.

Reynolds und Senator Williams wissen, warum Jenkins alles daransetzt, um nicht vor dem Ausschuß erscheinen zu müssen. Es ist schon längst erwiesen, daß seine eidesstattliche Erklärung falsch war. Reynold kann nämlich einen gewichtigen Zeugen für die Richtigkeit seiner Behauptung beibringen. Es ist der Fabrikant Albert G. Young aus Silver Spring (Maryland), an den er seinerzeit die ihm von KTBC aufgedrängte Sendezeit abgetreten hat. Young hat sie dann auch tatsächlich zur Werbung für seine Haushaltsartikel benutzt und bestätigt vor dem Ausschuß unter Vorlage von Dokumenten alles, was Reynolds über den Fall berichtet hat.

Am Ende sieht sich der Untersuchungsausschuß tatsächlich und sehr widerwillig gezwungen, Reynolds indirekt recht zu geben. Er tut das in seinem im Juni 1965 veröffentlichten »Schlußbericht« in der Weise, daß er Präsident Johnson und seinem früheren Geschäftsleiter bescheinigt, das Werbegeschäft für 1208 Dollar sei »durchaus vereinbar mit den Geschäftsprinzipien, die von vielen ehrbaren Kaufleuten in Amerika angewandt werden«. Womit eigentlich zum Ausdruck gebracht wird, daß sich die Ethik eines Vizepräsidenten nicht von derjenigen der gewöhnlichen Geschäftswelt zu unterscheiden brauche.

Das ist der springende Punkt bei der Sache. Gewiß ist in beiden Fällen, wo Reynolds in die Tasche greifen mußte, nichts Illegales geschehen. Es handelt sich nicht um eine Frage des Gesetzes, sondern um politische Ethik, wie Senator Williams in einem scharfen Angriff auf LBJ in dieser Sache betont.

Doch – greifen wir den Dingen nicht zu weit voraus. Es ist Mitte November 1963, und noch ist John F. Kennedy Präsident. Der Untersuchungsausschuß in Sachen Baker hat gerade seine Arbeit aufgenommen und schickt sich an, die ersten Zeugen zu vernehmen, darunter auch Reynolds.

Da ereignet sich an einem Frühnachmittag etwas sehr Seltsames. In Washington schrillt das Telefon von Büro zu Büro, von Klub zu Klub, von Restaurant zu Restaurant: »Dringendes Staatsgespräch – Ist Don Reynolds da?« Immer wieder ist die Antwort negativ. Schließlich gelingt es, den Gesuchten bei einer Siesta in seiner Wohnung in Silver Spring aufzustöbern.

»Hello – Reynolds?«

»Ja, wer spricht dort?«

»Hier ist George Reedy vom persönlichen Stab Präsident Johnsons –«

»Augenblick mal, Sie meinen Vizepräsident Johnson.«

»Nein, Reynolds, ich meine *Präsident* Johnson. Haben Sie denn die Nachrichten noch nicht gehört? Präsident Kennedy ist tot. Lyndon B. Johnson ist soeben als Präsident vereidigt worden.«

»Wie-wie-wie ist denn das passiert?« stammelt Reynolds ins Telefon.

»Ich hab' jetzt nicht die Zeit, Ihnen das zu erklären, Herr Reynolds. Lesen Sie die Zeitungen. Die Extrablätter sind schon heraus. Mein Auftrag ist, Ihnen von Präsident Johnson auszurichten, Sie sollen gefälligst den Mund halten. Sie sind gewarnt, Reynolds. Überlegen Sie sich gut, was Sie sagen, besonders im Gespräch mit Senator Williams – und der Presse gegenüber. Ich hoffe, Sie haben mich verstanden.«

Don Reynolds hat nur zu gut verstanden. Als er das Telefon niedergelegt hat, sinkt er fassungslos in einen Sessel. Der kalte Schweiß steht ihm auf der Stirn.

»Johnson ist Präsident«, murmelt er immer wieder vor sich hin.

Im Kreise Bobby Bakers und seiner treugebliebenen Freunde aber atmet man auf. Man erinnert sich dort nur zu wohl an die bedeutungsvolle Bemerkung Präsident Kennedys auf seiner letzten Pressekonferenz: »Wir werden sicher noch vieles über Herrn Baker erfahren, bevor die Untersuchung seiner Geschäfte zu Ende ist. Vielleicht werden auch andere Leute noch mit hineingezogen werden. Es kommt darauf an, wie man die Sache anfaßt. Wir jedenfalls werden unser Bestes tun.«

Er hat nie wieder Gelegenheit gehabt, sich mit der Affäre zu befassen.

Für Bobby Baker und Genossen ist es fürwahr eine gütige Vorsehung, die am 22. November 1963 in Dallas in das Weltgeschehen eingegriffen hat.

Vorsicht, heißes Eisen!

Als der Untersuchungsausschuß in Sachen Baker, nach gebührender Unterbrechung seiner Arbeit zu Ehren des ermordeten Präsidenten, am 26. November 1963 wieder zusammentritt, erkundigen sich einige Reporter vorsichtig bei dem Vorsitzenden, Senator Jordan, wie die Sache jetzt weitergehen würde.

»Ich sehe keinen Grund, warum wir unsere Pläne ändern sollten«, erwidert dieser und wiederholt der Presse gegenüber seine frühere Versicherung, daß die Untersuchung energisch und »ohne Ansehen der Person« durchgeführt werden würde.

Schon bald zeigt sich jedoch, daß das nur Schaumschlägerei ist. Schon die ersten Zeugenvernehmungen erweisen, daß der Ausschuß es von jetzt an den (in Amerika) sprichwörtlichen drei kleinen Affen gleichtun wird, die mit schamhaft verhülltem Gesicht der Reihe nach erklären: »Ich sehe nichts Böses« – »Ich höre nichts Böses« – »Ich spreche nichts Böses.«

Senator Jordan, der langjährige Freund und Bewunderer des neuen Präsidenten Johnson, ist in eine schlimme Zwickmühle geraten. Immer wieder hält ihm die Presse mit spitzen Fragen und spöttischen Kommentaren vor, daß die von ihm betriebenen Ermittlungen in Wirklichkeit eine »non-investigation« (Nicht-Untersuchung) seien, und er möchte gewiß nicht den Eindruck erwecken, daß er sich seiner Aufgabe zu entziehen suche.

Auf der anderen Seite aber ist sich Jordan darüber völlig im klaren, daß er unmöglich eine tiefschürfende Untersuchung der Angelegenheit betreiben kann, ohne den Chef zu kompromittieren und vielleicht schlimme Konsequenzen für die eigene Partei heraufzubeschwören. Schließlich geht man ja dem Präsidenten-Wahljahr von 1964 entgegen.

Zwei bezeichnende Äußerungen der beiden bedeutendsten New Yorker Blätter erhellen das Dilemma, in das Senator Jordan geraten ist. In der New York Times vom 7. Dezember 1963 liest man: »Auf die Frage, ob Johnsons langjährige Verbindung mit Herrn Baker ihn veranlassen würde, ›die Untersuchung mit geringerem Nachdruck zu betreiben‹, nachdem Johnson Präsident geworden ist, erwiderte Senator Jordan, das sei ›eine peinliche Frage‹. Gleich darauf verbessert er sich jedoch und sagt: ›Ich lasse mich dadurch nicht in Verlegenheit bringen. Wir machen weiter – es hat sich nichts geändert.‹«

Und in der New York Herald Tribune vom 1. Dezember heißt es in einer Meldung aus Washington mit der Überschrift »Die Akzente sind jetzt anders gesetzt«: »Hartgesottene Beobachter hier wetten zwei zu eins, daß der Untersuchungsausschuß mit seiner überwältigenden demokratischen Mehrheit nur so tun wird, als ginge die Untersuchung weiter. In Wirklichkeit dürfte man sie bald in aller Stille begraben, um die Regierung Johnson nicht in Verlegenheit zu bringen. War doch Johnson in seiner Zeit als ›König des Senates‹ auch der politische Pate des Herrn Baker . . .«

So kommt es dann auch. Von Monat zu Monat, von Jahr zu Jahr schleppt sich die Untersuchung dahin, ohne irgendwelche nennenswerte Ergebnisse. Harmlose »Enthüllungen« werden an die große Glocke gehängt, um den falschen Eindruck echter Betriebsamkeit zu erwecken, während alles wirklich Schwerwiegende mit Schwung unter den Teppich gefegt wird. In London meint »Cassandra«, der bissige Kommentator des Daily Mirror, dazu: »Leider werden nirgends so große Teppiche gemacht, daß sie diesen ganzen Schmutz fassen könnten.«

Ende März 1964 ist es so weit, daß die Ausschußmehrheit versucht, die Affäre mit einem nichtssagenden »Schlußbericht« zu begraben, doch zeigt sich bald, daß man die Rechnung ohne den Wirt gemacht hat. Neue Enthüllungen, die Senator Williams zur Sprache bringt, erzwingen bald darauf eine Wiederaufnahme des Verfahrens, so daß es noch mehr als ein ganzes Jahr im gleichen Stil weitergeht.

Die öffentliche Meinung Amerikas ist sich in der Beurteilung der Dinge recht einig. In einem Leitartikel »Die Nicht-Untersuchung des Falles Baker« schreibt die New York Times am 19. März 1964:

». . . es wäre Betrug an der Öffentlichkeit, wenn diese schlampige Untersuchung zu Ende ginge, ohne daß die vielen noch ausstehenden Fragen betreffend Herrn Baker und seine Geschäfte je beantwortet würden . . . Tatsache ist, daß der von Jordan geleitete Ausschuß sich bei dieser Untersuchung ungewöhnlich zaghaft verhalten und den Kopf wie der Vogel Strauß in den Sand gesteckt hat . . .«

In noch schärferen Worten geißelt der bekannte Kommentator Roscoe Drummond die Scheinuntersuchung in der New York Herald Tribune vom 3. Mai 1964: »Die demokratische Mehrheit des Nicht-Untersuchungsausschusses versteht es in geradezu genialer Weise, den Tatsachen des Falles Baker aus dem Wege zu gehen. Man mißverstehe mich nicht: Der Untersuchungsausschuß ist keineswegs faul gewesen. Er war sogar sehr fleißig. Tag und Nacht hat er sich abgemüht, um neue Wege zur Nichterfüllung seiner Aufgabe zu finden . . .«

Sogar dem immer gemessenen Christian Science Monitor wird die Sache zu bunt. In der Ausgabe des Blattes vom 24. März 1964 schreibt der Washingtoner Korrespondent des Blattes, Richard L. Strout: »Die von den Demokraten geleitete Untersuchung des Falles Baker hat alles aufgeklärt außer den Dingen, über die man hier wirklich Bescheid haben möchte . . .«

Zwei Tage später fragt das gleiche Blatt in einem Leitartikel mit der Überschrift »Die Zyniker fühlen sich im Recht« (Comfort for Cynics): ». . . Warum ist Walter Jenkins, der Kanzleichef des Weißen Hauses, nicht vorgeladen worden, obwohl seine eidesstattliche Erklärung im offenen Widerspruch zu der Aussage eines wichtigen Zeugen steht? Warum ist man, nach alledem, was über die sogenannten ›Party-Girls‹ ruchbar geworden ist, den Dingen nicht auf den Grund gegangen, wie Senator Carl Curtis verlangt hat? . . .«

In Newsday, einer großen Vorstadtzeitung von New York, heißt es in einem am 13. März 1964 veröffentlichten Leitartikel: »Die unschickliche Eile, mit der der Ausschuß die Untersuchung der übelriechenden Baker-Affäre abzuschließen sucht, gereicht nicht nur dem Senat, sondern auch Präsident Johnson selbst zur Unehre . . .«

Die schärfsten Worte findet der angesehene Kolumnist Henry J. Taylor in einem Kommentar, der am 3. Juni 1964 im New York World-Telegram and Sun unter der Überschrift erscheint »President Behind the Baker Hush« (der Präsident steht selbst hinter der Vertuschung des Falles Baker): » . . . Von Anfang an hat Johnson, in seiner Rolle als Politiker, stillschweigend gebilligt: Erstens, die Verschleppungstaktik des Untersuchungsausschusses (denn sonst wäre sie nicht möglich gewesen); zweitens, seine Weigerung, noch mindestens zwanzig von Senator Williams benannte Zeugen vorzuladen; und drittens, die heimliche Ausweisung des deutschen Mädchens (Elly Rometsch), welches einem Abschnitt dieser übelriechenden Affäre geradezu das Gepräge des englischen Profumo-Skandals gegeben hat. Dadurch, daß er seine Macht nicht dazu benutzt hat, dieser Vertuschung Einhalt zu gebieten, hat Johnson die volle Verantwortung dafür übernommen... Ein kurzer Telefonanruf von ihm beim Vorsitzenden des Ausschusses hätte genügt, um die Untersuchung wirklich ohne Ansehen der Person in Gang zu bringen... daß er so nicht gehandelt hat, würde Johnson, dem Politiker, schlecht anstehen; bei Johnson, dem Präsidenten, ist es unerträglich...«

Natürlich versuchen die Republikaner aus der Affäre politisches Kapital zu schlagen, doch gelingt es ihnen nicht, damit das ungeheure Handicap wettzumachen, das einer Wahl des ultrakonservativen Kandidaten Barry Goldwater entgegensteht. Dieser selbst erklärt in einer Rede in Denver am 14. Oktober 1964, die Untersuchung des Falles Baker würde von Präsident Johnson selbst blokkiert, »weil Bobby Bakers Geschäfte direkt ins Weiße Haus führen«.

»Ich bin mir natürlich darüber klar, daß das eine ziemlich schwerwiegende Beschuldigung darstellt«, fügte Goldwater dann ein bißchen entschuldigend hinzu.

Vertuscht wird von dem Ausschuß mit wahrem Bieneneifer vor allem alles, was zu der sogenannten »moralischen Seite« der Angelegenheit gehört. Sieht man sich den im Juni 1965 fertiggestellten »Schlußbericht« des Ausschusses an, so könnte man meinen, daß es eine solche Seite überhaupt nie gegeben hätte. Dabei hat sie von Anfang an die öffentliche Diskussion um den Fall Baker beherrscht. Und unterderhand kommt dann doch allerlei Interessantes heraus.

Die Abenteuer der schönen Elly

Im Quorum Club zu Washington geht es hoch her.

Die drei Räume des exklusivsten Klubs der Hauptstadt sind zum Brechen voll. Am größten ist das Gedränge in der gemütlichen Bar mit schwarzlederner Theke und den Hockern, wo ein dunkelhäutiger Barmann Highballs und andere reichlich alkoholische Getränke für 1.50 Dollar je Glas austeilt.

Von einer Wand grüßt ein vergoldeter Eselskopf – das Wahrzeichen der Demokratischen Partei. Nicht, daß nur Demokraten hier Zutritt hätten, doch sind sie, wie überall, in der Mehrheit. Schon der Name des Klubs* deutet darauf hin, daß er gewissermaßen einen Annex des Kongresses darstellt. Das stattliche neue Senatsgebäude befindet sich gegenüber dem feudalen Carroll Arms Hotel, in dem der Klub untergebracht ist.

Man muß allerdings schon in die innersten Mysterien von Washington eingeweiht sein, um hier Einlaß zu finden. Kein Namensschild an der Tür weist den Weg. Nur ein großes bronzenes »Q«, das dort angebracht ist, verrät den Eingeweihten die rechte Tür.

Beim Eintritt fällt das Auge des Besuchers zuerst auf ein seltsames Symbol: ein vergoldetes Holzdreieck, das ein wachsames Auge umschließt. Was dieses dem Gottessymbol ähnliche Zeichen bedeuten soll, weiß selbst der Manager des Klubs, Bill Pickford, nicht, oder er tut jedenfalls so. Vielleicht ist es ein Top-Secret, ein Staatsgeheimnis, oder aber ein Privatgeheimnis des freundlichen jungen Mannes, den man hier oft antrifft und den alle kennen, von dem aber nur die wenigsten wissen, daß er der Gründer und Leiter des Quorum Clubs ist: Bobby Baker.

Auf seinem Schreibtisch vor dem Eselskopf befindet sich eine Batterie von Fernsprechern, von denen kaum einer zur Ruhe kommt. Am meisten ist das rote Telefon in Gebrauch, das direkte Verbindung zu den obersten Behörden herstellt. Auch das US-Government Telephone Directory (amtliches Fernsprechverzeichnis der Regierungsstellen), das danebenliegt, findet eifrigen Zuspruch.

Im Nachbarzimmer erblickt man ein bequemes Sofa, zwei niedrige Cocktailtische, rotledern bezogene Hocker und ein kleines Klavier. Das Wahrzeichen dieses Raumes ist das lebensgroße Porträt einer nackten Schönheit, das an der Wand über dem Sofa prangt, so daß die Zecher bei angeregtem Gespräch genüßlich ihre Blicke daran weiden können.

Daran schließt sich der Speisesaal an, wo bis zu fünfzig Gäste an Vierertischen bewirtet werden können.

Jeder Kenner des Washingtoner Lebens wird unter der Fülle der Besucher richtig zu unterscheiden verstehen: Der Schmerbäuchige dort, mit dem Biedermannsgesicht und dem Geierblick, das ist der Senator; der große, hagere Mann mit dem kurzgeschnittenen Haar und den harten Augen gehört dem Abgeordnetenhaus an (nachdem er jahrelang beim FBI gedient hat); der beflissene junge Mann im

* Mit dem lateinischen Wort »quorum« bezeichnet man in der englisch-amerikanischen Parlamentssprache die Mindestzahl der Abgeordneten, die an einer Sitzung teilnehmen müssen, damit das Haus beschlußfähig ist.

schnittigen grauen Flanellanzug ist ein »Lobbyist«, d. h. ein Verbindungsmann, der berufmäßig Mitglieder des Parlaments für private Interessen einzuspannen sucht, wobei Bakschisch und schöne Frauen eine große Rolle spielen.

Man ist hier ganz unter sich – Kongreßmitglieder, hohe Beamte, Lobbyisten, daneben ab und zu ein Minister, Staatssekretär oder führender Militär.

Zwischen den hohen Herren huschen adrett gekleidete Kellnerinnen und ein paar Hostessen herum, von denen jede eine Augenweide besonderer Art ist. Das meiste Aufsehen erregt immer wieder eine schlanke Brünette mit verheißungsvollen Augen, blutrot geschminkten Lippen und einer stolzen Bienenkorbfrisur, die bald hier, bald dort einen alten Bekannten vertraulich begrüßt. Für ihre amerikanischen Verehrer ist Elly Rometsch eine «exotische Schönheit«, auch wenn nach deutschen Vorstellungen die Exotik weiter östlich anfängt als in der Gegend, woher sie stammt.

Aber woher stammt sie eigentlich? Selbst ihre intimsten Freunde wissen nicht mehr von Elly, als daß sie Deutsche ist und daß es ihr in Amerika, besonders in Washington, ganz wunderbar gefällt.

Warum auch nicht? Hat sie doch alles im Überfluß, wonach eine Frau sich sehnt: elegante Kleider, teuren Schmuck und eine Vielzahl reicher Verehrer, die ihr heiße Liebe, jedoch (zumeist aus technischen Gründen) keine ewige Treue schwören.

Sie hat auch – aber das wissen ihre Quorum Club-Freier nicht – einen Ehemann, den Luftwaffenfeldwebel Rolf Rometsch von der deutschen Militärmission in Washington, sowie einen fünfjährigen Jungen. Und sie hütet sich wohl, auch ihren besten Freunden anzuvertrauen, daß sie aus der Ostzone stammt und erst vor fünf Jahren in den Westen gegangen ist. Die genauen Umstände dieser »Flucht in die Freiheit« aber sind Ellys bestgehütetes Geheimnis.

Ach, wenn nur Elly hätte den Mund halten können. Aber gerade das kann sie nicht. Es macht ihr Spaß, die Dame der großen Gesellschaft zu mimen, die mit den Mächtigen der Welt auf vertrautem Fuß steht. Im engsten Freundeskreis pflegt sie in gehobener Stimmung mit Namen um sich zu werfen – Namen, die nach dem Ausbruch des Baker-Skandals von der Presse um keinen Preis genannt werden dürfen. So jedenfalls wünscht es der zu dieser Zeit noch amtierende Präsident John F. Kennedy.

Seit einiger Zeit schon ist den FBI-Leuten, die alle Ausländer still, aber intensiv beobachten, aufgefallen, daß Frau Rometsch einen Aufwand betreibt, der zu dem bescheidenen militärischen Status ihres Mannes seltsam kontrastiert. Schon allein die geräumige und entsprechend teure Wohnung mit drei Schlafzimmern, die das Ehepaar Nummer 3572, Military Place bewohnt, wäre normalerweise aus dem Sold eines Feldwebels Rometsch kaum zu bestreiten gewesen.

Hinzu kommt, daß im Zeichen des Profumo-Skandals zarte Bindungen zwischen auch nur *möglichen* Ostagentinnen und höchsten Regierungsstellen beim FBI entschieden unerwünscht sind. Als nun die törichte Elly sich obendrein einfallen läßt, gerade mit solchen Beziehungen zu prahlen, läuft ihre FBI-Akte über. *Ein* Profumo-Skandal, so sagt man sich an zuständiger Stelle, hat genügt, um die halbe NATO ins Wanken zu bringen – ein *zweiter* würde die Verteidigung der freien Welt vollends lahmlegen.

So wird die schöne Elly Mitte August 1963 unversehens aus dem süßen Leben gerissen. Pro forma geht das so zu, daß das State Department, dem das FBI seine Sorgen anvertraut hat, die deutsche Botschaft ersucht, Feldwebel Rometsch an die Heimatfront zu versetzen, praktisch jedoch ist es eine Ausweisung. Am 21. August reist die Familie nach Deutschland zurück, sehr zum Verdruß der Washingtoner Lebewelt, die Elly nur ungern scheiden sieht.

So diskret geht die Abschiebung der Familie Rometsch aus Washington vor sich, daß darüber kein Wort in der Presse verlautet. Wahrscheinlich wäre die peinliche Elly-Affäre auch nie herausgekommen, wenn sich nicht Bobby Baker durch sein Doppelspiel mit Ralph Hill so hoffnungslos kompromittiert hätte, daß der Skandal unvermeidlich wurde.

Ein paar Wochen noch schwelt die »moralische Seite« unter der Oberfläche. Am Sonntag, dem 27. Oktober, bricht der Skandal offen aus, nachdem der bekannte Journalist Clark Mollenhoff in der Zeitung Des-Moines Register and Tribune einen aufsehenerregenden Artikel veröffentlicht hat, in dem er das »glamour party girl« Elly in Verbindung bringt mit (ungenannten) »Mitgliedern des Kongresses und der Regierung«. Obwohl Senator Williams es bestritten hat, ist doch wohl er die Quelle dieser Informationen gewesen.

Nun fällt auch die übrige Presse über den saftigen Happen her, wobei sich besonders das vielgelesene New Yorker Vorstadtblatt Newsday in der Ermittlung neuer Tatsachen und Zusammenhänge hervortut. Newsday spart auch nicht mit ätzenden Kommentaren und bezeichnet zum Beispiel die Rometsch als »eine kesse Frau, die, wie es heißt, wegen ihrer Techtelmechtel mit höchsten Staatsbeamten aus den Vereinigten Staaten 'rausgeflogen ist«.

Viel deutlicher läßt sich das wohl kaum ausdrücken, wenn auch die »höchsten Staatsbeamten« nicht namentlich genannt werden.

Auf das von Mollenhoff gegebene Stichwort hin bringt am 28. Oktober der republikanische Abgeordnete H. R. Gross im Kongreß eine Kleine Anfrage ein, in der es unter anderem heißt: »Was ich gerne wissen möchte, Mr. Speaker, das sind die Umstände, unter denen vor ein paar Wochen eine junge deutsche Frau im Anschluß an eine vom FBI vorgenommene Untersuchung Hals über Kopf aus den USA ausgewiesen worden ist.«

Erwartungsvolle Stille legt sich über den großen Saal, während Gross fortfährt. »Die Mitglieder des Kongresses und die Öffenlichkeit haben ein Recht darauf zu erfahren, ob diese bisher nicht bekanntgegebene Ausweisung im Schnellverfahren durch eine Verletzung der staatlichen Sicherheit ausgelöst worden ist.«

Wer als Abgeordneter die Regierung in Verlegenheit stürzt, bekommt bestenfalls ausweichende Antworten. Diese eherne politische Regel gilt vor allem in Amerika. Dennoch kann es an diesem schwarzen 28. Oktober kaum noch helfen, die Kleine Anfrage des Mr. Gross in nichtssagenden Auskünften zu ersticken. Denn zu diesem Zeitpunkt schwirrt schon ein Schwarm wilder Gerüchte (vorsichtshalber so genannt, obwohl das meiste auf Tatsachen beruht) durch das Kapitol und die Redaktionssäle von Washington und New York.

»Ein Profumo-Skandal à la américaine« unken die »pundits«, die Alleswisser der amerikanischen Presse, fügen dann aber gleich augenzwinkernd hinzu: »Es bleibt doch alles unter dem Hut. Darauf könnt ihr euch verlassen. Eher hackt eine Krähe der anderen die Augen aus, als daß ein Senator einem anderen ein Leid antut.« So ist es auch gekommen.

»Es liegt die amtliche Bestätigung dafür vor, daß ein Machtwort von höchster Stelle dafür gesorgt hat, daß die Namen, die das standbildartige (statuesque) deutsche Party-Girl genannt hat, und auch sonstige Einzelheiten der laufenden Untersuchungen nicht an die Öffentlichkeit dringen«, schreibt am 29. Oktober das New Yorker Hearst-Blatt Journal-American.

Am 1. November läßt sich der bekannte Kommentator der New York Times, James Reston, wie folgt vernehmen: »Die Stadt ist voll häßlicher Gerüchte über die Verhältnisse zwischen Bakers Freundinnen und prominenten Senatoren und Regierungsmitgliedern. In allen Redaktionen gibt es eine Liste der Persönlichkeiten, die durch Bobby Baker und seine Girls kompromittiert worden sind ... Die ganze Regierungsatmosphäre ist vergiftet.«

Und in der New York Herald Tribune vom 10. November 1963 liest man: »Es ist ein offenes Geheimnis in Washington, daß die Ausweitung der Baker-Affäre in einen Sittenskandal ... hier bei fast ebenso vielen Leuten panischen Schrecken auslöste wie die Kunde von den sowjetischen Raketenbasen auf Kuba, die uns an den Rand des Atomkrieges führte.«

Inzwischen hat sich Elly schmollend zu ihren Eltern nach Gut Oberberge bei Schwelm zurückgezogen (ihr Vater, Franz Fimmel, ist nicht Eigentümer, sondern nur Pächter dieses Gutshofes). Kaum in Deutschland angekommen, reicht ihr geknickter Ehemann Rolf (er hat auf der Botschaft einiges zu hören bekommen) die Scheidungsklage ein und hat außergewöhnlich schnellen Erfolg damit.

Trotzdem hat die Rometsch entrüstet abgestritten, daß sie sich in Washington ungebührlich benommen habe, und ihr verflossener Ehemann hat ihr dabei als echter Kavalier nach Kräften sekundiert.

Zum Leidwesen des Paares ist jedoch in Washington die vierundzwanzigjährige Deutsche Ingrid Lutert zurückgeblieben, die bei den Rometschs eine Zeitlang als Babysitter gewirkt hatte. Eines Tages stattet Senator Williams in Begleitung seiner Chefsekretärin Fräulein Lutert einen Besuch ab und ermuntert sie, frisch von der Leber weg zu erzählen, was diese auch tat.

Auch im Gespräch mit der Presse nimmt Ingrid kein Feigenblatt vor den Mund.

»Elly pflegte im Quorum Club ein hauchdünnes, enganliegendes Kleid zu tragen, das sie in ihrem Handtäschchen hätte unterbringen können«, erzählt sie einem Newsday-Reporter, »dazu schwarze, durchbrochene Strümpfe«.

Sie habe ihrer Arbeitgeberin gekündigt, fügt die hübsche Brünette Lutert hinzu, »weil Elly Geld nahm (was doing things for money), und das kann ich nicht vertragen«. Dann kommt es etwas eingeschüchtert heraus: »Ich weiß eine Menge Dinge, die ich lieber nicht wissen möchte.«

In der Hitze des Wahlkampfes vom Herbst 1964 nimmt sich der Abgeordnete Gross die Rometsch noch einmal aufs Korn und fährt dabei noch größere Geschütze auf. Er bezichtigt die junge Deutsche, eine Ostagentin zu sein, die versucht habe, amerikanische Raketengeheimnisse auszuspionieren. Sie soll einmal auf einem wüsten Sektgelage im Beisein eines Generals, eines Admirals, eines hohen Beamten der Weltraumbehörde (NASA) und anderer Zuschauer nackt in ein perlendes Champagnerbad gestiegen sein.

Das will Elly keinesfalls auf sich sitzen lassen. In einem Interview mit dem »Stern« (18. Oktober 1964) bezeichnet sie die Behauptungen von Gross als »Quatsch« und verwahrt sich auch energisch gegen den Verdacht, einem von Bobby Baker betriebenen Call-Girl-Ring angehört zu haben.

Elly: »Ich war mit Miss Tyler, seiner Sekretärin, lose befreundet. Durch sie lernte ich Mr. Baker kennen. Aber ich habe ihn in den ganzen zweieinhalb Jahren in Washington nur sechs- bis siebenmal gesehen. Und zwar auf großen Parties, bei denen nichts Unrechtes geschehen ist.«

Daß auf den *großen* Parties nichts Unrechtes geschehen ist, darf man der Rometsch ruhig glauben. Auch, daß Mr. Baker keinen offenen Umgang mit ihr gepflegt hat. Er ist immer ein Mann der Diskretion gewesen.

Elly meint, der ganze Grund für die »wirklich unsinnigen Spionagevorwürfe« wäre, daß sie in der Sowjetzone aufgewachsen und erst 1955 in den Westen gekommen sei. Sie bestreite auch, daß sie ihren Mann erst geheiratet hätte, nachdem bekannt war, daß er zur deutschen Militärmission nach Washington abkommandiert werden sollte (wie Gross behauptet): »Ich habe Rolf 1958 geheiratet. Da war er noch gar nicht Soldat. Erst kurz danach ging er zur Bundeswehr, und erst 1961 wurde er nach Washington versetzt ... Die Behauptung, ich hätte nur aus Spionagegründen geheiratet, ist also glatter Unsinn. Das haben auch das amerikanische FBI und der deutsche militärische Abschirmdienst bestätigt.«

Daß man sich in Amerika damit begnügt hat, die Rometsch auszuweisen, statt ihr den Prozeß zu machen, spricht zweifellos dafür, daß für Spionage oder die Absicht dazu keinerlei Beweise vorlagen. Es ist auch kaum anzunehmen, daß Bobby Baker einen Spionagering geleitet hat. Wozu sollte er sich auf einen so gefährlichen Weg begeben, wenn er dank seiner glänzenden Beziehungen auf ganz gefahrlose Weise Millionen scheffeln konnte?

Tatsächlich dürfte die Rometsch, wie ihre Freundin Tyler und andere, von Baker nur zu Geschäftszwecken eingesetzt worden sein, besonders um seinen Firmen lukrative Aufträge zu sichern und seine hohen Gönner bei guter Laune zu erhalten.

So gern man ihr glauben will, daß sie keine Spionin war, braucht man Ellys Versicherung, daß alles ganz harmlos war, keineswegs ernst zu nehmen. Gewiß hat sie sich auch nicht als Call-Girl betätigt – aber als Party-Girl ist sie bestimmt nicht unnahbar gewesen.

Jetzt karrt die Schöne Rüben auf dem väterlichen Hof, füttert die Schweine und kleidet sich wie ein richtiges Mädchen vom Lande. Die Verbannung in die Heimat scheint ihr gutgetan zu haben und hat sie jedenfalls davor bewahrt, das tragische Geschick ihrer Freundin Tyler zu teilen.

Die Magier

Nur mit der anderen, der sogenannten finanziellen Seite des vielschichtigen Baker-Komplexes hat sich der Untersuchungsausschuß eingehend beschäftigt und darüber einiges ans Licht der Öffentlichkeit dringen lassen. Dennoch ist das viel zu wenig, um ein auch nur einigermaßen klares Bild zu ergeben. Dank der privaten Ermittlungen von Senator Willams und den dadurch in Gang gebrachten weiteren Nachforschungen der Presse ist dann aber doch im Laufe der Zeit vo viel herausgekommen, daß ein ziemlich abgerundetes Bild entsteht.

Daß sich die republikanische Parteispitze, trotz der sich aus der Affäre Baker ergebenden idealen Propagandamöglichkeiten für den Wahlgang 1964, sehr zurückhaltend verhält, hat seine guten Gründe. Sind doch einige ihrer eigenen Leute im Kongreß – und noch dazu keine Hinterbänkler – ebenfalls arg kompromittiert.

Da ist zum Beispiel der geradezu haarsträubende Fall des angesehenen Abgeordneten John W. Byrnes aus Wisconsin, der sich nicht scheut, seine einflußreiche Stellung als Vorsitzender des republikanischen Policy Committee (Programmausschuß) und führendes Mitglied des Repräsentantenhauses zur persönlichen Bereicherung auszunützen.

Das geht so vor sich: In Milwaukee, der bedeutendsten Stadt des Bundesstaates Wisconsin, gibt es eine gutgehende Versicherungsgesellschaft, deren etwas langatmiger Name »Mortage Guarantee Insurance Corporation« allgemein auf »Magic« abgekürzt wird. Darin liegt ein im Deutschen schwer wiederzugebendes Wortspiel, weil nämlich das englische Wort magic Zauberei bedeutet. Um was für faulen Zauber es sich dabei handelt, werden wir gleich sehen.

Im Sommer 1959 gerät Magic, trotz glänzender Geschäfte, unversehens in Schwierigkeiten. Man hat es unterlassen, rechtzeitig einen entsprechenden Teil des Gewinns an die Steuer abzuführen, und nun ist das Finanzamt hinter Herrn Max H. Karl, dem deutschstämmigen Präsidenten der Firma, her.

Herr Karl macht eine komplizierte Rechnung auf, die so aufgeht, daß er dem Staat eigentlich gar nichts schulde, doch macht ihm das Finanzamt gleich einen dicken Strich hindurch. Im Gegenteil meint man dort, Magic ist mit einigen hunderttausend Dollar im Rückstand und soll die Sache gefälligst sofort in Ordnung bringen.

In solcher Bedrängnis wendet sich Karl hilfesuchend an Bobby Baker, der zwar zu dieser Zeit noch in weitesten Kreisen unbekannt ist, unter Brüdern aber schon im Ruf eines gewiegten »Fixers« steht.

Bobby weiß Rat. Er kennt den republikanischen Abgeordneten John W. Byrnes, der als früheres Mitglied seiner Partei im »House Ways and Means Committee« (Finanzausschuß) bei der Steuerbehörde hohes Ansehen genießt. Schließlich kommen ja in diesem Ausschuß die Steuergesetze zustande, und er übt auch die parlamentarische Kontrolle über das Steuerwesen des Bundes aus. Da muß man schon die Ansichten und Wünsche eines solchen Mannes respektieren.

Hinzu kommt als weiterer unschätzbarer Vorteil, daß gerade dieser Byrnes auch aus Wisconsin ist und diesen Staat im Abgeordnetenhaus vertritt. Es ist in Amerika gang und gäbe, daß sich der von der Behörde bedrängte Mensch an »seinen« Abgeordneten oder »seinen« Senator wendet und daß diese sich in Washington der Sache ihrer Wähler besonders annehmen – vorausgesetzt natürlich, daß sich die Intervention lohnt, politisch oder finanziell.

Also rät Baker dem Karl: »Du mußt mit deinem Abgeordneten Byrnes ins Geschäft kommen.«

So etwas darf natürlich nicht zu offen geschehen, aber Bobby weiß schon längst, wie man's am besten macht. Wird die Steuersache bereinigt, so blüht das Geschäft und die Magic-Aktien werden magisch steigen. Man muß also dem Abgeordneten Byrnes Gelegenheit geben, sich rechtzeitig ein Bündel solcher Aktien zuzulegen. Später kann er sie wieder abstoßen und den Gewinn einstreichen. Dann kräht kein Hahn mehr danach.

Selbstverständlich erwartet Baker auch ein entsprechendes Entgelt für seine Vermittlung in Form eines stattlichen Aktienpakets für sich selbst und seine Freunde, was ihm dann auch von Karl zugesagt wird.

Reibungslos kommt das Geschäft zustande. Im Dezember 1959 läßt sich Byrnes die Akten des Falles Magic nach Washington kommen und interveniert beim Schatzamt, damit Herrn Karl »Recht«

geschehe. Da die Steuerbehörde nicht gleich in positivem Sinne reagiert, bringt der Abgeordnete Byrnes im März 1960 sogar einen Gesetzentwurf (bill) ein, um die Steuerbeamten, wie er selbst es später ausgedrückt hat, »ein bißchen auf Trab zu bringen« (»to jog them a little«).

Jetzt klappt die Sache. Schon zwei Wochen später ergeht ein neuer Steuerbescheid, der Herrn Karl auf der ganzen Linie recht gibt.

Auch die Gegenleistung wickelt sich glatt ab. Im März 1960 erwirbt Baker 250 Aktien der Versicherungsgesellschaft zum Vorzugspreis von insgesamt 28 750 Dollar. Kaum ist die Steuerangelegenheit bereinigt, schießt der Börsenwert dieses Pakets in die Höhe. Noch vor Jahresende hat er sich vervierzehnfacht. Jetzt sind die 250 Aktien sage und schreibe 400 000 Dollar wert!

Von diesem Riesengewinn streicht Bobby Baker selbst den Löwenanteil ein. Aber auch für die anderen Beteiligten fällt genug ab. Wie der Untersuchungsausschuß später feststellt, gibt es eine Liste von neun Personen, die an diesem großartigen Geschäft mitbeteiligt waren. Man hat diesen Kreis nach Bakers Amtsräumen im Senat, wo er die Liste ganz ungeniert führte, den F-80-Club genannt. Nur einige Mitglieder dieses »Klubs« sind der Öffentlichkeit namentlich bekannt geworden, darunter das Ehepaar Alfred und Gertrude Novak, mit dem Bobby Baker auch sonst enge geschäftliche Beziehungen unterhielt, wovon noch im nächsten Kapitel die Rede sein wird.

Auch die Namen des Ehepaares John W. und Barbara Byrnes schmücken die Mitgliedsliste. Wie sich später herausstellt, durfte der hilfreiche Abgeordnete für sich und seine Frau Magic-Aktien für 2300 Dollar erwerben, deren Börsenwert innerhalb weniger Monate auf 24 000 Dollar stieg. Ein stattlicher Gewinn – und doch bescheiden, gemessen an der gewaltigen Summe, die Baker selbst an dieser Transaktion verdient.

Das schönste an dieser Geschichte ist, daß Bobby Baker zu der Zeit, als er seine 250 Aktien zu je 115 Dollar kauft, gar nicht die dafür benötigten 28 750 Dollar flüssig hat. Doch was macht das schon unter Brüdern? Die Sache wird einfach so gedreht, daß Baker bei Magic eine Anleihe aufnimmt und damit für sein Aktienkapital bezahlt. Er braucht also bei dem ganzen Geschäft überhaupt nicht in die eigene Tasche zu greifen, denn als er später die als Sicherheit für die Darlehen hinterlegten Aktien auslöst, genügt schon ein Vierzehntel des Pakets, um den ganzen Kaufpreis damit zu bezahlen.

Auch sonst versteht es Bobby, sich schadlos zu halten. Die guten Freunde Novak müssen zwar ihre Anteile gleich in bar bezahlen, sie dürfen aber nur die Hälfte des erzielten Gewinns in die eigene Tasche stecken. Die andere Hälfte – nicht weniger als 27 444 Dollar – streicht Baker als »Vermittlungsgebühr« ein.

Als schließlich die ganze Geschichte herauskommt, versucht natürlich jeder der Beteiligten sich herauszureden. Für Herrn Karl ging alles ganz legal vor sich. Dabei muß er allerdings auf die Frage eines Mitglieds des Untersuchungsausschusses hin zugeben, daß er es mit der Legalität zumindest in einem Punkte doch nicht so genau genommen hat. Nach geltendem Börsenrecht hätte er nämlich seine Aktien erst bei der »Securities and Exchange Commission« (Amt zur Überwachung von Emissionen) anmelden müssen, bevor er welche an Außenstehende veräußern durfte, und das war nicht geschehen.

Vor dem Ausschuß verwahrte sich Herr Karl entschieden dagegen, daß ein ursächlicher Zusammenhang zwischen der Steuerangelegenheit und dem phänomenalen Wertzuwachs bestanden habe. Wie dieser denn sonst zu erklären sei, hütete er sich jedoch wohl zu sagen. Bei Magic geht's eben magisch zu.

Auch der Abgeordnete Byrnes will nichts Unzulässiges getan haben. Am 21. Novmeber 1963 läßt er sich im Repräsentantenhaus das Wort zu einer Rechtfertigungsrede in eigener Sache geben.

»Mit tränenerstickter Stimme« – so liest man's in Presseberichten – erklärt Byrnes seinen Kollegen, daß sein Erwerb von Magic-Aktien nichts mit seinem Eingreifen zugunsten dieser Gesellschaft zu tun habe. Zum Schluß versteigt er sich zu der Beteuerung: »Ich schwöre vor Gott und diesem Haus, daß ich die Aktien nie gekauft hätte, wenn ich von dem Vorzugspreis etwas gewußt hätte!«

Der Schwur bezieht sich allerdings nur auf den Vorzugspreis, nicht auf die Intervention bei der Steuer.

Weißer Elefant mit Todesfolge

»Er war uns wie ein Bruder«, schluchzt die holde Blondine und wischt sich verstohlen ein Tränchen aus den blauen Augen. »Wir hatten volles Vertrauen zu ihm – aber er hat uns bitter enttäuscht.«

Man schreibt den 19. November 1963; Präsident Kennedy hat noch drei Tage zu leben. Morgen soll Gertrude Novak als erste Zeugin vor dem Untersuchungsausschuß unter Leitung des Senators Jordan vernommen werden. Heute erzählt sie der Presse von dem falschen Bruderherz, das Bobby Baker heißt. Er hat die Novaks wirklich schön hereingelegt, ihn noch mehr als sie.

Eines Tages im Jahre 1960 tritt Baker an seinen alten Freund, den Bauunternehmer Alfred Novak, heran und schlägt ihm vor, gemeinsam ein Motel an der atlantischen Küste bei Ocean City (Maryland), nicht weit von Washington, zu bauen. Nach den Vorstellungen Bakers soll dieses Motel in erster Linie seinen zahlreichen Bekannten im Kongreß und in der Regierung als behaglicher Aufenthaltsort dienen. Novak ist einverstanden, denn er weiß wohl, über welche ausgedehnten und ausgezeichneten Beziehungen Baker verfügt.

Nach dem gemeinsam aufgestellten Voranschlag soll der Bau des Motels, das den Namen The Carousel erhalten soll, etwa 400 000 Dollar kosten. Schon bald zeigt sich jedoch, daß mit diesem Betrag nicht auszukommen ist.

Der Hauptgrund für die immer mehr anschwellenden Baukosten ist nach Novaks Meinung in den maßlosen Wünschen seines Partners zu suchen. Baker will bei der Anlage und besonders bei der Innenausstattung seines Motels nicht geizen. Es soll ein wahrer Palast werden, der auch die Ansprüche der verwöhntesten Besucher befriedigt.

Was der gute Novak nicht wissen kann, weil er nicht in die intimsten Geschäftsgeheimnisse seines Freundes eingeweiht ist, das ist der eigentliche Zweck des Unternehmens. Baker kommt es keineswegs bloß darauf an, ein gutbürgerliches Motel zu bauen, wie man es in Amerika an allen Ecken und Enden antrifft. Was er im Sinn hat, ist etwas ganz anderes: Ein feudales Absteigequartier, wo sich seine Gönner und Freunde mit seinen Party-Girls vergnügen können. Mit dem Bau des Carousel soll in erster Linie dafür gesorgt werden, daß der florierende Amüsierbetrieb in den heißen Monaten aus dem Quorum Club und dem Townhouse an den erfrischenden Meeresstrand verlegt werden kann.

Von alledem ahnt Novak nichts. Er sieht nur den Berg von unbezahlten Rechnungen, der sich von Tag zu Tag häuft, und weiß, daß er bald am Ende seiner Mittel angelangt sein wird. Dabei ist das Motel noch nicht einmal im Rohbau fertig! Und schon hat sein Partner neue Pläne. Jetzt sollen auch noch ein großes Restaurant und eine intime Bar mit Tanzfläche angebaut werden! Novak schwindelt es, aber Baker läßt nicht locker. Zuletzt ist der Bauunternehmer so vollkommen abgebrannt, daß er die laufenden Kosten nicht bezahlen kann. Jetzt muß Baker in die eigene Tasche greifen.

Wie es dabei zuging, das hat Gertrude Novak später vor dem Untersuchungsausschuß anschaulich geschildert. Jedesmal, wenn ihr Mann dringend Bargeld benötigte, machte sie sich auf den Weg zum

Kapitol, um bei dem Inhaber von Zimmer F 80 anzuklopfen. Die Beträge, die sie dort hätte holen sollen, hätten zwischen 1000 und 13 300 Dollar geschwankt, doch sei Baker dadurch nie in Verlegenheit geraten. Er pflegte einfach seine Brieftasche zu zücken und der Besucherin auf den Tisch zu legen, was für den Weiterbau benötigt wurde.

»Wir haben uns oft gefragt, wo in aller Welt er stets so viel Geld herbekam«, erzählte Frau Novak dem Untersuchungsausschuß. »Als ich ihn mal fragte, lächelte er bloß und antwortete: ›Ich hab' nun mal viele Freunde.‹«

Anfang 1962 wird Alfred Novak des weißen Elefanten, wie man in den Staaten oft das besonders Ausgefallene und Kostspielige bildhaft nennt, und den ihm sein Partner aufgebürdet hat, überdrüssig und, wie es scheint, des Lebens auch.

Am 3. März – rund vier Monate vor der geplanten Eröffnung des Carousel – findet Gertrude Novak ihren Mann tot am Boden der Garage liegend auf. Die Garagentür ist geschlossen, und der Motor läuft. Alles deutet darauf hin, daß Alfred Novak infolge einer Vergiftung durch Auspuffgase ums Leben gekommen ist.

Selbstmord durch Anlassen eines Motors im geschlossenen Raum kommt besonders in Amerika häufig vor. Den Umständen nach wäre kaum daran zu zweifeln gewesen, daß Novak diesen verhältnismäßig leichten Ausweg aus seinen Schwierigkeiten gesucht hätte.

Die junge Witwe will jedoch nicht an Selbstmord glauben. Sie besteht darauf, daß es ein Unfall gewesen sei, und erreicht auch, daß ein Totenschein ausgestellt wird, auf dem als Todesursache schlicht ein Versagen des Herzens und der Atmung (»cardio-respiratory failure«) angegeben ist. Infolgedessen muß ihr die Versicherungsgesellschaft 45 000 Dollar Lebensversicherung auszahlen, während sie bei Feststellung von Selbstmord keinen Cent bekommen hätte. Und – merkwürdig – die Abwicklung dieses Falles läuft ausgerechnet über jene Versicherungsagentur, die von Don Reynolds geleitet wird und an der Bobby Baker als stiller Partner beteiligt ist.

Durch den Tod ihres Mannes ist Gertrude Novak zu fast gleichen Teilen Geschäftspartnerin von Bobby Baker am Carousel-Unternehmen geworden (sie war schon früher zu einem kleinen Prozentsatz daran beteiligt, ebenso wie ihr Schwager Donald Novak, der Bruder Alfreds). Dank der ihr ausgezahlten Lebensversicherung ist sie jetzt auch ganz gut bei Kasse. Trotzdem hapert es weiter, da der Bau des Luxusmotels laufend Unsummen verschlingt.

Im gleichen Monat März 1962, in dem Alfred Novak das Zeitliche gesegnet hat, braust ein verheerender Orkan über die Ostküste der USA und richtet großen Sachschaden an. Auch das noch nicht ganz fertiggestellte Carousel wird von dem Sturm arg betroffen.

Bobby Baker weiß sich jedoch, wie immer, zu helfen. Er versteht es sogar, aus dem Sturmschaden doppelten Nutzen zu ziehen. Erstens, indem er auf seiner nächsten Einkommensteuererklärung den stattlichen Betrag von 27 200 Dollar zum Ausgleich des erlittenen Schadens absetzt; das zuständige Finanzamt hat dagegen nichts einzuwenden. Zweitens bietet sich ihm jetzt eine ausgezeichnete Gelegenheit, einen billigen Kredit zur Finanzierung des Weiterbaus zu bekommen. Allerdings muß dabei ein bißchen gemogelt werden, doch das kann einem Bobby Baker keine schlaflosen Nächte bereiten.

Versuchen wir, die reichlich komplizierte Angelegenheit auf einen einfachen Nenner zu bringen. Da gibt es in Amerika ein Amt, das sich »Small Business Administration« (SBA) nennt. Zu seinen Aufgaben gehört es vor allem, kleinen Geschäftsleuten in besonderen Notlagen durch Bereitstellung von Kapitalien zu niedrigen Zinssätzen helfend unter die Arme zu greifen.

Baker – an sich bestimmt kein »kleiner Geschäftsmann« – rechnet sich aus: Wenn ich jetzt bei einer Privatbank einen Kredit zur Finanzierung des Weiterbaus am Carousel aufnehme, muß ich mindestens 6% Zinsen bezahlen und bekomme eine Laufzeit von höchstens 15 Jahren. Beim SBA dagegen könnte ich ein Darlehen auf 20 Jahre und zu einem Zinssatz von nur 3% in Anspruch nehmen. Da würde es sich lohnen, diesen Weg zu beschreiten.

Nur, die Sache hat einen kleinen Haken. Als Baker bei SBA seinen Antrag auf ein »Katastrophendarlehen« in Höhe von 54 450 Dollar einreicht, wird ihm als Vorbedingung die Auflage gemacht, er müsse dem Amt nachweisen, daß er und seine Partner in den Bau des Carousel mindestens 160 000 Dollar aus *eigenen Mitteln* gesteckt hätten beziehungsweise noch darin investieren könnten.

Tatsächlich kann Baker bisher nur eine Einlage von rund 60 000 Dollar nachweisen, da auf dem Bau schon eine große Hypothek lastet. Er kann auch nicht kurzfristig weitere 100 000 Dollar zur Selbstfinanzierung flüssigmachen. Doch findet sich bald der richtige Dreh, um das SBA-Darlehen doch möglich zu machen.

Baker unterhält bei der American National Bank ein Konto und ist mit dem Direktor der Filiale, W. H. Lasher, gut befreundet. Dieser erklärt sich bereit, Bobby 100 000 Dollar für 14 Tage zu leihen. Aber nur zum Schein, denn die Transaktion läuft über ein Sonderkonto, das den Vermerk »nonwithdrawable« (nicht abhebbar) trägt. Immerhin, in dem Augenblick, als Baker die ihm von Lasher gepumpten 100 000 Dollar auf dieses Konto einzahlt, bekommt er von der Kasse eine entsprechende Quittung.

Mit diesem Schein, der ihn nach außen hin als Inhaber eines Bankkontos in Höhe von 100 000 Dollar ausweist, führt Baker nun dem SBA gegenüber den Nachweis, daß er sofort weitere hunderttausend in dem Bauunternehmen zu investieren imstande sei. Daß dieses Geld in Wirklichkeit gar nicht verfügbar ist, bleibt sein Geheimnis, bis die Geschichte zwei Jahre später vor dem Untersuchungsausschuß zur Sprache kommt. Dabei nimmt besonders Senator Scott kein Blatt vor den Mund: »Das Ganze war meiner Ansicht nach ein Schwindelmanöver«, erklärt er unumwunden. »Es war glatter Betrug, um das SBA hinters Licht zu führen.«

Auch Meredith H. Hoffmaster, ein leitender Beamter dieser Behörde, der seinerzeit Bakers Darlehensantrag bearbeitet hatte, sagt vor dem Ausschuß aus, daß er hinters Licht geführt worden sei.

»Wenn ich gewußt hätte, daß die laut Einlageschein verfügbaren 100 000 Dollar in Wirklichkeit blockiert waren«, erklärte er, »dann hätte ich selbstverständlich nicht das Darlehen bewilligt.«

Im Einklang mit diesen Feststellungen gibt der Generalanwalt des SBA, Fredric Suss, dann dem Ausschuß bekannt, daß er sich bereits mit dem Justizdepartment in Verbindung gesetzt habe, um die Frage einer strafrechtlichen Verfolgung dieser Angelegenheit zu prüfen.

Damit ist Bobby Baker zum erstenmal in bedrohliche Nähe einer Gefängnisstrafe geraten. Nach dem Gesetz wird nämlich mit Gefängnis bis zu fünf Jahren und einer Geldstrafe bis zu 10 000 Dollar bestraft, wer ein Darlehen aus öffentlichen Mitteln unter Vorspiegelung falscher Tatsachen beantragt. Doch scheint es, daß der aalglatte Bobby sich doch noch irgendwie aus dieser Affäre ziehen konnte, denn von der Einleitung eines strafrechtlichen Verfahrens gegen ihn in dieser Sache hat man bisher nichts vernommen. Das besagt jedoch nicht, daß es nicht doch noch über kurz oder lang dazu kommen kann. Die Mühlen der amerikanischen Justiz mahlen langsam, sehr langsam, wenn es sich um einflußreiche Persönlichkeiten handelt – aber mahlen tun sie meistens doch.

Auch ein Zivilprozeß mit hohen Schadenersatzansprüchen droht Bobby Baker aus der Carousel-Affäre noch zu entstehen. Erst die Verhandlungen vor dem Untersuchungsausschuß haben nämlich ergeben, daß und wie Baker bei diesem Geschäft seine Partner, die Familie Novak, übers Ohr gehauen hat.

Kurz vor Alfred Novaks Tod, so erfährt man jetzt, erhielt Baker ein verlockendes Angebot von Robert F. Thompson, Generaldirektor der Tecon Corporation (Dallas), einer großen Baufirma, die zu dem Riesenkonzern des Ölmagnaten Clint Murchison Jr. gehört. Über die vielseitigen und engen Beziehungen zwischen diesem und Bobby Baker wird noch an anderer Stelle Weiteres zu berichten sein. Hier interessiert, daß Thompson sich im Auftrag Murchisons erbot, das Carousel für anderthalb Millionen Dollar zu kaufen. Da dieses Angebot erheblich über den tatsächlichen Baukosten von rund einer Million lag, hätten die Novaks ebenso wie Baker damit ein glänzendes Geschäft gemacht. Auch Alfred Novaks Geldsorgen wären mit einem Schlag verschwunden gewesen, und er wäre wohl noch am Leben – wenn ...

Ja, wenn Bobby Baker seinen Partnern von diesem Angebot etwas gesagt hätte. Das tut er aber nicht, sondern er lehnt es in geheimen Verhandlungen mit Thompson ab. Einige Monate später eröffnet Baker dann der Witwe Novak und ihrem Schwager Donald, daß ihm ein glänzendes Kaufangebot von seiten einer zahlungskräftigen Firma vorliege, das man seiner Ansicht nach unbedingt annehmen solle. Die betreffende Gesellschaft, Serv-U Corporation, sei bereit, eine Million Dollar in bar für das inzwischen in Betrieb genommene Motel zu bezahlen.

Nach einigem Zögern – denn jetzt geht das Geschäft gut – erklären auch Gertrude und Donald Novak sich bereit, dem Verkauf zuzustimmen. Sie ahnen nämlich nicht, daß der eigentliche Besitzer von Serv-U Corporation kein anderer ist als ihr treuloser Geschäftspartner Bobby Baker. Im Februar 1963 kommt die Transaktion zustande, und nun kann Bobby im Carousel ganz nach eigenem Gutdünken schalten und walten.

Inzwischen hat – im Juli 1962 – die feierliche Eröffnung des Carousel Motels stattgefunden.

Dabei geht es hoch her. In sieben riesigen Charterbussen, alle mit Klimaanlage und Bar ausgestattet, befördert Bobby Baker rund 200 seiner politischen Gönner und Geschäftsfreunde von Washingthon nach Ocean-City, damit sie der Einweihung des Motels als Ehrengäste beiwohnen. Dabei fließen Whisky und Champagner in Strömen, es wird getafelt und getanzt.

Wie Senator Williams später feststellen konnte, trieb Baker bei dieser Gelegenheit die schamlose Ausnutzung seines Amtes so weit, daß er den Geschäftsführer des Senatsrestaurants, Robert Sonntag, dazu bewog, ihm Speisen und Getränke, Tischtücher, Geschirr, Bestecke usw. für seinen rein privaten Geschäftsbetrieb zur Verfügung zu stellen.

Zu den prominenten Persönlichkeiten, die an der Eröffnungsfeier teilnahmen, gehören auch der damalige Vizepräsident Lyndon B. Johnson und seine Gemahlin, die allerdings nicht im Bus, sondern im eigenen Wagen die Fahrt nach Ocean City machen.

Wie man erst viel später erfahren hat, ist auch der Führer der republikanischen Minderheit im Senat, Everett McKinley Dirksen, häufig im Carousel zu Gast gewesen. Unter anderem hat der Berufslobbyist Stanley L. Sommer bestätigt, daß er in diesem Motel für eine Jahresgebühr von 2000 Dollar eine Suite belegt hat, um sie seinen Kunden und politischen Freunden – darunter auch Senator Dirksen – reihum zur Verfügung zu stellen (New York Herald Tribune, 1. April 1964). Dirksen hat auch gar nicht bestritten, daß er im Sommer Gast im Carousel Bobby Bakers gewesen sei.

Diese Tatsache macht die bemerkenswerte Zurückhaltung, deren sich die Republikanische Führung in Sachen Baker befleißigt hat, ohne weiteres verständlich.

Nur ein kleiner Rechenfehler

In Washington soll ein neues Stadion gebaut werden, jedoch nicht zum Nutzen der Allgemeinheit, sondern als privater Tummelplatz der Berufssportverbände »Redskins« und »Senators«. Damit zu diesem Zweck Gelder flüssig gemacht werden können, muß vom Kongreß ein besonderer Gesetzentwurf verabschiedet werden.

Bobby Baker, der den Plan für den Stadionbau ausgeheckt hat – mit welchen Hintergedanken, werden wir gleich sehen –, weiß auch, wie die Sache angefaßt werden muß, um reibungslos über die Bühne zu gehen. Er kennt – natürlich – den demokratischen Abgeordneten John L. McMillan, der als Vorsitzender des Ausschusses für den Distrikt von Columbia (D.C.), der Bundesdistrikt, in dem sich die Hauptstadt Washington befindet, bei allen derartigen Plänen ein gewichtiges Wort mitzusprechen hat. Und er ist eng befreundet mit William N. McLeod Jr., dem geschäftsführenden Sekretär (Clerk) eben dieses Ausschusses.

Wie es sich trifft, verspürt um diese Zeit, das heißt Anfang 1960, der Abgeordnete McMillan einen dringenden Bedarf nach einem neuen Cadillac im Werte von 5100 Dollar, er hat aber im Augenblick nicht die zum Ankauf eines solchen Prestigewagens erforderlichen Mittel zur Hand. Zum Glück hat McMillan einen ebenso hilfsbereiten wie gutbemittelten Freund, nämlich jenen Versicherungsagenten Don B. Reynolds, von dem wir schon wissen, daß er zu dieser Zeit noch ein reger Geschäftspartner Bobby Bakers war. Reynolds erwirbt also den Traumwagen für eigene Rechnung und schätzt sich glücklich, ihn seinem Freund McMillan verehren zu dürfen. Später will McMillan den Kaufpreis zurückbezahlt haben, aber erst nachdem die Geschichte herausgekommen ist.

Mit tatkräftiger Unterstützung McMillans und der emsigen Mithilfe McLeods, der nur zu gut weiß, daß zu gegebener Zeit auch etwas für ihn abfallen soll, wird der Gesetzentwurf spielend verabschiedet. Nicht weniger als 17 Millionen Dollar werden vom Ausschuß für den Bau des Stadions bewilligt.

Nun muß nach dem Gesetz für den Bau eine Ausschreibung erfolgen, so daß man die Angebote mehrerer Bauunternehmer vergleichen und dem günstigsten den Vorzug geben kann. So jedenfalls ist die Theorie; die Praxis sieht in Wirklichkeit anders aus.

Schon längst sind sich nämlich Bobby Baker und seine Freunde darüber klargeworden, wer den Zuschlag erhalten soll. Der Mann heißt Matthew H. McCloskey, ist Bauunternehmer in Philadelphia, eingeschriebenes Mitglied der Demokratischen Partei und – was den Ausschlag gibt – seit acht Jahren Schatzmeister des Hauptvorstandes (National Committee) dieser Partei.

Als Baumeister hat sich McCloskey keine Lorbeeren erworben. Seit Jahren prozessiert die Regierung gegen ein von ihm geleitetes Konsortium, das ein Krankenhaus für Kriegsversehrte in Boston baute und dabei so viel Fehlleistungen vollbrachte, daß ein Schaden in Höhe von fast 5 Millionen Dollar entstand.

Die Partei aber, aus der die gleiche Regierung hervorgegangen ist, weiß McCloskeys Verdienste zu schätzen, gilt er doch als der tüchtigste »fundraiser« (Parteifunktionär, der Wahlgelder beschafft) seit Menschengedenken. Ihm ist der großartige Einfall der »Hundert-Dollar-Essen« zu verdanken, zu denen in Wahlzeiten das Parteigefolge zusammengetrommelt wird. Es sind das politische Festessen, bei denen in der Regel recht bescheidene Kost zum horrenden Preis von 100 Dollar je Gedeck verabreicht wird. Mehr als 90% des Erlöses fließt der Parteikasse zu. Dafür darf aber das brave Parteimitglied, das sich diesen Luxus erlaubt hat, damit rechnen, daß sich die Funktionäre gelegentlich seiner Interessen annehmen werden.

Damit bei der »Ausschreibung« nicht etwa der Vertrag für den Bau des Stadions in falsche Hände gerät, beruft Bobby Baker im

Frühjahr eine Sitzung in seinem Büro ein, an der außer ihm selbst sein Partner Reynolds, McMillan, McLeod und McCloskey teilnehmen. Wie die Herren es geschafft haben, vermeldet die Geschichte nicht, aber die Tatsache ist jedenfalls, daß McCloskey als Sieger aus dem »Wettbewerb« um den fetten Regierungsauftrag hervorging. Sein Angebot beläuft sich auf 14 Millionen Dollar für den Bau des Stadions, und für diesen »günstigen« Preis bekommt er den Zuschlag. Als dann schließlich das Stadion fertig ist, stellt sich allerdings heraus, daß es den Bund insgesamt 22 Millionen gekostet hat, das heißt 8 Millionen mehr als das von McCloskey gemachte Angebot und 5 Millionen mehr, als der Kongreß für den Bau bewilligt hat.

McCloskey hat also recht gut verdient, und so kann er es sich auch leisten, seinerseits ein bißchen großzügig zu sein. Wie Don Reynolds vor dem Untersuchungsausschuß aussagt, hat er von McCloskey 35 000 Dollar Provision erhalten und auftragsgemäß wie folgt verteilt: 25 000 waren an die Kasse der Demokratischen Partei abzuführen; 4000 Dollar bekam Bobby Baker; der andere dienstfertige Staatsbeamte McLeod bekam 1500 Dollar, und den Rest von etwa 4500 Dollar durfte Reynolds für sich selbst behalten.

In seiner Aussage vor dem Untersuchungsausschuß hütet sich McCloskey wohlweislich, die Zahlung der fraglichen 35 000 Dollar an Reynolds glattweg abzustreiten, denn dieser hat genug Belege in der Hand, um seine Behauptungen erhärten zu können. Der Bauunternehmer sucht sich jedoch in einer gewundenen Erklärung damit herauszureden, daß die Zahlung ein »Irrtum der Buchhaltung« gewesen sei. Er stellt die Dinge so dar: Nach der Übernahme des Auftrages, das Stadion zu bauen, habe er über die Versicherungsagentur Reynolds einen »performance bond«, das heißt eine Leistungsgarantie aufgenommen, für die Don Reynolds die normale Provision bekommen sollte. Bei der Berechnung dieser Provision sei jedoch der Buchhaltung ein Rechenfehler unterlaufen, so daß eine Überzahlung in Höhe von 35 000 Dollar zustande kam.

Was von dieser »Erklärung« zu halten ist, das hat die New York Times am 5. Dezember 1964 in einem scharfen Leitartikel treffend gekennzeichnet: »Matthew H. McCloskey, Baumeister aus Philadelphia und erfolgreichster Kassenwart der Demokraten, erklärt, daß jemand in seiner Firma einen Bock geschossen habe, so daß für die Versicherung des im District of Columbia zu bauenden Stadions 35 000 Dollar zuviel bezahlt wurden. Nach der Darstellung des Herrn McCloskey dachte er niemals daran, sich des geschäftigen

(›ubiquitous‹) Bobby Baker und seines redseligen Versicherungspartners Don Reynolds zu bedienen, um der Demokratischen Partei für ihren Wahlfonds von 1960 unauffällig Geld zukommen zu lassen. Nein, gewiß nicht ... Es freut uns, daß McCloskey eine Erklärung für dieses merkwürdige Geschäft gefunden hat. Er galt bisher nicht als ein Mann, der in seiner Firma teure ›Böcke‹ schießen läßt, aber jeder kann sich ja mal irren. Nun wäre es interessant zu erfahren, ob McCloskey wirklich Reynolds wegen ungerechtfertigter Bereicherung verklagen wird ...«

Das wäre natürlich der einzige Weg gewesen, wie McCloskey seine phantastische Erklärung auch nur annähernd hätte glaubhaft erscheinen lassen können. Er hat sich wohl gehütet, diesen Weg zu beschreiten.

Karibische Geschäfte

Wenige Monate bevor Bobby Baker durch sein Doppelspiel mit Mr. Hill ins Stolpern gerät, erspäht sein wachsames Auge eine neue Gelegenheit, viel Geld rasch zu verdienen, dieses Mal außerhalb der engeren Landesgrenzen.

Lassen wir den Reporter Wallace Turner von der New York Times diese Geschichte erzählen. In der Ausgabe vom 7. November 1963 schreibt er unter der Überschrift »Baker half einem Glücksspieler aus Nevada, Geschäfte zu machen«:

»Robert G. Baker ist als Mittelsmann für einen prominenten Glücksspieler aus Las Vegas, der ausgedehnte Verbindungen zu berüchtigten Unterweltkreisen besitzt, tätig gewesen ...

Seit Wochen haben Beamte, die mit der Untersuchung des Falles Baker nicht direkt zu tun haben (damit ist anscheinend Senator Williams gemeint), privat zum Ausdruck gebracht, daß dieser Glücksspieler aus Las Vegas behilflich gewesen sei, sich in Geschäftsbranchen einzunisten, die im Gegensatz zum Glücksspiel in allen Bundesstaaten legal sind.

Gestern beklagte sich ein leitender Angestellter eines der größten und angesehensten Geschäftskonzerne im Lande, nämlich Pan American World Airways, darüber, daß Mr. Baker ihn und seine Gesellschaft in Verbindung mit drei Glücksspielern aus Nevada gebracht habe, so daß jetzt die Pan American in den Fall Baker verwickelt sei.

Nach der Darstellung, die dem Vertreter der New York Times

gestern von John Gates, dem Präsidenten der Intercontinental Hotels, Inc., einer zur Pan American gehörenden Hotelgesellschaft, gegeben wurde, verhielten sich die Dinge so:

Im vergangenen Juni trat Baker an Samuel Pryor, einen Vizepräsidenten von Pan American, heran und bat ihn, eine geschäftliche Besprechung zwischen ihm selbst und einem Freund einerseits und Mr. Gates andererseits in die Wege zu leiten. Bei dieser Besprechung sollten eventuelle Angebote für Spielkonzessionen in den von Pan American betriebenen Hotels in Curaçao, Niederländisch Westindien, sowie in der Dominikanischen Republik erörtert werden.

Dazu erklärte Mr. Gates: ›Es gibt dort Spielkasinos, mit deren Betrieb wir jedoch selbst nichts zu tun haben wollen. Darum sollen sich andere Leute kümmern. Für unsere Gesellschaft ist das Glücksspiel in diesen Kasinos nur eine Quelle des Ärgers.‹

Der Freund, den Bobby Baker zu diesem Gespräch mit Mr. Gates mitgebracht hat, ist kein anderer als jener Edward Levinson, von dem wir schon wissen, daß er, zusammen mit anderen Berufsspielern aus Nevada, Großaktionär in Bakers Serv-U Automatenverkaufs-Gesellschaft ist.

Bei ihrer ersten Begegnung im Juni 1963«, so heißt es in dem Times-Artikel weiter, »stellte Baker seinen Freund Levinson dem Mr. Gates als einen sehr erfolgreichen Geschäftsmann aus Las Vegas vor, der sich auch für Spielkonzessionen interessiere, und erkundigte sich, ob für ihn in den beiden von der Pan American in Curaçao und Santo Domingo betriebenen Hotels etwas zu machen sei.

Mr. Gates sagte, er habe seinen Besuchern erklärt, daß seine Gesellschaft nicht Eigentümerin des Hotels in Curaçao sei, sondern dieses nur betreibe. Das Recht, die Spielkonzession für das dortige Kasino zu vergeben, liege bei den Eigentümern des Hotels, doch habe Pan American ein Mitbestimmungsrecht bei der Auswahl des Konzessionärs. Dagegen könne die Gesellschaft bei dem anderen Hotel, in Santo Domingo, die Spielkonzession selbst vergeben.

Mr. Gates teilte den Herren Baker und Levinson mit, daß die Eigentümer des Hotels in Curaçao Angebote für die Kasinokonzession im September entgegennehmen würden. Er wies sie auch darauf hin, daß auch ein anderer Berufsspieler aus Nevada, ein Mann namens Clifford Jones, Interesse an den Konzessionen bekundet habe.«

Im Juli fand auf Ersuchen Bakers eine zweite Besprechung statt, so erfährt man weiter aus dem Bericht der New York Times. Dieses

Mal brachte Baker nicht nur seinen Partner Levinson, sondern auch den oben erwähnten Clifford Jones sowie einen gewissen Jacob Kozloff mit, der zusammen mit Jones schon vier kleinere Spielkasinos im Karibischen Raum betreibt.

Mr. Jones ist dem New Yorker Blatt zufolge auch eine politisch bedeutende Persönlichkeit, war er doch früher einmal Stellvertretender Gouverneur seines Heimatstaates Nevada. Zu Zeiten des Batista-Regimes in Kuba, so erfährt man weiter, war Jones an dem von der damaligen Regierung unterstützten Kasinobetrieb in Havanna beteiligt.

»In einem Ferngespräch mit dem Vertreter der New York Times«, so heißt es danach, »erklärte Mr. Jones, daß er schon seit Jahren mit Mr. Baker gut bekannt sei, sowie daß er ihn gebeten habe, die Besprechung mit Gates zu arrangieren. Erst viel später, sagte Jones, habe er erfahren, daß Baker statt dessen seinen anderen Freund, Mr. Levinson, bei der Pan American eingeführt habe . . .«

Also wieder ein »doublecross« ersten Ranges. Bobby Baker kennt sie alle, die prominenten Berufsspieler aus dem Kasinostaat Nevada, ob sie Jones, Kozloff, Levinson, Sigelbaum oder Torres heißen. Mal verbündet er sich mit dem einen, dann mit dem anderen, um dunkle Geschäfte zu betreiben. Von Freund Jones zu Pan American geschickt, um Konzessionsgespräche anzubahnen, bringt er statt dessen Freund Levinson zu der Besprechung mit, wohl weil dieser schon Teilhaber in seinem Automatenbetrieb ist.

Im Endeffekt wird aus all diesen Manövern nichts, weil der Hauptbeteiligte, Bobby Baker, sich in eben jenem Monat September 1963, in dem die Spielkonzessionen vergeben werden sollen, heillos kompromittiert, so daß die Hotelbesitzer von Curaçao und Santo Domingo natürlich nichts mehr mit ihm zu tun haben wollen.

In diesem Zusammenhang mag noch erwähnt werden, daß Baker, laut einem anderen in der New York Times erschienenen Bericht (20. Dezember 1963) zu Lebzeiten des im Mai 1961 ermordeten dominikanischen Diktators Trujillo mit diesem in reger Verbindung stand.

»Zu den Leuten in Washington, mit denen die Beamten und Geschäftsfreunde Trujillos engen Umgang pflegten, gehörte auch Robert G. Baker«, berichtete das genannte Blatt von Informationen, die sich sein Reporter Tad Szulc aus »Geheimarchiven in der dominikanischen Hauptstadt« beschafft hatte.

Offenbar hat Baker schon damals die Grundlage für seine späteren Bemühungen um den Spielbetrieb in Santo Domingo gelegt, denn es ist wohlbekannt, daß Trujillo das Glückspiel mit allen Mitteln gefördert und selbst Millionen daran verdient hat.

Auch am anderen Ende der schönen, aber rauhen Insel Hispaniola, nämlich in der dunkelhäutigen Republik Haiti, hat Bobby Baker allerhand undurchsichtige Geschäfte gemacht, wie man aus den spärlichen Einzelheiten, die darüber im Laufe der Untersuchung bekannt wurden, ersehen kann.

Bakers enge Beziehungen zum Konzern des Ölmagnaten Clint Murchison Jr. und zu dessen Mitarbeiter Robert F. Thompson, Dallas, Texas, wurden schon an anderer Stelle erwähnt. Übrigens hat Thompson auf eine von einem Mitglied des Untersuchungsausschusses an ihn gerichtete Frage ganz offenherzig geantwortet: »Ich glaube, es war im Büro von Lyndon B. Johnson, daß ich ihn zuerst getroffen habe.«

Anfang 1959 überlegt man sich im Hause Murchison, ob nicht mit der Einfuhr von Schlachtfleisch aus Haiti in die Vereinigten Staaten und Puerto Rico ein gutes Geschäft zu machen sei. Abnehmer dafür würde es sicher in Hülle und Fülle geben, da die geringeren Produktionskosten in Haiti einen Absatz zu niedrigen Preisen möglich machen würden, ohne den Gewinn zu beeinträchtigen.

Die Sache hat nur einen Haken. Die hygienischen Zustände in Haiti sind so schlecht, daß das amerikanische Department für Landwirtschaft sich bisher geweigert hat, Lizenzen für den Fleischimport aus diesem Lande zu vergeben.

Daher beschließt Murchison, im Verein mit zwei New Yorker Geschäftsleuten, eine besondere Gesellschaft »Haitian-American Meat and Provision Company« (Hampco) zu gründen, die in Port-au-Prince auf Haiti eine »sanitäre« Schlachterei und Konservenfabrik aufmachen soll. Eine halbe Million Dollar werden in das Projekt investiert.

Dann aber gibt es eine unvorhergesehene Panne. Als die Anlage in Port-au-Prince fertigsteht und in Betrieb genommen werden soll, läßt Dr. Edward A. Murphy, der für die Fleischkontrolle zuständige Beamte beim Department für Landwirtschaft, eine Inspektion des angeblich »sanitären« Betriebes vornehmen, die völlig negativ ausfällt. Daraufhin wird die Einfuhr der Hampco-Produkte nach USA und Puerto Rico von der Regierung in Washington untersagt.

Was nun? Zu Bobby Baker gehen, natürlich. Der wird die Sache schon irgendwie deichseln. Er hat es auch geschafft. Nachdem Baker an der richtigen Stelle im Department of Agriculture vorstellig wurde, erteilte das Amt auf Grund einer nochmaligen Inspektion die Einfuhrgenehmigung, ohne daß sich die hygienischen Verhältnisse in dem Schlachtereibetrieb der Hampco nennenswert geändert hätten. Es steht ja auch nur die Volksgesundheit auf dem Spiel!

Die Gegenleistung für diese treuen Dienste läßt auch nicht lange auf sich warten. Wie ein Vertreter des Murchison-Konzerns, Thomas D. Webb Jr., vor dem Untersuchungsausschuß zugegeben hat, verpflichtete sich die Hampco, an Baker zehn Prozent ihres Reingewinns bis zu einer Höchstgrenze von 30000 Dollar im Jahr abzuführen.

Nicht genug damit, überläßt die Geschäftsleitung der Hampco es dem wendigen Bobby Baker nun auch noch, die rechten Abnehmer für die fragwürdigen Fleischprodukte aus Port-au-Prince zu finden, die vor allem für die ärmeren Eingeborenen in Puerto Rico bestimmt sind.

Da ein feiner Mann wie Bobby Baker natürlich nicht selbst mit Fleisch hausieren geht – er muß ja auch seinen Dienst im Senat versehen –, wendet er sich nun an einen seiner zahlreichen Freunde in der Regierung, Señor José A. Benitez, um die Sache in Schwung zu bringen.

Benitez, der selbst Portorikaner ist, bekleidet im Innenministerium zu Washington einen hohen Posten. Er ist Stellvertretender Hoher Kommissar für die amerikanischer Obhut anvertrauten Inselgruppen im Pazifischen Ozean (Pacific Trust Territories). Diese verantwortungsvolle Amtsstellung hindert ihn jedoch nicht, es so einzurichten, daß er die meiste Zeit in Washington verbringt, um von dort aus einträgliche Privatgeschäfte zu betreiben.

Señor Benitez kennt sich natürlich in seiner engeren Heimat aus, und so dauert es auch nicht lange, bis er den rechten Mann gefunden hat, der den Import und Vertrieb der Hampco-Produkte übernehmen soll. Der heißt Andreas Lopez Curet und betreibt in San Juan, der Hauptstadt von Puerto Rico, einen schwunghaften Fleischhandel.

So braucht sich Bobby Baker kaum aus seinem bequemen Lehnstuhl im Senatsgebäude zu erheben, um dieses vielseitige und allseits einträgliche Geschäft in Ordnung zu bringen. Dabei fließen ihm sowohl von seiten des Verkäufers wie von seiten des Käufers der Hampco-Produkte saftige Provisionen zu. Denn außer den schon oben erwähnten zehn Prozent vom Reingewinn der Gesellschaft bekommt er auch noch einen »Finderlohn« – ja, dieser merkwürdige Ausdruck findet sich tatsächlich im Protokoll des Untersuchungsausschusses – in Höhe von einem Cent je Pfund Fleisch, das aus Haiti nach Puerto Rico eingeführt wird. Er muß den »Finderlohn« allerdings mit Benitez teilen.

Das ist kein schlechtes Geschäft, wie die sprunghafte Entwicklung der Fleischeinfuhr aus Haiti nach Puerto Rico beweist. Von praktisch Null im Vorjahr steigt sie auf 1,6 Millionen Pfund im Finanzjahr 1961/62 und auf 2,7 Millionen Pfund im darauffolgenden Jahr.

Und von jeden hundert Pfund fließt ein Dollar in die Taschen des geschäftstüchtigen Senatsbeamten Bobby Baker und seines Vermittlers.

Der große Schweiger

Als Bobby Baker im September 1963 die Gefahr einer schonungslosen Bloßstellung auf sich zukommen sieht, wendet er sich hilfesuchend an einen alten Bekannten, den Rechtsanwalt Abe Fortas, der als einer der fähigsten Juristen des Landes gilt.

Fortas ist nicht nur ein außerordentlich tüchtiger Anwalt, sondern er zählt zu seinem Klientenkreis auch einige der prominentesten Persönlichkeiten aus Politik, Wirtschaft und Gesellschaft, darunter Vizepräsident Lyndon B. Johnson.

Schon im Jahre 1948 erweist Fortas dem damaligen Abgeordneten Johnson einen großen Dienst. Bei der Senatswahl im Herbst des genannten Jahres ist Johnson mit der außerordentlich knappen Mehrheit von nur 87 Stimmen durchs Ziel gegangen. Sein Gegner, Coke Stevenson, will sich nicht geschlagen geben und ficht das Wahlergebnis an. Daraufhin läßt Johnson seine Sache am Obersten Gericht durch Fortas vertreten. Er gewinnt; die Wahl Johnsons zum Senator wird bestätigt. Eine große Karriere beginnt.

Seitdem ist Fortas Johnsons unzertrennlicher Freund und Berater in allen juristischen Fragen. Wie goße Stücke der Präsident auf Fortas hält, zeigt sich erneut am 28. Juli 1965, als er ihn zum Richter am Obersten Gericht der Vereinigten Staaten ernennt. (Im Mai 1969 wurde Richter Fortas zum Rücktritt gezwungen, nachdem er hatte zugeben müssen, von einem im Gefängnis sitzenden Großbetrüger 20 000 Dollar angenommen zu haben.)

Es ist also gewiß kein schlechter Schachzug Bobby Bakers, daß er ausgerechnet bei dieser »großen Kanone« Schutz sucht. Johnson, der zu dieser Zeit noch Vizepräsident ist, hat nichts dagegen, daß sein Rechtsanwalt auch seinen ehemaligen Günstling betreut, zumal dieser unter Umständen recht unbequem werden könnte.

Erst nachdem er am 22. November 1963 Präsident geworden ist, zieht Johnson den großen Trennungsstrich zwischen sich und dem jungen Mann, den sein Herz früher Bobby nannte – dafür aber jetzt um so gründlicher. Und nun muß auch Fortas die unvermeidlichen Konsequenzen aus dieser veränderten Haltung ziehen. Anfang Dezember legt Fortas sein Mandat als Anwalt Bakers nieder mit der Begründung, daß er es nicht länger mit seiner Stellung als juristischer Berater des neuen Präsidenten vereinen könne.

Der immer geistesgegenwärtige Baker aber weiß sich Rat. Anstelle von Fortas holt er sich nun den wohl berühmtesten aller amerikanischen Rechtsanwälte, Edward Bennett Williams, der schon manchem großen Gauner aus der Patsche geholfen hat. Schon allein mit seiner stattlichen Erscheinung, seinem von grauer Lockenpracht umrahmten Charakterkopf und seiner wohlmodulierten Tenorstimme macht Williams unfehlbar Eindruck vor Gericht. Wenn er die Stimme erhebt, grollend, beschwörend, wird es mäuschenstill im Gerichtssaal.

Dieses Mal allerdings zieht der große Redner das goldene Schweigen vor und macht es auch seinem Mandanten zur Pflicht; nicht ein Sterbenswörtchen soll er dem Gehege seiner Zähne entfliehen lassen.

So kommt es am 25. Februar 1964 zu einer lautlos bewegten Szene vor dem Untersuchungsausschuß. Nach langem Hin und Her hat Baker endlich eingewilligt, selbst vor dem Ausschuß zu erscheinen, doch eigentlich nur um zu sagen, daß sein Name Hase ist.

Freundlich lächelnd, das frische Knabengesicht von keiner Sorgenfalte getrübt, betritt Bobby Baker an der Seite seines eminenten Verteidigers den Sitzungssaal. Dieser hat schon vor der Sitzung dafür gesorgt, daß die Fernsehleute, die sich in hellen Scharen um Baker drängen, aus dem Saal gewiesen werden. Kein Film, kein Fernsehstreifen darf von der Verhandlung aufgenommen werden.

Dabei ist es eine ganz leere Schau, die nicht ein Jota zur Aufhellung der Affäre beiträgt. Denn Baker schweigt beharrlich, wie es ihm sein Anwalt Williams geraten hat. Dieser meint, es handle sich bei dem Verfahren um einen »Prozeß der Legislative«, der unzulässig sei. Hat sich sein Mandant strafbar gemacht, so sei es Sache der ordentlichen Gerichte, ihn dafür zur Rechenschaft zu ziehen.

Insgesamt 121 Fragen werden an Baker gerichtet, vornehmlich von den republikanischen Ausschußmitgliedern Scott, Curtis und Cooper. Ebenso oft beruft sich Baker auf das von der Verfassung gewährleistete Recht, die Aussage zu verweigern, wenn er sich damit selbst belasten würde. Ebenso unermüdlich wie monoton leiert er den Text herunter, den ihm sein Anwalt vorgeschrieben hat: »Ich verweigere die Aussage unter dem Schutz des fünften Zusatzes der Verfassung.«

So nichtssagend die Antworten Bakers sind, so eindrucksvoll sind die an ihn gestellten Fragen, an denen man in so gut wie jedem Falle erkennt, daß sie auf Tatbeständen beruhen, die den betreffenden Senatoren bereits in Einzelheiten bekannt sind. Tatsächlich ist keine von ihnen aus der Luft gegriffen, sondern eine jede stützt sich auf einen Sachverhalt, der schon vorher durch andere Zeugenaussagen – insbesondere diejenigen des »Singvogels« Reynolds – belegt worden ist.

Nehmen wir zum Beispiel die Frage: »Haben Sie Ihr Büro im Capitol dazu benützt, dort Privatgeschäfte, wie zum Beispiel die Verfügung über große Geldbeträge in bar, zu betreiben?«

Daß Baker das in großem Stil getan hat, weiß der Ausschuß schon aus den beeideten Aussagen des Ralph Hill und der Gertrude Novak.

Auch die Frage: »Haben Sie bei dem Versuch, Spielkonzessionen außerhalb der Vereinigten Staaten zu erlangen, eine Rolle gespielt?« ist schon längst durch die Aussage von John Gates in positivem Sinne beantwortet worden.

»Stimmt es, daß Sie Lyndon Johnson ein Stereoplattengerät geschenkt haben?«

Eigentlich stimmt es nicht, denn der Apparat war Johnson ja nur auf Veranlassung Bakers, im übrigen aber auf Kosten Reynolds' verehrt worden. Nachdem aber der Präsident höchstpersönlich die Frage schon mit »ja« beantwortet hat, erübrigt sich eine Antwort von seiten Bakers.

»Haben Sie ein ›Kickback‹, eine Rückgewähr, in Höhe von 4000 Dollar aus der an Reynolds im Zusammenhang mit dem Bau des Stadions im District of Columbia bezahlten Provision erhalten?«

Wie wir gesehen haben, hat Reynolds diese Geschichte längst in allen Einzelheiten zum besten gegeben.

»Ist es zutreffend, daß Sie aus Import-Exportgeschäften mit Fleisch Geld bekommen haben, und war das nicht überhaupt ein Teil einer Abmachung, wodurch der Murchison-Konzern Ihnen ein Entgelt für vergangene oder zukünftige Dienste auf legislativem Gebiet bieten wollte?«

Neu ist an dieser Fragestellung nur die darin klar zum Ausdruck gebrachte Auffassung des betreffenden Senators, daß das ganze oben geschilderte Arrangement zwischen der Hampco und Bobby Baker nur dazu dienen sollte, diesem eine versteckte Vergütung dafür zukommen zu lassen, daß er seinen Einfluß im Kongreß dazu benutzte, die Interessen der Ölleute zu fördern. Insbesondere hat sich Baker, wie schon erwähnt, immer für die Erhaltung der Steuerprivilegien (Depletion Allowance) der Ölindustrie eingesetzt.

Am aufschlußreichsten von den weit über hundert Fragen, die auf Baker niederprasseln, sind diejenigen, die darauf abzielen, ein wenig Licht in das Halbdunkel seiner Amüsierbetriebe zu bringen. Hier eine kleine Blütenlese:

»Haben Sie damals, als Sie Ihrer Sekretärin Carole Tyler in Washington ein Haus gekauft haben, die Betreffende als Ihre ›Kusine‹ bezeichnet?«

»Haben Sie für Personen, die mit der Regierung Geschäfte betrieben, Vergnügungen arrangiert, und ich meine damit insbesondere, ob Sie zu diesem Zweck Party-Girls zur Verfügung gestellt haben?«

»Haben Sie etwas damit zu tun gehabt, daß gegen Elly Rometsch ein Ausweisungsverfahren eingeleitet wurde?«

»Können Sie sich noch daran erinnern, wie viele Personen Sie an einen portorikanischen Arzt zu Zwecken der Schwangerschaftsunterbrechung empfohlen haben?«

In dem Stil geht es weiter, zweieinhalb Stunden lang. Fragen über Fragen – und keine Antwort. Dabei hätten sie allesamt und zusammen mit einem einzigen kleinen Wörtchen, einmal ausgesprochen, wahrheitsgemäß beantwortet werden können.

Mit dem Wörtchen »Ja«.

Das kurze süße Leben der Carole Tyler

Einen Tag, nachdem Bobby Baker sich vor dem Untersuchungsausschuß so beredt ausgeschwiegen hatte, wird seine anmutige Sekretärin und angebliche Kusine, Carole Tyler, zur Aussage vorgeladen – und sie macht es ihrem Chef genau nach.

Wir sind diesem wirklich interessanten Mädchen schon einmal begegnet, nämlich bei ihrem vergeblichen Versuch, das Unwetter, das Ralph Hill zu entfesseln droht, in letzter Stunde doch noch aufzuhalten. Jetzt wollen wir versuchen, ihr Aussehen, ihre Herkunft und ihre Persönlichkeit etwas näher zu umreißen.

Nancy Carole Tyler, eine lebhafte, warmblütige Brünette, stammt aus dem Südstaat Tennessee. Sie wurde im Jahre 1939 in der kleinen Stadt Lenoir City als Tochter einfacher Leute geboren.

Im Alter von 18 Jahren geht die schlanke Oberschülerin als Siegerin aus einem regionalen Schönheitswettbewerb hervor und wird zur »Miss Loudon County, 1957« gekrönt. Seit der Zeit läßt sie sich gern als »Schönheitskönigin« betiteln, zuerst von ihren seit zartester Jugend zahlreichen Verehrern, später, als sie eine etwas zweifelhafte Berühmtheit erlangt hat, auch von der Presse.

Schön im klassischen Sinne ist sie eigentlich nicht. Dafür sind ihre Lippen etwas zu wulstig, das Näschen etwas zu stupsig, vielleicht auch (in ihrer Washingtoner Zeit) die Figur etwas zu mollig.

Und doch ist Carole nicht nur eine ungewöhnlich reizvolle Frau, sondern auch sonst in jeder Hinsicht für die Rolle geeignet, die sie unter Bobby Bakers Regie gespielt hat. Das üppige, kastanienbraune Haar, die sanften Rehaugen, das schelmische Lächeln und die geschmeidigen Glieder der Carole Tyler – das alles ist genug, um die richtigen Männer nicht nur einzufangen, sondern sie auch, was für ihren Chef noch wichtiger ist, für immer in ihrem Bann zu halten.

Vor allem aber verbindet sich bei dem jungen Mädchen körperlicher Reiz mit einem regen Geist und echter Bildung. Carole kann wirklich unterhaltsam sein, fröhlich und gescheit plaudern, versteht es aber auch zu schweigen – und das ist in ihrem Beruf die Hauptsache. In dieser Hinsicht ist sie ihrer Freundin Elly Rometsch weit voraus.

Wann, wo und unter welchen Umständen die Tyler ihren zukünftigen Chef Bobby Baker kennengelernt hat, ist bisher in der Öffentlichkeit nicht bekannt geworden. Man weiß nur, daß sie um 1960 in seinem Büro auftaucht und bald zu seiner Vertrauten wird, die er unbedenklich in alle seine Geheimnisse einweiht.

Fest steht auch, daß Carole Anfang 1962 zusammen mit ihrer Freundin Mary Alice Martin, die im Büro des Senators George A. Smathers (Florida) arbeitet, in das üppige Townhouse einzieht, das Bobby Baker kurz vorher für 28 800 Dollar erworben hat.

Da das Townhouse von einer gemeinnützigen Gesellschaft gebaut worden ist, die mit staatlichen Mitteln arbeitet, muß Baker einen Vertrag unterschreiben, in dem bestimmt ist, daß nur der Eigentümer selbst beziehungsweise ein Mitglied seiner Familie in dem Haus wohnen darf. Diese kleine Klippe nimmt Bobby elegant, indem er seine Freundin als »meine Kusine N. C. Tyler« deklariert.

Trotz der gegenteiligen Beteuerungen aller Beteiligten steht einwandfrei fest, daß Baker die Tyler ebenso wie die Rometsch als Lockvogel für seine Geschäfte eingesetzt hat. Das ist auch vor dem Untersuchungsausschuß von Zeugen klar zum Ausdruck gebracht worden. Ein gut belegter Vorfall genügt zum Beweis dieses Tatbestandes. In einer Meldung der Associated Press aus Washington, unter dem Datum des 4. Dezember 1964, heißt es:

»Ein Untersuchungsbeamter des Senatsausschusses sagte heute vor diesem aus, daß ein Bankier aus Puerto Rico ihm von mehrere Tage lang dauernden Vergnügungen (›several days of partying‹) in New Orleans im vergangenen Jahr in Gesellchaft von Robert G. Baker und zwei schönen Frauen, darunter eine vieldiskutierte Westdeutsche, erzählt habe.

Der betreffende Bankier, Paul Aguirre aus San Juan, verweigerte jede Aussage, unter dem Schutz des fünften Zusatzes zur Verfassung, hinsichtlich seiner Verbindung mit Mr. Baker und den beiden Frauen, nämlich Bakers Sekretärin Nancy Carole Tyler und Frau Ellen Rometsch aus Westdeutschland ...

Da der Ausschuß von Mr. Aguirre keine Auskunft über seine geschäftlichen und gesellschaftlichen Beziehungen zu Mr. Baker bekommen konnte, berief er statt dessen auf den Zeugenstand den Untersuchungsbeamten Samuel J. Scott. Dieser erklärte, er habe Mr. Aguirre am 26. Februar des Jahres in Puerto Rico vernommen.

Mr. Scott sagte, Mr. Aguirre habe damals auf alle seine Fragen voll geantwortet, dabei aber erklärt, er werde in jeder öffentlichen Verhandlung in Abrede stellen, daß er sich mit Mädchen amüsiert habe. ›Meine Frau erwartet von mir ein Dementi und bekommt es auch‹, soll er zu Scott gesagt haben ...«

Aguirres Vorbehalt ist verständlich. Offenbar hat er vor seiner Frau mehr Angst als vor dem Untersuchungsausschuß. Über sein Auftreten vor diesem berichtet die oben zitierte AP-Meldung weiter: »Mr. Aguirre verweigerte die Antwort auf insgesamt 66 Fragen. Eine davon lautete, ob er Mr. Baker 60 000 Dollar geliehen habe.«

Senator John Sherman Cooper verliest dann den Bericht, den Samuel Scott nach seinem Gespräch mit Aguirre eingereicht hat, und richtet anschließend an den stummen Zeugen die bezeichnende Frage: »Stimmt es nicht, daß Sie dem Untersuchungsbeamten erzählt haben, Sie seien im Mai 1963 nach New Orleans gefahren, um sich ein Wohnwagenlager anzusehen, daß Sie dort Robert G. Baker getroffen haben und daß dieser zwei Frauen mitbrachte?«

Im weiteren Verlauf dieser Vernehmung identifiziert Senator

Scott die beiden Frauen als Miss Tyler und Frau Rometsch. Aguirres Rechtsanwalt, Myron G. Ehrlich, der seinem Klienten eisernes Schweigen auferlegt hat, erklärt dann mit einem Anflug von Ironie: »Wie können Sie diesen Mann überhaupt fragen, ob er sich mit Frauen in New Orleans getroffen habe? Als verheirateter Mann würde er sich allein durch das Geständnis, daß er Frauen in New Orleans getroffen habe, schwer belasten. Da gäbe es wirklich etwas für ihn zu erklären, wenn er nach Hause kommt!«

Hier gibt es also nichts zu deuteln. Die Sachlage ist vollkommen klar. Bobby Baker braucht Geld und will sich von dem reichen Portorikaner Aguirre 60 000 Dollar leihen. Als Gegenleistung verspricht er Aguirre vergnügte Tage in New Orleans, dem Klein-Paris der Neuen Welt. Dann reist er selbst dorthin in Begleitung seiner reizendsten Party-Girls, Carole Tyler und Elly Rometsch, und man amüsiert sich glänzend zu viert.

Unvergeßlich der Auftritt der Tyler vor dem Untersuchungsausschuß am 26. Februar 1964. Zwar hat das schöne Mädchen nicht viel zu sagen – von 44 an sie gestellten Fragen beantwortet sie nur eine, nämlich die nach ihrem Namen –, aber dafür sagt sie es ganz betörend.

Angetan wie eine Primadonna, mit Fernseh-Make-up, lackierter Hochfrisur, einem schnittigen weißen Kostüm und armlangen Handschuhen, benimmt sie sich doch eher wie eine Klosterschülerin. Sie schlägt züchtig die Augen nieder, faltet die Hände sittsam vor sich hin und bringt den hohen Herren allen gebührenden Respekt entgegen. Jetzt dürfen Blitzlichter flammen und Filmapparate surren. Wer so fotogen ist wie Carole Tyler, braucht auch nicht kamerascheu zu sein.

Im übrigen aber beruft sich die Schöne wie schon tags zuvor ihr Chef Bobby Baker auf das in der Verfassung verbriefte Recht zur Aussageverweigerung. Dreiundvierzigmal beantwortet sie die an sie gerichteten Fragen, indem sie von einem Kärtchen, das ihr Rechtsanwalt ihr in die Hand gedrückt hat, diesen Text vorliest: »Ich verweigere die Aussage mit der Begründung, daß diese Untersuchung keinem gesetzgeberischen Zweck dient und eine unberechtigte Verletzung meiner Intimsphäre darstellt; weiterhin mit der Begründung, daß meine Antwort mich strafrechtlich belasten könnte.«

Der Presse gegenüber stellt die Tyler dann noch – wie schon vorher die Rometsch in Deutschland – mit gut gespielter Entrüstung fest, sie habe gar nichts Unrechtes getan, und das ganze Gezeter über die Geheimnisse des Townhouse sei nichts anderes als üble Wahlmache und Sensationshascherei.

Danach wird es still um sie. Im März 1964 verkauft Bobby Baker das sagenumwobene Haus und die Tyler muß ausziehen (ihre Gespielin Martin hat sich schon früher abgesetzt). Carole nimmt nun ihren Aufenthalt in Bakers Carousel-Motel – zu ihrem Verhängnis.

Anfang Mai 1965 taucht in Ocean-City ein dreiundvierzigjähriger Sportflieger namens Robert H. Davis auf. Er ist im eigenen Flugzeug, einem rot-weißen, einmotorigen Waco-Zweisitzer, aus seiner Heimatstadt Huntington in West-Virginia herübergeflogen und nimmt gleich im Carousel Aufenthalt. Schon ein paar Tage später ist er mit Carole gut bekannt, und am Morgen des 9. Mai nimmt sie eine Einladung an, mit ihm eine Vergnügungstour in der Luft über dem Meer zu unternehmen.

Beim Abflug, der glatt vonstatten geht, sieht man Carole im Vordersitz und Davis im Hintersitz des Flugzeugs, lachend und winkend. Der Himmel ist herrlich blau und fast windstill. Alles scheint in bester Ordnung zu sein.

Da plötzlich – ein Aufschrei unter den Zuschauern am Strand. Etwa 300 Meter von der Küste entfernt stürzt das Flugzeug ins Meer und verschwindet sofort unter den Wellen. Die beiden Insassen können nur noch als Leichen geborgen werden.

Sabotage? Es gibt dafür gewisse Anhaltspunkte. Die Polizei und Küstenwache leiten sofort eine sorgfältige Untersuchung der Absturzursache ein, aber über das Ergebnis ist bislang nichts bekannt geworden. Sonst nimmt man bei Sportflugzeugen im allgemeinen an, daß ein Unglück auf menschliches Versagen oder das Wetter zurückzuführen ist. Hier allerdings war der Flugzeugführer immerhin ein erfahrener Pilot.

Ein verdächtiger Umstand: Augenzeugen haben erklärt, daß Davis im Augenblick des Unfalls Flugakrobatik (stunt-flying) betrieben habe. Es ist kaum anzunehmen, daß Carole Tyler seine Einladung zum Mitfliegen angenommen hätte, wenn sie von diesem gefährlichen Vorhaben etwas gewußt hätte.

Vielleicht hat Davis den Auftrag gehabt, Carole bei einem waghalsigen Flugkunststück scheinbar unversehens ins Meer stürzen zu lassen, es ging aber irgend etwas schief in der Luft und er verlor selbst bei dem Manöver das Leben. Vielleicht ...

Vor allem aber: *Theoretisch* gäbe es wohl kein besseres Mittel, um eine unbequeme Zeugin unauffällig für immer zum Schweigen zu bringen. Der Nitribitt-Würger war eben doch nur ein Stümper, auch wenn man ihn nie erwischt hat. In Amerika hat man die Technik des Mordens ohne Auffallen längst zu hoher Blüte entwickelt. Dabei spielt das Flugzeug nicht selten die Rolle des Mordinstrumentes.

Vielleicht hat die Tyler versucht, einen ihrer einflußreichen Kunden von vormals zu erpressen. Vielleicht fürchtete der Betreffende nur, daß sie, die man wohl mit Recht die Schlüsselfigur der Bobby-Affäre genannt hat, in falsche Hände geraten könnte.

Man wird die Wahrheit wohl nie erfahren. Das ist die Kehrseite dieser Art der »großen Gesellschaft«.

Jetzt schlägt's 13

»Da stand der treue Wachhund, bellend und zum Beißen bereit. Da war der Dieb, der sich anschickte, das Weite zu suchen. Und da war der Polizist, der seine Pistole zog, sorgfältig zielte – und dann den Wachhund niederschoß.«

So charakterisierte das amerikanische Nachrichtenmagazin Time den vorläufigen Ausgang der Baker-Affäre im Sommer 1965.

Der Dieb, damit ist der gerissene Geschäftemacher Bobby Baker gemeint, der es laut eigenen Angaben (als Kreditnehmer bei einer Bank) fertiggebracht hat, bei einem Jahresgehalt von 19600 Dollar in seiner Eigenschaft als Sekretär der demokratischen Mehrheit im Senat innerhalb weniger Jahre ein Vermögen von über 2 Millionen Dollar zusammenzuraffen.

Der Wachhund, das ist Senator Williams, der die Affäre ins Rollen gebracht hat und der, trotz aller Bemühungen der demokratischen Mehrheit, sie leise weinend zu begraben, die Untersuchung immer wieder am Leben hält.

Und der so wenig tierliebende Polizist? Nun, damit ist der Untersuchungsausschuß gemeint, der sich zwei Jahre lang eifrig bestrebt hat, alles zu vertuschen, und dem daher der eigenwillige Williams ein Dorn im Auge ist.

Anfang Juli 1965 legt der Ausschuß seinen »Schlußbericht« vor, der die schlimmsten Befürchtungen der Republikaner noch übertrifft. Es ist die perfekte Mischung von »whitewash« und »cover-up«, alles weißwaschen und zudecken, zwei Ausdrücke der politischen Umgangssprache in Amerika, deren genaue Wiedergabe im Deutschen schwierig ist.

Nicht daß Bobby Baker selbst aus dem Verfahren mit blütenweißer Weste hervorgegangen wäre. Er habe den Einfluß seiner

Amtsstellung dazu benutzt, »sein eigenes Nest mit Federn auszupolstern«, heißt es in dem Schlußbericht. Als flagrantes Beispiel solchen Amtsmißbrauchs erwähnt der Bericht, daß Baker sich einmal von einer Transportfirma (Ocean Freight Forwarder Group) 5000 Dollar dafür habe bezahlen lassen, daß er mithalf, eine dieser Gruppe günstige Gesetzesvorlage im Kongreß durchzubringen.

Auf Grund dieser Verfehlung – die bisher in der Öffentlichkeit kaum bekanntgeworden war – meint der Ausschuß, die Frage müsse ernstlich geprüft werden, ob nicht gegen Baker ein Strafverfahren einzuleiten sei.

Schon bald stand auch fest, daß Baker noch erheblichen Ärger mit dem Finanzamt bekommen würde, denn die Steuerfahndung hat ihn sofort aufs Korn genommen, sobald seine außerdienstlichen und außerordentlich einträglichen Geschäfte ruchbar wurden. Er konnte also kaum hoffen, ganz ungeschoren davonzukommen, trotz aller Beziehungen.

»Weißgewaschen« wurde in dem Bericht vor allem Bobbys ehemaliger Herr und Gebieter, Präsident Johnson. Und das war ja wohl auch, wie die republikanische Minderheit des Ausschusses in scharfer Ablehnung des Minderheitsbeschlusses feststellt, der einzige Zweck dieser merkwürdigen Untersuchung, die in der Presse allgemein als die »Baker *Non*-Investigation« bezeichnet wurde.

Obwohl der Ausschuß sein Bestes tut, um Don B. Reynolds, die Hauptquelle so vieler peinlicher Enthüllungen, im denkbar ungünstigsten Licht erscheinen zu lassen, sieht er sich doch gezwungen, diesem in der Sache direkt recht zu geben. Er tut das, wie schon erwähnt, in der Weise, daß er dem (schon ausführlich geschilderten) Geschäft mit der nutzlosen Werbezeit von 1208 Dollar bescheinigt, es sei »durchaus vereinbar mit den Geschäftsprinzipien, die von vielen ehrbaren Kaufleuten in Amerika angewandt werden«.

Nicht nur tut der Ausschuß alles in seinen Kräften Stehende, um Johnson persönlich zu decken, sondern er wäscht auch den anderen Spitzen der Partei die Pelze fein sauber. Er geht dabei sogar so weit, die groteske Geschichte von der »versehentlichen« Zahlung in Höhe von 35 000 Dollar durch die Firma McCloskey an Reynolds für bare Münze zu nehmen!

Von Bobby Bakers zwielichtigen Geschäften in Haiti und der Dominikanischen Republik – von seiner illegalen Betätigung als Lobbyist für den Murchison-Konzern, von seinen Amüsierbetrieben Quorum Club, Carousel Motel und »Townhouse«, wo die Grazien Tyler, Rometsch, Martin und wie sie alle hießen, Bobbys Gönner und Geschäftsfreunde betreuten – von alledem ist in dem Schlußbericht keine Rede.

Wenn die Parteimanager der Demokraten glauben sollten, mit dieser Scheinuntersuchung einen endgültigen Schlußstrich unter die leidige Affäre gezogen zu haben, dürften sie sich jedoch gründlich täuschen. Schon der entschiedene Widerspruch, den die republikanische Minderheit gegen den Bericht des Ausschusses sofort angemeldet hat, weist darauf hin, daß sich die Opposition nicht mit diesem kläglichen Ergebnis zufriedengeben wird.

Vor allem ist damit zu rechnen, daß Senator Williams zu gegebener Zeit mit seinen »privaten« Informationen auspacken wird. Kein Mensch kennt sich besser in dem Labyrinth der Bakerschen Geschäftemacherei aus, keiner weiß so viel über die explosiven Hintergründe der Affäre wie er.

Schon einmal hat Williams den Versuch der demokratischen Mehrheit, die Untersuchung vorzeitig zu beenden, geschickt pariert. Immer wieder stößt er mit neuen Enthüllungen vor und bringt den Stein wieder ins Rollen.

Daher versucht auch der Vorsitzende des Ausschusses, Senator Jordan, persönlich den »Wachhund« Williams abzuschießen, indem er ihm in einer Erklärung an die Presse vorwirft, er habe die Untersuchung sabotiert. Williams, so behauptet sein demokratischer Kollege, habe sich trotz mehrfacher Aufforderung geweigert, sein Material dem Ausschuß zugänglich zu machen.

Über diese Anschuldigung, die er im Juni in einer Senatsrede scharf zurückweist, ist Williams mit Recht empört, denn in Wirklichkeit verhalten sich die Dinge umgekehrt. Immer wieder hat sich der Ausschuß geweigert, Informationen von Williams zu überprüfen oder die von ihm benannten Zeugen – über zwanzig – vorzuladen.

Auf jeden Fall hat es Williams in der Hand, zu einem ihm passenden Zeitpunkt seine Unterlagen auf den Tisch des Senats zu legen. Wann er es tun wird, bleibt vorläufig sein Geheimnis, aber tun wird er's bestimmt. Es kann die Büchse der Pandora werden.

Der Insektenkrieg

Die weitere Entwicklung des Bobby-Baker-Skandals war durch eine Reihe von Intrigen und hinterhältigen Machenschaften mit politischem Unterton gekennzeichnet, die man selbst in dem an Robustheit gewöhnten öffentlichen Leben Amerikas als einmalig bezeichnen muß.

Das Ränkespiel hatte noch vor der Ermordung Präsident Kennedys begonnen, doch dauerte es Jahre, bevor Einzelheiten über die Art und Weise, wie es gespielt wurde, ans Licht der Öffentlichkeit drangen.

Zum besseren Verständnis der Vorgänge, die nachstehend geschildert werden, muß vorangeschickt werden, daß es in den USA schon lange eine »Insektenplage« ganz eigener Art gibt, nämlich die weitverbreitete Praxis, Abhörgeräte, die im Volksmund »bugs« (Insekten) genannt werden, heimlich und meistens ungesetzlich zu installieren.

William Douglas, einer der neun Richter des Obersten Gerichtshofes der USA, hat einmal seinem Abscheu gegen diese ständige Verletzung elementarer Bürgerrechte mit diesen Worten Ausdruck verliehen: »Amtsstuben, Konferenzräume, Hotelzimmer, sogar Schlafzimmer werden nach Gefallen der Regierung abgehört. Wir sehen uns der harten Tatsache gegenüber, daß die Schutzwände des Privaten zusammengebrochen sind und die Werkzeuge des Polizeistaates unserem Beamtentum auf einem verfassungsmäßigen Tablett dargereicht werden.«

Mit dem »verfassungsmäßigen Tablett« meinte der Richter gewisse, übrigens recht dehnbare gesetzliche Vorschriften, die das Abhören unter gewissen Voraussetzungen gestatten. Die amerikanischen Gerichte haben sich dagegen immer wieder auf den Standpunkt gestellt, daß abgesehen von solchen Fällen, die die Sicherheit des Staates betreffen, die heimliche Anbringung von Abhörgeräten (»bugging«) verfassungswidrig sei und daß daher das auf diese Weise zustande gekommene Beweismaterial vor Gericht nicht zugelassen werden könne.

Zu der Zeit, als die Verfehlungen Bobby Bakers aufgedeckt wurden, waren die Brüder John F. und Robert Kennedy die mächtigsten Männer in den Vereinigten Staaten, jener als Präsident, dieser als sein Justizminister. Beide waren liberale und um die Bürgerrechte besorgte Politiker, die aber trotzdem nichts unternahmen, um der schon lange grassierenden Praxis des »bugging« Einhalt zu gebieten.

Nur das »Federal Bureau of Investigation« ist befugt, im Interesse der nationalen Sicherheit, bei Mordverschwörungen, Menschenraub und anderen schweren Fällen Telefonleitungen anzuzapfen (was man »wiretapping« nennt) oder geheime Mikrofone zum Abhören von Gesprächen zu installieren, doch muß diese Art von Überwachung in jedem Fall vom Justizminister genehmigt werden.

Chef des FBI ist schon seit mehr als 40 Jahren der erzkonservative J. Edgar Hoover, der die Brüder Kennedy nie leiden konnte und vor allem mit seinem Vorgesetzten, Justizminister Robert Kennedy, verfeindet war. Aus dieser Situation heraus erklären sich, wenigstens teilweise, die zwielichtigen Vorgänge, mit denen wir uns jetzt zu beschäftigen haben.

Nachdem der Skandal um Bobby Baker im Frühherbst 1963 ruchbar geworden war, leitete Justizminister Robert Kennedy auch von sich aus eine Untersuchung ein, um festzustellen, ob der kompromittierte Fraktionssekretär gegen Bundesgesetze verstoßen habe und dafür zur Verantwortung gezogen werden solle. Bei dieser Untersuchung wurden von den FBI-Leuten auch Abhörgeräte zur Anwendung gebracht, obwohl man kaum behaupten kann, daß die Sicherheit des Staates gefährdet war oder ein Kapitalverbrechen begangen worden sei. So geschah es, daß das FBI in einem Hotelzimmer in Washington, von dem aus der Lobbyist Fred Black einen Teil seiner Geschäfte abwickelte, ein verstecktes Mikrofon anbrachte. Ferner hat man später erfahren, daß der Washingtoner Anwalt Wayne L. Bromley, ein langjähriger Busenfreund Bobby Bakers – die beiden hatten zusammen als Senatspagen gedient – auf Weisung des FBI von einem vertraulichen Gespräch mit Baker eine heimliche Tonbandaufnahme gemacht und diese dann dem FBI zur Verfügung gestellt hat.

Black war der erste aus dem Baker-Kreise, der auf diese Weise zur Strecke gebracht wurde. Es konnte ihm anhand des von dem Mikrofon aufgezeichneten Beweismaterials leicht nachgewiesen werden, daß er jahrelang ein viel höheres Einkommen gehabt hatte, als er in seinen Steuererklärungen angab. Es wurde also gegen ihn wegen Steuerhinterziehung Anklage erhoben, und im April 1964 wurde ihm der Prozeß gemacht. Am 5. Mai wurde er von einem Geschworenengericht in Washington für schuldig befunden, 91 000 Dollar an Bundeseinkommensteuer hinterzogen zu haben. Das Urteil gegen ihn, das erst am 18. Juni 1964 erging, lautete auf eine Gefängnisstrafe von 15 Monaten bis vier Jahren und eine Buße von 10000 Dollar.

In dem Prozeß gegen Black wurden die Geschäftsmethoden der Lobbyisten anschaulich und kraß bloßgestellt. So sagte unter anderem Frank C. Howard, Direktor der Howard Foundry Co., eines Stahlkonzerns in Chicago, aus, er habe Black im Jahre 1956 150000 Dollar für seine Bemühungen im Interesse seiner Firma bezahlt. Die »Bemühungen« bestanden darin, daß Black an zuständiger Stelle erreichte, daß eine Schadensersatzklage in Höhe von drei Millionen Dollar, die von der Regierung gegen die Howard Foundry Co. wegen überhöhter Preise für Lieferung von Kriegsmaterial angestrengt worden war, aus der Zuständigkeit des Justizministeriums in diejenige des Luftwaffenministeriums überführt wurde.

Warum war das geschehen?

»Nun, die Luftwaffe versteht eben unsere Probleme besser«, gab der biedere Mr. Howard zu Protokoll.

Mit der Luftwaffe ließ sich reden. Man einigte sich auf eine Rückzahlung von 800000 Dollar. So blieb für Howard der Gesamtschaden, einschließlich der an Black gezahlten Schmiergelder, immer noch unter einer Million, gegenüber den drei Millionen, die das Justizministerium im Klageweg herausschlagen wollte.

Black legte gegen das Urteil Berufung ein und hatte damit durchschlagenden Erfolg. In zweiter Instanz wurde das Verfahren vor dem unteren Gericht für ungültig erklärt – eben wegen der Tatsache, daß ein Teil des Beweismaterials durch verfassungswidriges Abhören erbracht worden war – und ein neuer Prozeß anberaumt.

Bei Bobby Baker selbst ließ sich das Justizministerium Zeit. Wäre Präsident Kennedy am Leben geblieben, so hätte Baker wohl schon im Frühling 1964 neben seinem Freund und Partner Black die Anklagebank drücken müssen. In der Regierung Johnson aber, der er noch mehrere Monate nach der Erschießung seines Bruders angehörte, waren Justizminister Robert Kennedy die Hände gebunden.

Erst Ende des Jahres 1965 wurde gegen Baker von einer Grand Jury in Washington formell Anklage erhoben wegen schweren Betruges, Untreue und Steuerhinterziehung in neun Fällen. Dabei wurde der Prozeßbeginn auf den 17. Oktober 1966 anberaumt.

Dieser Termin konnte jedoch nicht eingehalten werden, da sich Schwierigkeiten aller Art aufzutürmen begannen.

Ende April 1966 reichten Bakers Anwälte beim Bezirksgericht

Washington einen Antrag auf Einstellung des Verfahrens ein. Sie begründeten diesen Antrag einmal damit, daß die seit zwei Jahren anhaltende »Publicity« und besonders das Gerede von den Sexaffären die Stellung ihres Mandanten im Schwurgerichtsverfahren präjudiziert habe; zum anderen beriefen sie sich darauf, daß sich das FBI sein Material über Bakers Geschäfte durch »massives Abhören von Telefongesprächen« und die Anwendung von Abhörgeräten beschafft habe.

Nun flammte die seit Jahren schwelende Kontroverse über die Rechtmäßigkeit des »bugging« in voller Stärke wieder auf. Dabei ging es vor allem um die politisch heikle Frage, wer eigentlich die Verantwortung dafür trage, daß gegen Black und Baker mit Hilfe von Methoden ermittelt worden sei, die von den Gerichten wiederholt als unzulässig bezeichnet worden waren, der damalige Justizminister Robert Kennedy oder aber der Chef des FBI, J. Edgar Hoover?

Nachdem Robert Kennedy in einem Fernsehinterview rundheraus erklärt hatte, er habe von dem Abhören nichts gewußt, ging Hoover zum Gegenangriff vor und bezichtigte seinen früheren Chef unumwunden der Lüge. Nicht nur habe Justizminister Kennedy die Anwendung von Mikrofonen genehmigt und sich selbst das auf Tonband aufgenommene Beweismaterial vorspielen lassen, schrieb Hoover in einem Briefwechsel mit einem Abgeordneten, den er in die Presse lancierte, sondern »der Gebrauch solcher Abhörgeräte wurde offensichtlich auf Drängen von Kennedy während dessen Amtszeit verstärkt«.

Kennedy schlug zurück mit der Feststellung, daß Hoover ihn nicht ein einziges Mal gebeten habe, eine Überwachung mittels Abhörgeräts oder durch das Anzapfen von Telefonleitungen zu autorisieren.

Eine solche Behauptung, erwiderte Hoover gereizt, sei »absolut unvorstellbar«, was wiederum Kennedy zu der ironischen Bemerkung veranlaßte, der damals zweiundsiebzigjährige Hoover leide offensichtlich an Gedächtnisschwund.

Den Höhepunkt dieser in aller Öffentlichkeit ausgetragenen Fehde bildete die Beschuldigung Hoovers, die er zwar gewiß nicht selbst aussprach, jedenfalls nicht in der Öffentlichkeit, sondern durch ihm befreundete Journalisten ausstreuen ließ, daß Robert Kennedy den Baker-Skandal ausgelöst habe, nicht im Interesse der Rechtspflege, sondern um den ihm unliebsamen Vizepräsidenten Lyndon B. Johnson politisch abzuschießen, und zwar mit allen Mitteln – auch denjenigen des ungesetzlichen Abhörens und Telefonanzapfens.

Eine weitere Verwicklung entstand dadurch, daß Präsident Johnsons neuer Justizminister, Nicholas B. De Katzenbach, im Mai 1966 etwas ganz Ungewöhnliches und Aufsehenerregendes tat. In einem Schreiben an den Obersten Gerichtshof legte De Katzenbach das »Geständnis« ab, daß das Justizministerium sich seinerzeit (nicht während der eigenen Amtszeit des geständnisfreudigen Justizministers) ungesetzlicher Methoden bedient habe, um Fred Black zu überführen, nämlich durch das verpönte »bugging«.

Offensichtlich verfolgte De Katzenbach mit dieser merkwürdigen Beichte den Zweck, das schwebende Verfahren gegen Baker zu torpedieren, damit nicht der Name Präsident Johnsons wieder ins Kreuzfeuer der öffentlichen Kritik gerate. Kein Wunder, daß sich die Anwälte Bakers triumphierend dieses Arguments bemächtigten, um erneut die Einstellung des Verfahrens gegen ihren Mandanten zu fordern, da auch in seinem Falle Beweismaterial durch rechtswidrige Praktiken zutage gefördert worden sei.

Beinahe wäre das Manöver gelungen. Daß es dann doch mißlang, lag wohl in erster Linie daran, daß der Richter, vor dem sich Bobby Baker verantworten sollte, Oliver Gasch, sich weigerte, den inzwischen prozeßreif gewordenen Fall Baker in letzter Minute aus der Hand zu geben.

Baker vor Gericht

Am 10. Januar 1967 war es soweit: Der immer wieder aufgeschobene, von vielen schon totgesagte Prozeß gegen den wendigen Geschäftemacher vom Kapitol sollte endlich über die Bühne gehen, mehr als drei Jahre nach der Aufdeckung des Skandals.

Gleich zu Beginn des Verfahrens traf Richter Oliver Gasch eine schwerwiegende Entscheidung, wie sie sonst eigentlich nur bei sensationellen Mordprozessen üblich ist; er schickte die zwölf Mitglieder des Schwurgerichts in Washington, vor dem sich Baker verantworten sollte, in Klausur. Sie wurden unter Polizeibewachung in einem Hotel untergebracht, wo sie für die Dauer des Verfahrens völlig von der Umwelt abgeschnitten leben sollten, damit jede Beeinflussung ihres Urteilsspruchs ausgeschlossen bliebe.

Die einzige echte Überraschung in der von Staatsanwalt William O. Bittmann abgefaßten Anklageschrift lag darin, daß es sich darin um lauter Dinge handelte, die vor dem parlamentarischen Untersuchungsausschuß *nicht* zur Sprache gekommen waren, während andererseits alles das, worüber vor dem Ausschuß verhandelt worden war, im Strafprozeß übergangen wurde. Kein Wort von der arglistigen Täuschung des Automatenhändlers Ralph Hill oder von der North American Aviation, obwohl doch gerade diese Affäre den Stein ins Rollen gebracht hatte; keins von der Magic oder dem Stadionvertrag; keins von den Ölmagnaten und den karibischen Geschäften; und selbstverständlich wurde der gefälligen jungen Damen, die Bakers rauhe Geschäfte mit Anmut geziert hatten, keinerlei Erwähnung getan.

Von größter Bedeutung in der Anklage war die Beschuldigung, daß er von 100 000 Dollar, die ihm von einer kalifornischen Gruppe von Geschäftsleuten zur Beeinflussung des Kongresses zur Verfügung gestellt worden waren, rund 80 000 Dollar veruntreut und in die eigene Tasche hatte fließen lassen. Hier wurde ein geradezu klassischer Fall von Korruption aufgerollt und in politische Abgründe hineingeleuchtet, die selbst Skeptiker in einem Land wie den USA kaum für möglich gehalten hätten.

Kurz gefaßt, war der Tatbestand wie folgt:

Im Frühjahr 1962 hatte die Regierung Kennedy dem Kongreß eine Gesetzesvorlage eingereicht, durch die eine Reihe von ungerechtfertigten Steuerprivilegien abgeschafft oder beschnitten werden sollten. Unter anderem zielte diese Vorlage darauf ab, den Betrag, den die Spar- und Kreditanstalten bisher von ihrem Gewinn als steuerfreie Reserve absetzen durften, um sich daraus für etwaige Verluste durch schlechte Schuldner zu entschädigen, kräftig herabzusetzen.

Nachdem auch der schon mehrfach erwähnte Senator Kerr, der führende Demokrat im Finanzausschuß, der Vorlage zugestimmt hatte, wurde diese im Senat angenommen, dagegen nicht im Repräsentantenhaus. Während in den beiden Häusern des Kongresses über einen Ausgleich verhandelt wurde, beschloß eine Gruppe von kalifornischen Kreditanstalten unter Führung eines gewissen Kenneth Childs, eine Umlage zu erheben, um in Washington eine »Lobby« gegen die Vorlage zu mobilisieren. Die Finanzleute hatten sich ausgerechnet, daß sie zusammen rund 10 Millionen Dollar mehr Steuer im Jahr bezahlen müßten, falls die Vorlage vom Kongreß angenommen würde. Da wollten sie lieber 100 000 Dollar in die Waagschale werfen, um das Gesetz zu Fall zu bringen.

Bobby Baker, der kraft seiner Schlüsselposition im Senat von den

Sorgen der Bankiers Wind bekommen hatte, machte sich gleich daran, daraus Kapital zu schlagen. Er gab den Leuten um Childs zu verstehen, daß sie »politisch naiv« und »rückständig« seien, und bedeutete ihnen, daß sie das größte Interesse daran haben müßten, »politisch mehr aktiv« zu werden.

Die Direktoren der kalifornischen Kreditanstalten verstanden den Wink und handelten entsprechend. Sie fielen über den Kongreß her »wie Heuschrecken über ein Salatbeet«, wie sich der Hauptverteidiger Bakers, Edward Bennett Williams, ironisch ausdrückte. Jede der »Heuschrecken« brachte einen unmarkierten Umschlag mit, der einen hohen Geldbetrag in Hundertdollarnoten enthielt, und drückte ihn Herrn Baker in die Hand.

Über das alles berichtete Kenneth Childs, der Hauptbelastungszeuge des Staatsanwalts, mit großem Freimut, und es wurde auch von Baker gar nicht bestritten, daß er die 100 000 Dollar von dieser Seite erhalten habe. Nur will er den ganzen Betrag an verschiedene Senatoren abgeführt haben, ohne einen Pfennig in die eigene Tasche zu stecken.

Der redegewaltige Williams machte sich geschickt über die Behauptung von Childs und seiner Gruppe lustig, daß dieses Geld an Baker ausgezahlt worden sei, ohne daß sich die Spender vergewissert hätten, daß es auch wirklich an die richtige Adresse, nämlich einflußreiche Mitglieder des Kongresses, abgeliefert würde.

»Die Direktoren von Kreditanstalten sind doch nicht Leute vom Lande«, spottete Williams, »sondern Geschäftsmagnaten mit stählernen Augen und Herzen aus Marmor, die sich von niemandem hereinlegen lassen.«

Danach die große Pointe: »Glauben Sie mir, meine Herren Geschworenen, eher könnten Sie mit der Venus von Milo unterm Arm den Louvre verlassen, als daß es Ihnen gelingen würde, diesen Leuten 100 000 Dollar aus der Tasche zu ziehen, ohne über die Verwendung des Geldes genaue Rechenschaft ablegen zu müssen.«

In wessen Tasche aber waren die Hunderttausend geflossen, wenn Bobby Baker sie nicht veruntreut hatte? Nun, Verteidiger Williams wußte sich Rat. Er gab dem Gericht zu verstehen – deutlich genug, jedoch ohne allzu massiv zu werden –, daß der ganze Betrag für den (ohnehin schon millionenschweren) Senator Kerr bestimmt gewesen sei und daß Bobby Baker dabei nur als Laufbursche fungiert habe, der seinem langjährigen Freund und Gönner das Geld überbringen sollte.

Tatsache ist, daß Senator Kerr, als die endgültige Fassung des

Gesetzes am 25. September 1962 zwischen Repräsentantenhaus und Senat vereinbart wurde, keinen Widerstand dagegen erhob, daß das Steuerprivileg der Kreditanstalten unversehrt gelassen wurde. Es lag also nahe, anzunehmen, daß er sich hatte bestechen lassen, daß also er, nicht Baker, der wirkliche Empfänger der betreffenden Summe war.

Vor allem aber: Kerr konnte sich nicht dagegen wehren, daß ihm von der Verteidigung der Schwarze Peter zugeschoben wurde, denn er war ja am 1. Januar 1963 gestorben. Vergebens versuchte sein Sohn den Namen des Vaters reinzuwaschen, es blieb doch etwas hängen, auch wenn die Geschworenen zu guter Letzt Baker für überführt hielten.

Das enge Verhältnis Bakers zu Kerr einerseits und zu Präsident Johnson andererseits spielte auch sonst in dem Prozeß eine bedeutende Rolle.

In seiner Anklagerede sagte Staatsanwalt Bittman: »Der Angeklagte hatte viel Geld in den Bau des Carousel Motels in Ocean City gesteckt und brauchte dringend Bargeld. Innerhalb von fünf Wochen, nachdem er von den kalifornischen Bankleuten das Geld entgegengenommen hatte, angeblich als Beitrag zu dem Wahlkampffonds von Kongreßmitgliedern, gab er 50000 Dollar in bar aus, hauptsächlich für das Carousel Motel.«

Das wollte Baker nicht auf sich sitzen lassen, und er brachte nun geschickt seinen hohen Protektor ins Spiel, offenbar in der Absicht, sich dadurch gegen eine Verurteilung abzuschirmen. Das ganze Land horchte auf, als Baker am neunten Tag des Prozesses erklärte: »Da bin ich zu dem besten Freund gegangen, den ich jemals im Kapitol gehabt habe, zu dem damaligen Vizepräsidenten, sagte ihm, ich stünde vor einem sehr ernsthaften finanziellen Problem, und bat ihn um Rat. Da griff er nach dem Telefon und rief seinen und meinen Freund Senator Kerr an und riet mir dann, ich solle mich sofort in das Büro von Senator Kerr begeben, was ich auch tat.«

Obwohl der Name Lyndon B. Johnson unausgesprochen blieb, war diese Erklärung nicht mißzuverstehen. Es gibt nur einen Vizepräsidenten auf einmal, und der »damalige« – es war im Herbst 1962 – hieß L. B. Johnson.

Auf diese Intervention Johnsons hin, so berichtete der Angeklagte weiter, habe Senator Kerr den Präsidenten der von ihm weitgehend beherrschten Fidelity Bank and Trust Co. in Oklahoma City angerufen und mit diesem eine Anleihe in Höhe von 250000 Dollar für Baker vereinbart. Darüber hinaus habe Kerr ihm noch 50000

Dollar persönlich geliehen, und das, nicht die Schmiergelder der kalifornischen Finanzleute, sei das Geld gewesen, das er in sein Motel in Ocean City gesteckt habe.

Auch eine Note der Rührseligkeit fehlte nicht in Bakers Verteidigung. »Auf dem Sterbebett«, so erzählte er weiter, habe Kerr ihn angerufen, um ihm die geliehenen 50 000 Dollar zu schenken. Er, Baker, sei von dem Sterbenden angewiesen worden, den betreffenden Betrag als »juristisches Honorar« zu verbuchen, und habe das dann auch getan. Das »Honorar« sei auch korrekt versteuert worden.

Sonst aber hat es Baker mit der Steuer nicht so genau genommen, und das wurde ihm zum Verhängnis. Am 29. Januar 1967 wurde er von den Geschworenen für schuldig befunden, 1042,61 Dollar Steuer im Jahre 1961 und 22 048,36 im Jahre 1962 hinterzogen zu haben. Er wurde weiterer Steuervergehen schuldig erklärt: Er habe seinem Strohmann Wayne Bromley dabei geholfen, 1963 eine betrügerische Steuererklärung abzugeben, und habe sich zusammen mit Bromley und dem Spielkasinobesitzer Clifford Jones »verschworen«, um das Finanzamt zu betrügen.

Überführt wurde Baker auch, von den 100 000 Dollar, die er von den kalifornischen Finanzleuten erhalten hatte, insgesamt 80 000 unterschlagen zu haben. In zwei Punkten der Anklage wurde er freigesprochen.

Trotz seiner strengen Prozeßführung ließ Richter Gasch Milde walten. Baker, der für seine Delikte hätte bis zu 48 Jahren Gefängnis bekommen können, kam statt dessen mit einer Gefängnisstrafe von nur 1 bis 3 Jahren davon. Auch wurde er gegen eine Kaution von nur 5000 Dollar auf freien Fuß gesetzt, bis über die sofort eingelegte Berufung entschieden sei.

Rechtsanwalt Williams kündigte an, daß er gegebenenfalls die Berufung »bis zum Obersten Gericht der USA« durchzufechten gedenke.

Nach dem Urteil verließ der Angeklagte den Gerichtssaal laut Presseberichten »mit einem Lächeln auf den Lippen«.

Das Lächeln dürfte Herrn Baker aber inzwischen vergangen sein. Mitte Juli 1969 hat nämlich die neue republikanische Regierung Präsident Nixons gegen Baker eine Zivilklage erhoben, zu dem erklärten Zweck, dem Staat »wenigstens einen Teil des Geldes« zu sichern, das Baker als »Honorare, Kommissionsgebühren, Gewinnbeteiligungen und Zuwendungen von privater Seite« erhalten habe.

Wie der neue Justizminister John Mitchell dazu mitteilte, wird in der Klage ferner verlangt, daß Baker über die Herkunft seines derzeit auf 1,7 Millionen Dollar geschätzten Vermögens Rechenschaft ablegen solle.

Im Laufe seines Strafprozesses soll Baker einmal einem Freund anvertraut haben: »Ins Gefängnis kriegt mich keiner, aber auf freiem Fuß zu bleiben, kann mich unter Umständen meinen letzten Heller kosten.«

Genauso scheint die krumme Erfolgsstory des tüchtigen jungen Mannes aus Pickens ausgehen zu wollen.

Heinrich Heuer sorgt für deutsches Ferienglück

Der Deutschen unheimlicher Drang nach dem sonnigen Süden war früher ein weltbewegender Faktor der Geschichte; heute bietet er statt dessen einer Reihe von Schwindelfirmen ein außerordentlich ergiebiges Feld der Betätigung.

Da hat es luftige Reisebüros gegeben, die ein Flugzeug voller Urlauber auf irgendeine Insel im Mittelmeer brachten, und das Konsulat mußte die Sonnenhungrigen wieder nach Hause schaffen.

Da gibt es Dutzende von deutschen, amerikanischen, panamesischen und weiß Gott was sonst für Immobilienfirmen, die den sonnensüchtigen Bundesbürgern das blaue Himmelreich in Florida, an der Costa Brava, am Lido oder an der Riviera vor Augen zaubern und ihre Kunden dann mit einer weg- und wasserlosen Parzelle im Niemandsland beglücken.

Und da gibt es vor allem die Superschwindler der Sonnenbranche, die Tausende von Anteilscheinen verkaufen mit Anrecht auf kostenlosen Aufenthalt in Ferienheimen auf dem Mond.

»Je länger wir ermitteln, desto schwindliger wird mir«, erklärte Ende März 1966 der Frankfurter Staatsanwalt Listmann, in dessen Händen die tollste Affäre dieser Art, der Bankrott der Investmentfirma Vacanza, liegt. Wenn einem Staatsanwalt schwindlig wird, dann müssen schon wirklich schwindelerregende Schwindler am Werk gewesen sein. Das ist hier der Fall.

Die Frankfurter Staatsanwaltschaft ist auf die Bekämpfung der Schwindelunternehmen in der Bundesrepublik spezialisiert, da diese eine ausgesprochene Vorliebe zur Niederlassung in der Main-Metropole gezeigt haben. Seit dem Herbst 1964 stehen auf ihrer »schwarzen Liste« mehrere sogenannte Investment-Trusts für Ferienobjekte. Die meisten dieser windigen Unternehmen entzogen sich allerdings von Anfang an der Strafverfolgung durch die deutschen Behörden, indem sie sich pro forma in der Schweiz niederließen – auch wenn sie ihre Geschäfte hauptsächlich im Frankfurter Raum betrieben.

Dazu meint die Frankfurter Kriminalpolizei: »Die strengen Schweizer Gesetze garantieren, daß Schweizer Banken grundsätzlich keine Auskunft über finanzielle Transaktionen ihrer Kunden zu geben brauchen, auch nicht gegenüber den Strafverfolgungsbehörden. Unter diesen Voraussetzungen konnten die Ferienheimhyänen ungestört ihre dunklen Geschäfte abwickeln. Niemand kam an sie heran!« (Stuttgarter Zeitung, 19. März 1966).

Genauso war es im Falle der Vacanza, des einzigen größeren Unternehmens dieser Art, das bisher aufgeflogen ist, wenn auch verschiedene andere noch auf der Warteliste stehen.

Gegründet wurde die Vacanza Anfang 1965 von dem Frankfurter Geschäftsmann und »Generalkonsul« Heinrich Heuer, zweiundfünfzig Jahre alt, der auch noch durch eine andere Affäre von sich reden gemacht hat. Heuer wurde nämlich im Herbst 1965 von der Frankfurter Kripo verhaftet, weil er versucht hatte, in Deutschland Söldner für den zentralafrikanischen Herrscher Mwami Mwambusta von Burundi anzuwerben. Am 8. November 1965 wurde Heuer wieder auf freien Fuß gesetzt.

Bei der Gründung seines von Anfang an zwielichtigen Unternehmens verlegte Heuer, angeblich nur aus steuerlichen Gründen, gleich den Firmensitz nach Genf, wo sich auch sein schwarzer Gönner, der König von Burundi, aufzuhalten pflegte. Vorsichtshalber wurde zwischen die von Heuer in Genf aufgezogene Vacanza SA und den eigentlichen Geschäftsbetrieb in Frankfurt (den Heuers Frau leitete) noch eine Holdinggesellschaft eingeschaltet, nämlich die Vacanza Holding, Basel.

Dann machte sich Heuer an die Arbeit. Er ließ zwischen 150 000 und 180 000 Anteilscheine zu je 100 Franken mit der Aufschrift Vacanza-Anlagefonds drucken und bot sie vor allem in der Bundesrepublik zur Zeichnung an. Dabei spekulierte er, durchaus richtig, auf eine gewisse Mentalität, die Millionen deutscher Urlauber kennzeichnet: Sie verdienen das ganze Jahr hindurch gut, so daß ihnen ein Tausender recht locker in der Tasche sitzt, wenn's um das Ferienvergnügen geht. Aber man kann doch nie wissen, wie der Urlaubsetat im nächsten oder übernächsten Jahr aussieht. Da käme ein Gratisaufenthalt in schöner Umgebung doch wohl sehr gelegen. Immer wieder fallen selbst sonst so gescheite Leute auf die Verlockung des magischen Wortes »kostenlos« herein.

Den Urlaubsfreudigen wurde vorgespiegelt, daß sie die Wahl zwischen zwei guten Dingen haben würden: entweder ein Anrecht auf sechs Prozent Dividende oder aber – für jeden Anteilschein – eine Woche Gratisurlaub mit Familie in einem Feriendorf, Chalet, Hotel oder Motel, das die Gesellschaft mit den eingezahlten Geldern zu erwerben versprach.

Mit gleisnerisch bunten Prospekten gingen die Vacanza-Werber hausieren. »Ihr Ferientraum wird Wirklichkeit!« stand auf einem zu lesen, und weiter: »In den schönsten Feriengebieten Europas und Afrikas durch Erwerb von Ferien-Zertifikaten.« Zu eindrucksvoller Illustration zeigte ein Prospekt das Panoramabild eines Luxusbungalows am Genfer See. Später stellte sich heraus, daß diese Traumvilla das Privateigentum von »Konsul« Heuer war und von diesem niemals der Vacanza zur Verfügung gestellt werden sollte. Andere Prospekte waren mit Bildern von Ferienobjekten geschmückt, die nachweislich Firmen gehörten, die mit »Vacanza« nichts zu tun hatten. In insgesamt fünfunddreißig Ländern sollten die Erwerber von Vacanza-Zertifikaten kostenlos Urlaub machen dürfen. Tatsächlich hatte die Firma, wie sich nachher herausstellte, zu keinem Zeitpunkt auch nur ein einziges Grundstück oder Gebäude in ihrem Besitz, das zum Ferienaufenthalt geeignet gewesen wäre.

Daß die Anteilscheine in Deutschland reißenden Absatz fanden, lag nicht zuletzt daran, daß sie sehr vertrauenerweckend aufgemacht waren. »Die Anlagefonds sahen so solide aus wie eine VW-Aktie«, erklärte ein Erwerber seinen kostspieligen Irrtum. Vacanza gab sich den weiteren Anstrich besonderer Gediegenheit, indem sie den Anteilscheinen den Namen der bekannten Genfer Treuhandfirma Rhodania SA als Garant aufdrucken ließ. Was es damit für ein Bewenden hatte, erklärte ein Sprecher der Rhodania der Baseler Nationalzeitung Mitte März 1966 wie folgt:

»Die Herren von der Vacanza sind zu uns gekommen und haben uns gebeten, die Treuhandschaft über ihre Geschäftstätigkeit zu übernehmen. Die Verhandlungen zogen sich in die Länge, weil uns verschiedene Punkte dunkel erschienen. Inzwischen haben aber die Vacanza-Leute bereits die Zertifikate in Druck gegeben und uns darauf als Treuhänder genannt. Die Zertifikate wurden dann, ohne uns zu benachrichtigen, beim Drucker abgeholt und in Umlauf gebracht. Sobald wir davon hörten, haben wir von uns aus Klage eingereicht. Schon im November 1965 belief sich der Schaden nach unseren Schätzungen auf 1,5 bis 2 Millionen Franken Jetzt ist er wahrscheinlich viel höher.«

Die faulen Zertifikate gingen im ganzen Bundesgebiet weg wie warme Semmeln; von einigen besonders Leichtgläubigen wurden sie sogar en masse gekauft. So erwarb z. B. ein Kaufmannsehepaar in Stuttgart nicht weniger als 100 solche Anteilscheine und zahlte darauf über 100 000 Mark, denn zu diesem Zeitpunkt war der Verkaufspreis der Zertifikate wegen angeblich »erhöhter Kosten« auf 1255 DM angestiegen.

»Jetzt können wir damit unsere Wohnung tapezieren«, meinte die Frau betrübt, nachdem sich herausgestellt hatte, daß die ganzen Aktien nicht mehr wert waren als bunt bedrucktes Papier.

Zu den vielen Ungereimtheiten der Vacanza-Affäre gehört, daß sich ihr Gründer Heuer schon wenige Monate nach dem Start des Unternehmens ohne ersichtlichen Grund daraus zurückzog und die weitere Leitung zwei Frankfurter Geschäftsfreunden, Bruno Przetak und Walter Kutz, übergab.

Dabei soll er sich angeblich, anstatt mit Bargeld, mit Vacanza-Anteilscheinen haben abfinden lassen, obwohl doch schließlich niemand besser als er selbst wußte, daß diese keinen Pfennig wert waren.

Richtigen Schwung bekam das Geschäft erst, als sich die beiden neuen Manager ans Werk machten. Über die Art ihrer Betriebsführung berichtete später ein enger Mitarbeiter Przetaks: »Als ich zur Vacanza stieß, im Laufe des Jahres 1965, war der ganze Bürobetrieb ein einziges unüberschaubares Chaos. Niemand wußte genau, wieviel Anteilscheine überhaupt verkauft waren, niemand hatte einen Überblick über die Summen, die eingingen. In der Bundesrepublik waren wilde Kolonnen unterwegs, die Anteilscheine wie Zeitungsabonnements verkauften« (Münchner Abendzeitung, 19. März 1966).

Die neue Geschäftsleitung besorgte sich auch ein »Paradepferd«, den Prinzen Rudolf von Hohenlohe-Langenburg, der gegen ein Monatsgehalt von 4000 Mark dem zwielichtigen Unternehmen den Glanz seines Namens verleihen sollte. Der Prinz merkte aber bald, was gespielt wurde, und zog sich schon nach vierzehn Tagen zurück.

»Mir wurden die Pläne und die Arbeitsweise von Herrn Przetak unheimlich«, erklärte er später. »Ich merkte, daß das Unternehmen nicht seriös geführt wurde. Deshalb bin ich schleunigst wieder ausgestiegen« (Bild am Sonntag, 27. März 1966).

Die erste formelle Betrugsanzeige ging am 2. August 1965 bei der

Frankfurter Staatsanwaltschaft ein. Sie kam von der Warentestzeitschrift DM, die bei Recherchen über die vielfach zweifelhaften Angebote auf dem Markt der Ferienobjekte in diesem Fall besonders schwere Verdachtsmomente ermittelt hatte. Da die Staatsanwaltschaft selbst schon seit etwa einem Jahr »auf der Lauer« lag, lief nun sofort eine Untersuchung an.

Dabei ging die Staatsanwaltschaft allerdings sehr behutsam vor. Es wurde in der Angelegenheit kein einziger Haftbefehl erlassen, was damit begründet wird, daß alle Verdächtigen einen festen Wohnsitz in der Bundesrepublik haben und kein Fluchtverdacht zu bestehen scheint.

Auch die Finanzabteilung der Genfer Polizei trat in dieser Angelegenheit schon im Herbst 1965 in Aktion. Ihr erster Schritt war, einen Ausweisungsbefehl gegen Heuer zu erwirken, obwohl der Genannte zu diesem Zeitpunkt (Oktober 1965) nach außen hin gar nichts mehr mit Vacanza zu tun hatte. Trotzdem soll Heuer nach Presseberichten danach noch mehrmals in seinem von einem französischen Piloten gesteuerten Privatflugzeug »geschäftlich« in Genf gewesen sein.

Als dann am 13. Dezember 1965 die Schweizer Aufsichtsratsmitglieder der Firma zurücktraten und kein Ersatz in Aussicht stand, war guter Rat teuer. Denn ohne Schweizer Bürger im Aufsichtsrat durfte Vacanza nach den Landesgesetzen nicht länger ihren Geschäftssitz in der Schweiz haben. So mußte die dortige Gesellschaft am 17. Januar 1966 in Liquidation treten. Als die Herren Kutz und Przetak kurz darauf in Genf auftauchten, um einen letzten Rettungsversuch zu unternehmen, wurden sie von der Schweizer Polizei vorübergehend festgenommen, verhört und danach des Landes verwiesen.

Nun kam es in der deutschen Zentrale des Unternehmens zu einer heftigen Auseinandersetzung, die damit endete, daß Präsident Przetak am 17. Februar 1966 von seinem Kompagnon Kutz ausgebootet wurde und dieser selbst die Leitung des schon schwer angeschlagenen Unternehmens übernahm.

Grund der Zerwürfnisse waren die hochfliegenden Pläne Przetaks, von dem einer seiner damaligen Mitarbeiter sagte: »Er muß angesichts des vielen Geldes, das täglich hereinkam, übergeschnappt sein. Er ist größenwahnsinnig geworden!« (Abendzeitung, 19. März 1966). Przetaks »Größenwahnsinn« äußerte sich auf verschiedene Weise. Beispielsweise gab er einer Kleiderfabrik 40 000 Uniformen in Auftrag, die das Personal seiner zukünftigen Motel-Kette tragen sollte. Dabei besaß Vacanza zu diesem Zeitpunkt noch nicht einmal einen einzigen bescheidenen Ferienbungalow.

Przetak träumte auch davon, in Europa und Übersee 80 Großeinkaufszentren in der Größe des Rhein-Main-Centers zwischen Frankfurt und Wiesbaden zu bauen. Woher das Geld dafür kommen sollte, verriet er seinen Partnern nicht.

Auch Kutz konnte das verfahrene Unternehmen nicht wieder auf die rechte Spur bringen. Anfang März 1966 wurde das Konkursverfahren gegen die beiden Schweizer Teilstücke eröffnet, gleichzeitig liefen auch bei einem Frankfurter Gericht zwei Gläubigeranträge auf Konkurseröffnung ein. Zu diesem Zeitpunkt hatte die Bundespost den Telefonanschluß des Frankfurter Büros wegen unbezahlter Rechnungen schon gesperrt.

Kaum war der Zusammenbruch offenkundig, so wurde es auch klar, daß die meisten Anteilzeichner wenig Aussicht hatten, nur einen Pfennig ihrer Einlagen zurückzubekommen oder jemals den versprochenen Gratisurlaub genießen zu können. »Von Aktien gibt es keine Spur«, berichtete die Genfer Polizei an die deutsche Interpol-Zentrale in Wiesbaden. Danach nahm Staatsanwalt Listmann in Frankfurt auch kein Blatt vor den Mund: »Es ist nahezu aussichtslos, daß die Zeichner ihr Geld je wiedersehen. Das Ganze ist ein riesiger Betrug.«

Allerdings ließ der Urheber des ganzen Elends, Heuer, Ende März 1966 durch seinen Rechtsanwalt erklären, er sei bereit, diejenigen Käufer von Vacanza-Zertifikaten, die noch zu seiner Zeit ihre Anteile erworben hatten – also vor dem 23. Juni 1965 –, aus seinem Privateigentum schadlos zu halten. Zu diesem Zweck will Heuer dem Konkursverwalter Grundbesitz in der Schweiz im Werte von drei Millionen Mark zur Verfügung gestellt haben.

Diese Summe reimt sich jedoch gar nicht mit einer früheren Erklärung Heuers, die er am 17. März abgab, wonach er selbst vor seinem Ausscheiden aus der Firma nur 600 Zertifikate zu je 1000 Schweizer Franken verkauft habe. Warum sollte er dann mehr als den fünffachen Betrag ersetzen wollen?

Auch ein anderer Verkäufer von Vacanza-Zertifikaten, der Frankfurter Druckereibesitzer Kurt Hechinger, hat sich nach einem Bericht der Stuttgarter Zeitung (21. März 1966) bereit erklärt, aus eigenem Vermögen für die von ihm verkauften Anteilscheine geradezustehen. Hechinger hatte in seiner Druckerei für die Vacanza Farbprospekte im Wert von 300 000 Mark gedruckt, statt Bargeld aber 400 Zertifikate zum eigenen Verkauf erhalten. Um diese Anteilscheine absetzen zu können, gründete Hechinger eine besondere Gesellschaft Zertifikatsvertriebs GmbH, kurz Zertat genannt, und setzte über diese 71 Anteilscheine ab.

»Die Besitzer sollen ihre Urlaubsansprüche in einem Feriendorf von 100 Bungalows abwohnen, das Hechinger in diesem Jahr auf einem 60 000 Quadratmeter großen Landbesitz in Bayern bauen lassen will«, so heißt es in dem oben zitierten Bericht.

Das klingt reichlich ungewiß und muß als noch zweifelhafter erscheinen, wenn man bedenkt, daß gegen Hechinger, nach Angaben der Frankfurter Handelsauskunftei *Creditreform*, in der Zeit vom 12. Dezember 1963 bis 7. Oktober 1965 viermal Haftbefehl zur Erzwingung des Offenbarungseides erlassen worden ist (Frankfurter Rundschau, 24. März 1966).

Noch ist die ganze Affäre weitgehend in Dunkel gehüllt. Unerfindlich bleibt vor allem angesichts der völlig fehlenden Konkursmasse, wohin die Millionen Mark bzw. Franken, die für die wertlosen Zertifikate gezahlt worden sind, ihren Weg genommen haben.

In diesem Zusammenhang muß noch einer anderen Kategorie von Sonnensuchern Erwähnung getan werden, die auch immer wieder skrupellosen Geschäftemachern auf den Leim geht.

Viele, sehr viele Deutsche haben in den letzten Jahren ihre Ersparnisse dazu benutzt, im Ausland Grund und Boden zu kaufen, wobei vor allem die Sonnenländer (Spanien, Italien, Griechenland, Südfrankreich, der Tessin sowie der US-Bundesstaat Florida) bevorzugt werden. Bei den meisten Erwerbern solcher Grundstücke spielen neben dem Traum vom sonnigen Lebensabend auch noch steuerliche und währungspolitische Erwägungen mit.

Inzwischen haben schon zahlreiche Käufer Muße genug gehabt, ihre Kapitalanlage im sonnigen Ausland wieder zu bereuen. Das liegt vor allem daran, daß auch auf diesem Gebiet so viele Interessenten den Versprechungen farbenfroher Prospekte und mundgewandter Akquisiteure blind vertrauen und die Katze im Sack kaufen. Das gilt vor allem für den Grundstückserwerb in Florida, bei dem eine Besichtigung an Ort und Stelle durch die große Entfernung erschwert wird. Und gerade hier ist äußerste Vorsicht geboten!

Schon im Jahre 1961 stellte die amerikanische Finanzzeitschrift Forbes fest, daß auf eine seriöse Landerschließungsgesellschaft in den USA hundert windige Händler kämen. Tatsächlich trieb die Grundstücksspekulation in Florida (und daneben auch in Kalifornien) damals die tollsten Blüten. Leichtgläubigen Interessenten wurden angeblich entzückend gelegene Grundstücke »abseits vom Lärm der großen Städte« angedreht, die sich dann nach dem Verkauf – der sich selbst innerhalb der USA oft im Wege des Postversandes vollzieht – als reines Ödland entpuppten: Kein Wasser, kein elektrischer Anschluß, keine Kanalisierung, oft genug noch nicht einmal ein befahrbarer Zufahrtsweg.

Seitdem der inneramerikanische Boom in Florida-Grundstücken vor ein paar Jahren merkbar abgeflaut ist – nicht zuletzt, weil sich die Enthüllungen über unlautere Machenschaften jagten –, haben die Spekulanten einen erheblichen Teil ihrer Tätigkeit in die Bundesrepublik verlegt. Wie *Die Zeit* schon am 17. Januar 1964 vermerkte, strahlen »manche Angebote eine unverkennbare Unseriosität aus«. Natürlich gibt es auch andere Angebote, und es gibt auch in Florida sehr begehrenswerte Grundstücke. Man kann aber ruhig sagen, daß solche für Deutsche kaum jemals preisgünstig zu erwerben sind, schon allein nicht wegen des Wechselkurses von 1 Dollar gleich 4 oder 3,75 Mark, der dem Verhältnis der Kaufkraft beider Währungen im allgemeinen nicht entspricht.

Neben den echten Perlen, die schandhaft teuer sind, wimmelt es von unechten, die zwar nicht viel kosten, dafür aber oft gar nichts wert sind. Florida ist auch heute noch ein weitgehend unerschlossenes Land, mit ausgedehnten Sumpfgebieten, die hauptsächlich von Alligatoren bevölkert sind, und riesigen, unwegsamen Ödflächen. Selbst in den Küstengebieten ist nicht alles Gold, was glänzt – auch nicht der schönste Sandstrand am Meer. Wer sich beispielsweise allzu nahe von Cape Kennedy ankauft, dürfte bald merken, daß die Gegend kein Ruheplatz für Geräuschempfindliche ist.

Aber auch wer nur nach sorgfältigster Besichtigung Grundbesitz im Ausland erwirbt, glaube nicht etwa, daß er damit in jedem Fall über den Berg ist. Oft genug kommt das dicke Ende erst danach. Problematisch auf diesem Gebiet des Ferienglücks ist vor allem, daß die Staatsanwaltschaften nicht *vorbeugend* tätig werden können. Gewiß werden die vielfältig angepriesenen Grundstücksverkäufe im Ausland von den Staatsanwaltschaften mit großer Skepsis angesehen. Ein Einschreiten ist aber erst möglich, sobald ein nachweisbar strafbarer Tatbestand gegeben ist. Da zudem gerade in dieser Branche gerne mit Haftung gedroht wird, üben die Staatsanwälte im allgemeinen große Zurückhaltung gegenüber solchen Verkäufern und beschränken sich darauf, den Käufern zu empfehlen, die Bücher und Unterlagen der anbietenden Firmen genau zu prüfen.

John Blooms kurzes Glück und jähes Ende: Gold aus Waschmaschinen

Große Finanzskandale sind in England recht selten. Wenn aber einmal einer platzt, kann er sich meistens auf der internationalen Pleiteskala sehen lassen. So auch der Fall Bloom, der im Sommer 1964 die City von London in ihren Fugen erschütterte. Es war, nach dem Urteil der Sunday Times (19. Juli 1964), »das größte und sensationellste Finanzdebakel, das England seit dem letzten Weltkrieg erlebt hat«. Die Nachwirkungen dieses Bebens sind auch heute noch nicht vorbei.

John Bloom, Sohn eines armen polnischen Schneiders, wurde im Jahre 1932 im East End, dem Slumviertel von London, geboren. Er ist also wohl der Benjamin unter den ruchbaren Finanzjongleuren aus aller Herren Ländern, von denen in diesem Buch die Rede ist. Dazu drängen sich sein steiler Aufstieg und ebenso jäher Fall auf wenige Jahre um den Wendepunkt seines dritten Lebensjahrzehnts zusammen, die ein englisches Blatt »die 1700 Tage John Blooms« genannt hat.

Seine frühe Jugend ließ nicht erkennen, daß Bloom eines Tages wie ein Meteor am englischen Finanzhimmel aufsteigen und ebenso schnell in der dichten Atmosphäre der City wieder verglühen würde. Gewiß, der junge Mann handelte schon in der Schule mit Kaugummi und Comics und machte auch im Luftwaffendienst allerhand Geschäfte, über die seine Vorgesetzten die Stirn runzelten, doch dauerte es trotzdem ziemlich lange, bis jemand das Verkaufsgenie entdeckte, das in John Blooms Seele steckte. Und dieser Jemand war er selbst.

Es geschah im Sommer 1958, als Bloom, damals Buchhalter in einer Ziegelei mit einem Wochenlohn von 12 Pfund (rund 520 Mark im Monat), seinen Urlaub in Holland verbrachte. Dort fiel sein Auge auf eine Waschmaschine, die ihm, gemessen an den englischen Preisen, ungewöhnlich billig vorkam. Der englische Waschmaschinenmarkt wurde damals von zwei oder drei großen Firmen beherrscht (vor allem Hoover und Hotpoint), die mühelos die Preise hochhielten.

Bloom rechnete sich aus, daß er die holländische Maschine für 29 Pfund erwerben und für 44 Pfund gewinnbringend verkaufen könnte, also zu einem Preis, der um fast 50 Prozent unter demjenigen der gängigen Marken lag. Das würde jedoch nur im Wege des Direktverkaufs, unter Ausschaltung des Einzelhandels, möglich sein.

Der junge Mann kratzte also seine Ersparnisse zusammen und steckte praktisch sein ganzes flüssiges Geld (437 Pfund) in eine große Zeitungsannonce, die in einem Londoner Massenblatt erschien und erstmals das Lob der billigen holländischen Waschmaschine sang. Er hatte mit etwa 100 Bestellungen gerechnet; tatsächlich meldeten sich jedoch rund 8000 Interessenten.

Danach fiel es ihm nicht schwer, den nötigen Finanzierungskredit zu bekommen. Er hatte damit durchschlagenden Erfolg und konnte innerhalb von fünf Jahren über 1,2 Millionen Waschmaschinen absetzen. Auf dem Höhepunkt seines Erfolges, kurz vor dem Zusammenbruch, konnte Bloom sich rühmen, einen Marktanteil von 22 Prozent im Kampf gegen viel kapitalkräftigere Konkurrenten erobert zu haben.

Das Geheimnis dieses sensationellen Erfolges lag vor allem in der starken Entfaltung des *hire-purchase*-Systems in England Anfang der sechziger Jahre. Bei diesem System wird der zu erwerbende Gegenstand gegen Monatsraten vermietet mit der Maßgabe, daß bei späterem Kauf diese Mietraten ganz oder teilweise zur Anrechnung kommen. Bloom, der seinen Kunden besonders günstige Monatsraten einräumte und ihnen dazu eigene, mit seinem Bildnis bedruckte Rabattmarken gab, trug wesentlich mit dazu bei, diesem neuen Abzahlungssystem in Großbritannien zum endgültigen Durchbruch zu verhelfen.

Nach dem Debakel stellte der *Sunday Express* in der Ausgabe vom 19. Juli 1964 fest, daß im Durchschnitt jedes englische Familienbudget heute mit 65 Pfund Schulden aus Ratenkäufen belastet ist, und stellte die Frage, ob Blooms finanzielle Traumwelt (»never-never world«) sich nicht zu einer regelrechten Gefahr für die englische Gesellschaft ausgewachsen habe. Allerdings war auch Bloom, trotz seiner Bedeutung auf diesem Gebiet, nur »ein Floh auf dem Rücken eines Elefanten«, meinte das Blatt. Auch nach seinem Ausscheiden ginge die Vertriebsart unentwegt weiter.

Schon nach einem Jahr eines ungewöhnlich flotten Absatzes, in dem seine Verkäufer rund 5000 Abschlüsse in der Woche tätigten, beschloß Bloom, eine eigene Vertriebsgesellschaft zu gründen. Anfang 1960 erwarb er die stagnierende Firma Rolls Razor, die elektrische Rasierapparate herstellte, und entwickelte sie zur Vertriebsorganisation seiner holländischen Waschmaschine, die er später unter dieser Flagge auch in England in Lizenz produzieren ließ. So kam es, daß ganz ungereimterweise jahrelang die meistgekaufte englische Waschmaschine unter dem Namen eines Rasierapparates lief.

Danach gründete Bloom noch eine eigene Holdinggesellschaft, die English and Overseas Investments Ltd., der er seine dreißigprozentige Beteiligung am Aktienkapital der Rolls Razor übertrug. Der Rest des Kapitals verteilte sich auf rund 5000 Aktionäre. Die 1962 zu einem Stückpreis von 12,90 Mark ausgegebenen Aktien stiegen unentwegt im Wert und erreichten bald einen Kurs von 26,90 Mark. Genau ein Jahr vor dem Zusammenbruch wurde der Marktwert von Rolls Razor von Fachleuten in der City auf rund 13 Millionen Pfund geschätzt, die sich im Juli 1964 innerhalb weniger Tage in das reine Nichts auflösten.

Wie konnte es dahin kommen? In erster Linie hat zweifellos John Bloom selbst versagt. Ob er sich gar am Gesellschaftseigentum vergriffen hat, wurde jahrelang von der englischen Staatsanwaltschaft geprüft. Es zeigte sich nämlich bald, daß Bloom zwar das Zeug zur »Verkaufskanone« in sich hatte, dagegen nicht zum Chef einer großen Firma oder gar zum Konzernherrn. Er wurde, wie viele andere seinesgleichen, Opfer seiner eigenen, hemmungslosen Expansionswut.

Im Anfangsstadium hatte er fachgerecht und fast risikolos gearbeitet. Er nahm Bestellungen entgegen, ließ sich eine Anzahlung geben (es gab natürlich auch genug Kunden, die bar bezahlten, um den Teilzahlungs-Preisaufschlag zu vermeiden) und lieferte seine Maschinen mit einem Minimum an Büro- und Versandkosten. Alle seine Vertreter waren nur auf Provisionsbasis angestellt; sie bekamen für jede verkaufte Maschine vier Pfund. Auf diese Weise konnte Bloom einen Reingewinn von rund dreißig Prozent in die eigene Tasche stecken.

Bei einer solchen Verdienstspanne und dem stetig ansteigenden Umsatz der ersten Jahre ist es kein Wunder, daß Bloom schon im Alter von 28 Jahren Millionär war – damals der jüngste in Großbritannien.

Mit der Umwandlung in eine große Gesellschaft stellten sich jedoch alsbald Finanzierungsprobleme ein. Jetzt mußte ein Werk für den Lizenzbau der Maschine errichtet werden. Das Personal wuchs, der Umsatz vervielfachte sich, die Kosten stiegen in jeder Hinsicht, und schließlich mußten neue Verkaufsobjekte gefunden werden, um das aufgeblähte Unternehmen rentabel zu erhalten.

Zur besseren Ausnützung des Apparates – und auch der fast

immer ganzseitigen Inserate, für die er noch zu Beginn des Jahres 1964 etwa 500 000 Mark pro Woche ausgab – nahm Bloom in rascher Folge alle möglichen anderen Artikel in sein Programm auf, Kühlschränke, Geschirrspüler, elektrische Heizgeräte, Kameras, Fernsehapparate usw., ohne jedoch mit irgendeinem dieser Angebote seinen sensationellen Erfolg mit der Waschmaschine wiederholen zu können.

Hinzu kam, daß die Konkurrenz immer härter zurückschlug. Sie beschnitt die Handelsspannen, so daß die Preise gesenkt werden konnten, verbesserte ihre Modelle, reorganisierte das Vertriebsnetz. Neulinge der Branche – vor allem italienische Firmen – konnten Blooms Offerten unterbieten. Bloom hatte mit einer halbautomatischen Waschmaschine sein großes Geschäft gemacht. Jetzt kamen vollautomatische Modelle auf den Markt und setzten sich bei den Käufern durch.

Ungeachtet der wachsenden Schwierigkeiten lebte Bloom wie ein Fürst. Im Jahre 1961 hatte er eine bildhübsche Sekretärin geheiratet; die rauschende Hochzeit war eines der großen gesellschaftlichen Ereignisse des Jahres. Er ließ sich mit seiner Frau Anne in einer feudalen Wohnung in Londons exklusiver Park Lane nieder, schaffte sich zwei Rolls Royce, ein Privatflugzeug und eine große Jacht (Preis 3 Millionen Mark) an und mietete eine Villa in Monaco, dem Lieblingstummelplatz neureicher Prominenz.

Obwohl er politisch den Tories nahestand und auch einer seiner besten Freunde und zugleich Aufsichtsratsvorsitzender seiner Rolls-Razor-Gesellschaft der konservative Abgeordnete Richard Reader Harris war, flirtete Bloom geschäftlich doch auch mit dem Osten. Insbesondere lag ihm daran, die Reisebeziehungen mit den osteuropäischen Ländern zu vertiefen. Zu diesem Zweck setzte er seine Holding English and Overseas Investments ein, die mit Balkan Tourist, dem staatlichen bulgarischen Reisebüro, verschiedene Verträge abschloß.

Egozentrisch wie er war, liebte John Bloom es, sein übrigens durchaus gutaussehendes Konterfei unter die Leute zu bringen. Presse und Fernsehen umgaben ihn, nicht von ungefähr, mit dem Glorienschein des erfolgsprudelnden Selfmademan. Das Massenblatt Daily Mirror krönte ihn zum »Geschäftsmagnaten von 1964« – kurz bevor er zum Pleitesymbol des Jahres wurde. Er gründete eine eigene Trading Stamps-Firma, also eine Rabattmarkenorganisation, und setzte rund 500 Millionen Marken mit seinem Ebenbild in Umlauf.

»Es ist das erstemal«, verkündete er stolz, »daß in England Marken herauskommen, die nicht mit dem Bild eines Königs oder einer Königin versehen sind.«

Blooms Eitelkeit und Großmannssucht gaben sich auch auf vielfältige andere Weise Ausdruck. Für seine Wagen beschaffte er sich die polizeilichen Kennzeichen »JB« 1 beziehungsweise 2 und 3. Die beiden Rolls-Royce bestellte er nach Maß, wobei die Hersteller darauf achten mußten, daß die Wagen einige Zentimeter länger waren als diejenigen des königlichen Haushaltes im Buckingham Palace.

Als er sich 1962 in Monte Carlo nach einer eleganten Jacht umsah, fiel seine Wahl auf die 366 Tonnen große »Ariane« (Kostenpunkt: 300 000 Pfund) nicht nur, weil ihm das schmucke Schiff gefiel, das unter anderem einen Aufzug, ein Kino und ein vornehm ausgestattetes Büro besaß, sondern vor allem, weil es die berühmte Jacht »Christina« des Reederkönigs A. S. Onassis um zwei Fuß Länge übertraf.

Später, nach dem Zusammenbruch, vertraute Bloom einmal einem Freund an: »Nichts war mir so schmerzlich, als daß ich meine Ariane aufgeben mußte.«

Das alles erweckte natürlich Neid, Mißgunst und Ressentiments, und es ist sehr wahrscheinlich, daß diese unfreundlichen Gefühle stark, wenn nicht gar entscheidend, zum Untergang seines Geschäftsreiches beitrugen.

Fest steht jedenfalls, daß um die Jahreswende 1963/64 eine zielbewußte Baissespekulation gegen Rolls-Razor-Aktien einsetzte. Ihr Kurswert hatte im November 1963 den einmaligen Höhepunkt von 16 Shilling für die Pfund Aktie (zwanzig Shilling) erreicht; danach sank er in den folgenden Monaten unaufhaltsam, fast bis auf den Nullpunkt. Die Baissiers machten große Termingeschäfte in Rolls-Razor-Aktien und verdienten damit Riesensummen.

Nach dem Bankrott der Firma wurde bekannt, daß sich unter den Verkäufern der Aktien auch eine Schwester von John Bloom befand. Das war einer der Gründe, warum später vom Board of Trade einer Untersuchung der Umstände, unter denen es zum Zusammenbruch kam, eingeleitet wurde. Hatte Bloom etwa, so fragte man sich in der Öffentlichkeit, seiner Schwester Geheiminformationen über den schlechten Stand seiner Geschäfte gegeben, die er seinen Aktionären vorenthielt? Hatte er etwa gar im stillen gegen sich selbst spekuliert und damit sein Privatvermögen gerettet?

Anfang 1964 ließ Bloom einmal im engsten Kreise seiner Vertrauten die Bemerkung fallen: »Wenn wir so weit herunter sind, daß wir weniger als 1500 Waschmaschinen in der Woche verkaufen, fangen wir an, an Selbstmord zu denken.« Wenige Monate später war der wöchentliche Absatz auf unter 1000 gesunken, aber Bloom dachte gar nicht daran, seine finstere Drohung wahr zu machen.

Im Gegenteil, Anfang Juli 1964 stach er mit seiner Frau auf seiner Luxusjacht Ariane III in See und unternahm eine lange Vergnügungsreise zum Schwarzen Meer.

Dort traf ihn, während er vor der bulgarischen Küste kreuzte, die Hiobsbotschaft aus London: In seiner Abwesenheit hatte der Vorstand Mitte Juli mit knapper Stimmenmehrheit beschlossen, die Gesellschaft zu liquidieren. Kurz vorher waren der Aufsichtsratsvorsitzende Reader Harris und vier andere Direktoren von ihren Posten zurückgetreten.

In der City schlug die Nachricht vom Aufhören der Rolls Razor wie eine Bombe ein. Im Handumdrehen purzelte der Kurs der Aktie auf einen Shilling.

Bloom brach seinen Urlaub in Bulgarien sofort ab und eilte per Flugzeug nach London zurück, wo er am 19. Juli eintraf. Scharen von Reportern erwarteten ihn vor seiner Wohnung, doch konnten sie nur Bilder knipsen. Bloom verweigerte jede Antwort auf die an ihn gestellten Fragen.

Am nächsten Tag berief er eine Pressekonferenz ein, auf der er versicherte, daß die Direktoren alles daransetzen würden, um das Unternehmen zu retten. Doch es war schon zu spät. Der Konkurs war nicht mehr zu vermeiden. Bloom schob die Schuld auf die Banken, die ihn in die Enge getrieben hätten.

Am schwersten geschädigt waren die 5000 Aktionäre, die bei der Liquidation der Konkursmasse völlig leer ausgingen. Sie bekamen auch nicht mehr die Dividende in Höhe von 209 000 Pfund ausbezahlt, die am 15. Juli fällig war, obwohl das Geld schon zu diesem Zweck auf ein Sonderkonto eingezahlt worden war.

Aus diesen Kreisen wurde daher auch am lautstärksten die Forderung nach einer gründlichen Untersuchung der Angelegenheit erhoben. Nach englischem Brauch ging die Sache zuerst an den Board of Trade, der auch als Aufsichtsbehörde für die Börse fungiert. Von den Aktionären wurde vor allem verlangt, der Board solle die Verbindungen zwischen der Rolls Razor und einer Reihe von Zulieferfirmen, die mit »English and Overseas Investments« engen Kontakt hatten, unter die Lupe nehmen.

Von den beiden Firmenleitungen war immer behauptet worden, sie hätten nichts miteinander zu tun, abgesehen von dem großen Paket an Rolls-Razor-Aktien, das sich im Besitz von E und O Investments befand.

Inzwischen hat Bloom der Hochfinanz Lebewohl gesagt und sich auf ein erheblich niedrigeres, dafür aber weit weniger riskantes Geschäftsniveau begeben. Er hat nämlich in Soho, dem Londoner Vergnügungsviertel, einen Nachtklub mit dem Namen *The In Place* aufgezogen. Frau Anne ist an dem Geschäft beteiligt, zusammen mit dem schon mehrfach erwähnten Abgeordneten Reader Harris und einem routinierten Nachtklubbesitzer.

Auch im Bereich seiner neuen Tätigkeit hat Bloom schon wieder hochfliegende Pläne entwickelt. Er will das besagte Lokal als eine Art von Konkurrenzunternehmen zu dem amerikanischen Playboy Club entwickeln, der vor kurzem in Londons vornehmstem Stadtviertel Mayfair eröffnet worden ist. Zu diesem Zweck hat er sich mit dem Sex-Magazin Penthouse verbündet, das dem amerikanischen Playboy nachgebildet ist. Der Unterschied in der Auflage ist allerdings enorm: 3 770 000 für Playboy – 154 000 für Penthouse.

Der Gedanke der Kombination zwischen einem Sex-Magazin und einem Nachtklub ist ebenso einfach wie raffiniert. Das Magazin, das auf Nuditäten spezialisiert ist, bringt hüllenlose Fotos eben jener wohlgestalteten Damen, die gleichzeitig als Bunnies (Häschen) verkleidet in dem betreffenden Lokal als Serviererinnen auftreten. So hat es Playboy schon lange gemacht. So will es das Team Bloom-Penthouse auch machen.

Auch sonst ist die Idee, nach einem Riesenskandal ein Nachtlokal aufzumachen, reklametechnisch nicht schlecht. Schon jetzt betätigt sich der gefallene Magnat als Empfangschef für das Lokal seiner Frau.

»Mister Bloom selbst hat keine Anteile an dem Unternehmen und hat auch kein eigenes Geld hineingesteckt«, berichtet der Sunday Telegraph. »Die Verhandlungen mit Penthouse hat er im Namen seiner Frau und anderer Aktionäre geführt. Das Personal des Klubs bezeichnet ihn allerdings als ›the Governor‹ (der Chef).«

Sollte das Gerichtsverfahren das Interesse für Bloom wieder wecken, so dürfte er wohl selbst die größte Attraktion für sein Lokal werden – zugkräftiger als alle »Häschen«.

Nach einer Wartezeit von dreieinhalb Jahren, in der sich die Ermittlungsbehörden mehr oder weniger erfolgreich bemühten, den

Knäuel der Bloomschen Transaktionen zu entwirren, schlug die Justiz Anfang 1968 gegen die Verantwortlichen zu.

Als erster wurde John Bloom selbst am 30. Januar 1968 im *Crazy Horse Saloon*, einem weiteren Nachtklub, den er sich in der Zwischenzeit zugelegt hatte, verhaftet. Schon am folgenden Tage wurde er dem Richter vorgeführt unter der Anklage, die Bilanzen der Rolls Electromatic Washing Machines Co. für das Jahr 1960 in betrügerischer Absicht gefälscht zu haben. Der frühere Sekretär der Gesellschaft, der zweiundfünfzigjährige Arthur Sowley, wurde gleichzeitig unter derselben Beschuldigung festgenommen. Bald darauf wurden beide Männer wieder gegen eine Kaution von 20 000 Pfund vorläufig auf freien Fuß gesetzt.

Am 21. Februar 1968 meldete die Associated Press aus London, daß auch der ehemalige Aufsichtsratsvorsitzende von Rolls Razor, der Abgeordnete Richard R. Harris, zusammen mit einem anderen früheren Mitglied des Aufsichtsrates namens Albert Palmer festgenommen worden sei. Gegen beide wurde die Anklage erhoben, sie hätten gemeinsam die Bilanz der Rolls Razor Washing Machine Co. für das Geschäftsjahr 1963 verfälscht.

»Die Polizei meint, daß es noch zu weiteren Verhaftungen kommen wird«, hieß es am Schluß dieser Meldung.

Mitte September 1969 war es endlich soweit: Im Old Bailey, dem berühmten, wie eine mittelalterliche Feste anmutenden Kriminalgericht von London, rüstete man sich zum »Monsterprozeß« gegen John Bloom und Genossen. Die Presse witterte nicht nur Riesensensationen, sondern tippte auch einmütig darauf, daß dies einer der längsten und schwierigsten Prozesse in der Kriminalgeschichte des Landes werden würde.

Vieles schien in der Tat darauf hinzudeuten, vor allem die ungewöhnlich lange Vorbereitung – mehr als fünf Jahre waren seit dem Konkurs vergangen; der Aktenberg, der sich angehäuft hatte; daneben aber auch ein ungewöhnlicher Schritt der Law Society, die dem Gericht nahelegte, bei der Auswahl der zwölf Geschworenen auf deren berufliche und finanzielle Verhältnisse gebührende Rücksicht zu nehmen.

In England können Geschworene während der ersten zehn Tage nur mit einer Entschädigung von höchstens 70 Shilling pro Tag rechnen, bei längerem Andauern des Prozesses kann die Vergütung auf 130 Shilling erhöht werden. Das ist zwar immerhin noch erheblich mehr, als in manchen anderen Ländern gezahlt wird, reicht aber doch nicht aus, um die durchschnittlichen Tageseinnahmen eines mittleren Geschäftsmannes, Facharbeiters oder eines Mitglieds der freien Berufe zu ersetzen.

Daher empfahl die Law Society dem Vorsitzenden des Schwurgerichts, Richter Bernard Gillis, denjenigen Kandidaten, die sich entschuldigen lassen wollten, weil sie in ihrem Geschäft keinen Ersatzmann hätten oder in ihrem Beruf eine Schlüsselposition einnähmen, ein sympathisches Ohr zu leihen, und erklärte dazu wörtlich: »Es könnte für einen Geschworenen eine finanzielle Katastrophe werden, wenn er ein Jahr lang im Schwurgericht Dienst tun müßte.«

Ein Jahr lang! Das war das Stichwort, das die Presse aufhorchen ließ. Vergleiche und Berechnungen wurden aufgestellt. Der längste Prozeß in der englischen Kriminalgeschichte, so erfuhr man, hatte in den 70er Jahren des vorigen Jahrhunderts stattgefunden, ganze 827 Tage gedauert und die Krone 55 315 Pfund gekostet. Im Falle John Bloom müßte man bei einer Prozeßdauer von einem Jahr mit Kosten von einer halben Million Pfund rechnen, berichtete der *Daily Telegraph* (22. September 1969).

Es sollte aber alles ganz anders kommen, wobei vielleicht auch der Gesichtspunkt eine Rolle gespielt hat, daß man es sich im Zeichen der *austerity*, der verordneten bescheidenen Lebenshaltung, kaum leisten könnte, wegen einer zweitrangigen Angelegenheit ein so kostspieliges Verfahren zu inszenieren.

So ganz unrecht hatte anscheinend Blooms Hauptverteidiger, Michael Sherrard, nicht, als er am zweiten Tag des Prozesses, dem 24. September, dem Gericht zu bedenken gab, ob die Affäre nicht etwa allzu sehr aufgebauscht worden sei.

»Ich nehme nicht gern das Wort Hexenjagd in den Mund«, erklärte Rechtsanwalt Sherrard vor Gericht, »aber ich muß schon sagen, daß mich gewisse Anklagepunkte seltsam anmuten. Das liest sich, als wollte man zu dem Angeklagten sagen: ›Na ja, vielleicht bist du gar keine Hexe, aber wir haben doch immerhin in deiner Küche etwas Reisig gefunden, aus dem man hätte einen Besen machen können, und klagen dich daher wegen unerlaubten Besitzes eines solchen an.‹«

Ganz so ein reines Unschuldslamm, wie man nach diesen Worten annehmen könnte, war aber John Bloom gewiß nicht. Er zog es daher vor, sich mit der Krone zu arrangieren, was offenbar nicht allzu schwer war.

Bloom bekannte sich in zwei Punkten der Anklage schuldig, worauf sich die Staatsanwaltschaft dazu bereit erklärte, sein »Nicht schuldig« in sechs anderen Punkten zu akzeptieren. So ging der angebliche Monsterprozeß unerwartet schnell zu Ende. Schon am 10. Oktober 1969 konnte das Urteil verkündet werden. Weil er nach eigenem Geständnis in zwei Fällen die Bilanzen seiner Unternehmen betrügerisch gefälscht hatte, um die Aktionäre über den wirklichen Stand der Dinge zu täuschen, wurde Bloom zu einer Geldstrafe von insgesamt 30 000 Pfund verurteilt. Wenn diese nicht innerhalb eines Jahres bezahlt sei, so hieß es weiter in dem Urteil, müsse der Angeklagte ersatzweise eine zweijährige Gefängnisstrafe antreten.

Dazu dürfte es jedoch kaum kommen. Nach eigenen Angaben verfügt Bloom immer noch über ein Privatvermögen von rund 75 000 Pfund (Schätzungen Dritter liegen erheblich darüber). Seit dem Anlaufen der gerichtlichen Untersuchung gegen ihn will er fast 200 000 Pfund für Anwaltsgebühren und andere damit zusammenhängende Unkosten ausgegeben haben.

Frau Anne erklärte sich großzügig bereit, ihre Juwelen im Werte von rund 20 000 Pfund zu verkaufen, um die Zahlung der Geldstrafe zu sichern.

Auch daß ihm vom Gericht zusätzlich für fünf Jahre verboten wurde, Gesellschaften zu leiten, »deren Aktien an einer anerkannten Börse des Vereinigten Königreiches gehandelt werden«, traf Bloom nicht schwer.

»Ich habe nicht die geringste Lust, noch einmal in eine Aktiengesellschaft einzusteigen«, erklärte er vor Journalisten, als er lächelnd als freier Mann den Gerichtssaal verließ, den er wenige Stunden vorher in Handschellen betreten hatte – und noch dazu an einen Mordangeklagten gekettet!

Er glaube auch in seinem neuen Beruf ein gutes Auskommen zu finden, fügte er hinzu: »Ich bin an dem Nachtklub Crazy Horse in Marylebone, der Reflection Diskothek in Piccadilly und dem Klub der 800 am Leicester Square beteiligt«, sagte er. »Mein Einkommen aus diesen Beteiligungen beträgt ungefähr 6000 Pfund im Jahr.«

Bevor er ihn in die Freiheit entließ, hielt Richter Gillis dem Verurteilten noch eine Standpauke: ». . . Zu schade ist nur, daß Sie im Augenblick der Krise nicht eingesehen haben, daß man ein Geschäft nur ehrlich führen kann. So entschlossen waren Sie, den Erfolg, der Ihnen rechtmäßig in den Schoß gefallen war, weiterhin zu nützen, daß Sie nun rücksichtslos und betrügerisch weitermachten . . .«

War der Hauptangeklagte recht glimpflich davongekommen, so

ging es seinen »Genossen« noch besser. Die Verfahren gegen Sowley, Reader Harris und andere wurden auf unbestimmte Zeit vertagt, das heißt praktisch eingestellt.

Das »dicke Ende« für John Bloom sollte aber noch kommen. Zwei Tage nach dem Urteil lief in dem für seine Skandalgeschichten berüchtigten Massenblatt News of the World, das sich der größten Auflage der Welt rühmt (über 6 Millionen Exemplare), eine Serie über das »phantastische Geheimleben John Blooms« an, die aus dem Finanzskandal einen Sittenskandal machte. Die Serie stammte aus kundiger Feder: Der Autor, Jack Jacobs, war jahrelang ein enger persönlicher und geschäftlicher Vertrauter Blooms gewesen, nach eigenen Worten sogar dessen »rechte Hand«.

Nach den Angaben von Jacobs war der Boß nicht nur ungewöhnlich eitel, ehrgeizig und rücksichtslos gewesen, sondern auch sexbesessen. Von den pikantesten Einzelheiten, die in der Ausgabe der News of the World vom 12. Oktober 1969 in riesiger Aufmachung auf der ersten und zweiten Seite aufgetischt wurden (während auf S. 6, 7 und 9 die Memoiren der Christine Keeler liefen), hier eine kleine Blütenlese:

Nach seiner Heirat mit Anne ließ Bloom sich in seiner neuen Luxuswohnung in Alford House ein Ehebett einrichten, das er selbst als das teuerste der Welt bezeichnete.

Das Prachtstück war in der Mitte eines Electric Bedroom (elektrisches Schlafzimmer) aufgestellt, in dem es eine Schaltanlage mit so vielen Anschlüssen gab, »daß man sich in den Cockpit eines Düsenflugzeuges versetzt glaubte«. Dabei war eine komplizierte Abhöranlage, dank deren der Herr des Hauses in der Lage war, alles mit zu belauschen, was in den Gästezimmern der Wohnung vor sich ging.

Zu der Sondereinrichtung des Bloomschen Ehebettes, so berichtete Exfreund Jacobs weiter, gehörten eine doppelte Fernsehanlage, elektronische Geräte, durch die die Bettücher gestreckt wurden, Vibrierapparate sowie »ein besonders findiges Arrangement, durch das die Matratze in jede gewünschte Stellung gebracht werden konnte«.

Selbst der stolze Besitzer dieser elektronischen Schlafkammer mußte zugeben, daß diese Art von Komfort nicht ohne Risiko ist. »Wenn mal was schiefgeht«, soll er einmal in einem Anflug von Galgenhumor zu Freunden gesagt haben, »werden Anne und ich bei lebendigem Leibe geröstet werden.«

Nach dem phänomenalen Erfolg seiner Großanzeigen im Waschmaschinengeschäft, so erfuhr man weiter aus den Enthüllungen des Mister Jacobs, versuchte Bloom sein Glück mit einer persönlichen Annonce ganz anderer Art. Sie erschien am 19. Juli 1960 in dem Blatt London Weekly Advertiser und hatte folgenden Wortlaut:

»Junger Unternehmer, 26 Jahre alt, der *Golddiggers* überdrüssig, möchte mit Heiratsabsichten eine sehr hübsche junge Dame mit guter Figur und durchschnittlicher Intelligenz kennenlernen. Ich habe ein Jahreseinkommen von über 5000 Pfund und besitze einen Rolls Royce und einen Jaguar XK 150. Ich fahre sehr gerne Auto und empfinde als ideal ein Mädchen, das schnelle Wagen liebt, dabei aber nicht gute Ratschläge zur Fahrweise gibt.

Meine sonstigen Interessen betreffen hauptsächlich Filme und Schallplatten. Ich mag gerne Frank Sinatra und Sammy Davis Junior, Ella Fitzgerald und sogar Elvis Presley, dagegen nicht die sonstigen Stars der Rock-and-Roll-Ära. Mein eigener Kabinenkreuzer liegt in Maidenhead vor Anker, und bei gutem Wetter gehe ich gerne segeln. Ich wohne in einem luxuriösen Appartement in Mayfair. Wenn ich auch nicht kochen kann, so kann ich doch Dosen aufmachen. Ich veranstalte gerne Parties und würde es daher gerne sehen, wenn das ideale Mädchen nachher beim Aufräumen behilflich wäre.

Wenn es ein solches Mädchen wirklich gibt, wird sie gebeten, gleich zu antworten, ein Bild einzusenden und wenn möglich eine Telefonnummer anzugeben.

Diese Anzeige ist ehrlich gemeint, und alle Briefe werden beantwortet. Ich habe echte Heiratsabsichten. Box 5047.«

Welches Mädchenherz würde nicht beim Lesen einer solchen Anzeige höher schlagen? So war der Erfolg auch dementsprechend durchschlagend. Als Jacobs einige Tage später unangemeldet das Büro seines Chefs betrat, fand er diesen vertieft in einen Stapel von Hunderten von Briefen vor. Es waren aber nicht, wie er zuerst glaubte, Bestellungen, sondern Antworten auf die besagte Annonce. Der ganze Schreibtisch war mit Bildern hübscher Mädchen übersät.

Zuerst schied Bloom alle diejenigen Bewerberinnen aus, die ihm aus irgendeinem Grunde nicht zusagten; sie bekamen eine schriftliche Absage.

Die anderen lud er zu einer »Besichtigung« ein. Das ging so vor sich: Während Blooms Chauffeur langsam an dem vereinbarten Treffpunkt vorüberkreuzte, lagen Bloom und ein Freund, Leslie Goldbart, auf dem Boden des Rolls-Royce und spähten vorsichtig über den Fensterrand nach den Schönen. War die Wartende akzeptabel, so tauchten die beiden bei der nächsten Runde auf und luden sie ein. Andernfalls mußte sie sich mit La Note begnügen, einem nach Schema F aufgesetzten Schreiben, das ihr von dem betreßten Chauffeur mit eleganter Handbewegung überreicht wurde. Darin gab Bloom seinem großen Bedauern darüber Ausdruck, daß er unerwarteterweise geschäftlich verhindert sei und sich längere Zeit im Ausland aufhalten müsse. Beim Anblick des Rolls-Royce, des livrierten Chauffeurs und der mitfühlend geschriebenen Entschuldigung, so meinte Jacobs, sei auch den Mädchen, die vergebens gewartet hatten, warm ums Herz geworden. Vor allem wurde auf diese Weise verhindert, daß sich die Enttäuschten bei der Zeitung beschwerten.

Am peinlichsten von allen Indiskretionen, die Jacobs vor den 6 Millionen Lesern der »News of the World« zum besten gab, war die Enthüllung, daß Bloom in seiner Luxuswohnung regelrechte Orgien feierte, an denen oft Film- und Fernsehstars beiderlei Geschlechts teilnahmen. Dabei wurden angeblich Oben-ohne-Wettbewerbe unter den Damen veranstaltet und, wie Jacobs sich ausdrückte, »eine männliche Version ähnlichen Stils«.

Nun, was für den großen Geschäftsmann John Bloom vielleicht vor Jahren ein vernichtender Skandal gewesen wäre, konnte den kleinen Nachtklubbesitzer von 1969 kaum noch treffen. In der Branche ist man tolerant.

Der Grundig-Konzern rechnet ab mit Josef Schäfer

Wenn einer von sich selbst sagen kann: »Die Gerüchte, daß ich Millionenbeträge veruntreut haben soll, entbehren jeder Grundlage«, und wenn ihm dann ein hohes Gericht dennoch eine Kaution von sage und schreibe 2,5 Millionen Mark auferlegt, bevor es sich entschließt, ihn aus der Haft zu entlassen – dann kann man jedenfalls sagen, daß es sich nicht um Bagatellen handelt.

Kommt noch hinzu ein großer Firmenname, eine langjährige Freundschaft, die plötzlich zerbrach, eine dramatische Flucht ins Ausland und ein Schuß »süßes Leben«, so hat man es gewiß mit einer Affäre von ungewöhnlicher Pikanterie zu tun.

Das alles trifft zu auf den Fall Josef Schäfer, der uns jetzt beschäftigen soll.

Drei Jahrzehnte lang war Josef Schäfer enger Freund, Geschäftsberater und Stabschef des deutschen Großindustriellen Max Grundig. Im letzten Jahrzehnt war er Generaldirektor des weltumspannenden Grundig-Konzerns, der in Europa als Hersteller von Rundfunk- und Fernsehgeräten an erster Stelle steht, daneben aber auch auf dem Gebiet Büromaschinen (Triumph und Adlerwerke) eine bedeutende Stellung einnimmt.

Heute ist der siebenundfünfzigjährige Schäfer ein gebrochener Mann, von seinem ehemaligen Freund und Chef in Acht und Bann getan. In einer am 22. Januar 1966 herausgegebenen Presseverlautbarung hat Konzernherr Grundig seinen Standpunkt mit rücksichtsloser Schärfe zum Ausdruck gebracht: Josef Schäfer, so hieß es in dieser Erklärung, habe seine langjährige Vertrauensstellung im Hause Grundig zu »sorgfältig geplanten und fachtechnisch mit Raffinesse verdeckten persönlichen Bereicherungen großen Umfanges« mißbraucht. Nach Grundigs Darstellung soll es sich dabei um eine veruntreute Summe in Höhe von 2,6 Millionen DM handeln.

Verfolgen wir kurz den Lebensweg der beiden Streiter in dem homerischen Zweikampf, der sich hier anbahnt. Max Grundig und Josef Schäfer lernten sich schon vor dem letzten Weltkrieg kennen. Damals war Grundig noch ein Einzelhändler der Radiobranche, Schäfer ein Steuerberater und Wirtschaftskonsulent. Schon als Einundzwanzigjähriger hatte der junge Diplomkaufmann Schäfer 1930 in Nürnberg ein Steuerberatungsbüro eröffnet. Er war ein tüchtiger junger Mann, dem bald eine ansehnliche Kundschaft zuströmte, darunter der aufstrebende Radiohändler Grundig, den er 1935 kennenlernte.

Nach dem Krieg ließ sich Grundig, der sich inzwischen der Fabrikation von Radiogeräten zugewandt hatte, von Schäfer beim Aufbau seiner Firma, der Grundig-Werke GmbH, Nürnberg-Fürth, sowie schließlich bei der Organisation seines vielschichtigen Konzerns beraten. Daß Schäfer sich auch dabei wieder als ein sehr tüchtiger Fachmann erwies und daß er dem Hause Grundig große Dienste erwiesen hat, wird von keiner Seite bestritten.

Über seine Hauptaufgabe bei der Konzerngestaltung hat sich Schäfer selbst recht offenherzig so ausgedrückt: »Grundig hatte von bilanz- und steuertechnischen Dingen zunächst keine Ahnung, aber er begriff sehr schnell. Ich habe seine Firma nach drei Kategorien geordnet: Besitzfirmen, Betriebsfirmen und Vertriebsfirmen, die unabhängig voneinander bilanzierten. Durch diese Teilung ließ sich ein Höchstmaß an Steuern sparen.«

Hier mag der Schlüssel zu der betonten Zurückhaltung liegen, deren sich die Grundig-Verwaltung ein paar Monate lang befleißigte, nachdem die Affäre Schäfer ruchbar geworden war. Kluge Geschäftsleute wissen, daß es sich nicht lohnt, sich mit zwei Mitgliedern des Personals unversöhnlich zu überwerfen: mit der Chefsekretärin oder mit dem Steuerberater.

Max Grundigs Aufstieg nach dem Kriege, zuerst in der Rundfunk- und dann in der Fernsehbranche, war ebenso steil und konsequent wie derjenige seines finanziellen Majordomus, Schäfer, in der Firmenleitung. Vor Sonnenuntergang war Schäfer Generalbevollmächtigter der Grundig-Werke, Leiter für das Finanz- und Steuerwesen der Grundig-Gruppe sowie Vorstandsvorsitzender der zum Konzern gehörenden Büromaschinen-Firmen Triumph-Werke, Nürnberg, und Adlerwerke-AG in Frankfurt/Main. Ferner hatte Schäfer Einzelprokura für die Grundig-Bank, Nürnberg, und übte praktisch die Aufsicht über die zahlreichen ausländischen Töchter der Firmen aus.

Man sollte meinen, daß mit alledem selbst ein rastloses Managerleben hinreichend ausgefüllt sei, wie auch, daß die Privatschatulle eines so vielbeschäftigten und hochbezahlten Herrn kaum weiterer Aufbesserung bedürfe.

Schäfer war aber offenbar anderer Meinung. Während er schon bei Grundig Millionen verdiente, machte er in der Nürnberger Krausstraße Nr. 7, seiner alten Branche getreu, eine Steuerkanzlei auf, die bald eine Reihe großer Unternehmen, besonders in Nordbayern, zu ihren Kunden zählte. Außerdem besaß er die Mehrheit der Anteile an der Buchprüfungsfirma »Fiducia«. Auch damit ist die Liste der Schäferschen Unternehmungen noch nicht erschöpft, wie wir gleich sehen werden.

Vorerst aber muß gesagt werden, daß Schäfer im Zuge seiner steilen Geschäftskarriere einen ebenso ausgeprägten Hang zum sogenannten süßen Leben entwickelte. Dieser eingefleischte Junggeselle, der sich viele Jahre lang mit einer gutbürgerlichen Mietwohnung in Nürnberg zufriedengegeben hatte, verspürte, nachdem er Generaldirektor des Grundigkonzerns geworden war – mit einem Jahresgehalt von 560 000 DM – den Drang zu aufwendigem Lebensstil.

Von der Hausbesitzerin Friedl Kluth, einer Schwester des ehemaligen Bundeskanzlers Ludwig Erhard, erwarb er in Fürth-Dambach, Forsthausstraße 49, eine luxuriöse Villa mit heizbarem Schwimmbassin und einem ausgedehnten Park. Im gleichen Hause hatte das Ehepaar Erhard längere Zeit eine Etage bewohnt, bevor es in die vielkritisierte Villa am Tegernsee umzog.

Nun entwickelte sich die Schäfer-Villa in Dambach zu einem gesellschaftlichen Anziehungspunkt der Nürnberger Hautevolee, wobei die langjährige Lebensgefährtin des Eigentümers, eine attraktive Brünette namens (Frau) Betty Schuh, charmant die Dame des Hauses spielte.

Das Grundbesitzer-Dasein behagte Herrn Schäfer und regte ihn zu weiteren Ankäufen an. Er erwarb Grundstücke in den Vereinigten Staaten, in Schweden, in der Schweiz und in Portugal, teils im eigenen Namen, teils für die Firma Grundig. Daß er auch einige aus dieser Kategorie angeblich auf seinen Namen im Grundbuch eintragen ließ, ist einer der Vorwürfe, die später gegen ihn erhoben wurden.

Schäfer betätigte sich ferner als Bauherr. In unmittelbarer Nähe des Nürnberger Hauptbahnhofs errichtete er ein stolzes Geschäftshaus, das er danach an die Firma Grundig vermietete. Ein ganzes Stockwerk des Gebäudes, von dem das Kleeblatt-Warenzeichen des Konzerns nächtlich in Neonbeleuchtung strahlte, reservierte der Bauherr für sich selbst beziehungsweise für seine Generaldirektorentätigkeit.

Zu Schäfers Freizeitgestaltung gehörte ferner die Waidmannslust, der er auf einem weiten Jagdrevier am Thiersee in Österreich nachging, wobei er übrigens dem Beispiel seines Chefs und Freundes Grundig folgte.

Schließlich sei noch zum Privaten vermerkt, daß Schäfers Geltungsbedürfnis ihn auch nach diplomatischem Rang und entsprechender Ehre trachten ließ. Diese Art von Ehrgeiz ist unter den erfolgreichen Geschäftemachern der Bundesrepublik weit verbreitet. Wer nicht als »Generalkonsul« oder zumindest als Konsul irgendeines (meist lateinamerikanischen) Landes das CC-Schild an seinem Straßenkreuzer prangen läßt, wird von Kollegen schief angesehen.

Schäfer, der es weiß Gott nicht nötig hatte, solche Mätzchen mitzumachen, ließ sich nicht nur von Präsident Duvalier, dem Selbstherrscher der Negerrepublik Haiti, zum »Generalkonsul« ernennen, sondern er beschaffte sich auch einen diplomatischen Paß dieses Landes, der ihm später bei der Flucht ins Ausland gut zustatten kam. Hier war also offenbar weise Vorsicht mit im Spiel.

Mitte 1965 hatte der bis dahin stets erfolgreiche Schäfer erstmals

Pech. Sein Chauffeur wurde bei dem Versuch, im Schutze des CC-Zeichens zollpflichtige Ware über die deutsche Grenze zu schmuggeln, ertappt. Er ließ erkennen, daß er nicht ganz aus eigener Initiative gehandelt habe. Darauf reagierte das Auswärtige Amt in Bonn sauer. Es entzog dem Dienstherrn das konsularische Exequatur und damit auch das Recht, das CC-Nummernschild zu führen. Den diplomatischen Paß von Haiti konnte Bonn allerdings Herrn Schäfer nicht entziehen.

Das kleine Malheur scheint aber doch der Wendepunkt in Schäfers bis dahin so unbeschwertem Leben gewesen zu sein. Vor allem ging es mit ihm in den nächsten Monaten gesundheitlich bergab. Er erkrankte an einem Augenleiden, bald darauf kam noch eine Blinddarmentzündung hinzu. Im Sommer 1965 nahm er nach zwei Operationen einen längeren Urlaub zur Genesung.

Das hätte Schäfer nicht tun dürfen. Denn nun mußte ein Stellvertreter bestellt werden, der dann auch bald einen intimen Einblick in die bisher von dem Generalbevollmächtigten recht selbstherrlich geführte Finanzverwaltung des Konzerns bekam. Dabei kamen allerhand merkwürdige Dinge zutage, die schließlich den Firmenchef veranlaßten, eine Treuhandgesellschaft mit einer gründlichen Revision der Bücher zu betreuen. Wochenlang vertiefte sich eine vierzehn Mann starke Gruppe von Revisoren in sämtliche Geschäftspapiere des abwesenden Finanzmanagers.

Über das Ergebnis dieser Untersuchung war Grundig zutiefst bestürzt, und er zog daraus sofort die Konsequenzen. Als Schäfer am 15. September 1965 auf seinen Generaldirektorensessel zurückkehren wollte, fand er auf seinem Schreibtisch die fristlose Entlassung vor. Allerdings bemühte man sich vorerst noch, das Gesicht zu wahren. So ließ die Verwaltung des Konzerns verlauten, daß Schäfer »mit Rücksicht auf seine schwere Krankheit und auf seinen angegriffenen Gesundheitszustand« von seinen Aufgaben entbunden worden sei.

Schon bald darauf lief jedoch bei der Staatsanwaltschaft Nürnberg eine Strafanzeige gegen Schäfer wegen Untreue und Betruges ein. Sie konnte den Umständen nach nur aus dem Hause Grundig gekommen sein.

Im ersten Stadium der Untersuchung wurde von allen Seiten das Geheimnis streng gehütet. Auch über Einzelheiten der Schäfer zur Last gelegten Verfehlungen schwiegen sich die Behörden ebenso wie die Konzernleitung vollständig aus. Man erfuhr nur in großen Zügen, was vor sich gegangen sein sollte.

Wir wissen schon aus dem Munde Max Grundigs, daß Schäfers persönliche Bereicherung auf Kosten der Firma »fachtechnisch mit Raffinesse verdeckt« war. Er machte sich dabei seine intime Kenntnis geschäftlicher Verknüpfungen und buchhalterischer Vorgänge zunutze. Insbesondere soll er durch kunstvolle Zwischenschaltung von Schein- und Tarnfirmen unrechtmäßig hohe Provisionen in die eigene Tasche geleitet haben.

So ermittelten zum Beispiel Grundigs Revisoren in einem Fall, daß eine bestimmte Firma, die von Schäfer regelmäßig bei großen Exportaufträgen als Vermittlerin eingeschaltet worden war, in Wirklichkeit diesem selbst gehörte. Auf diese Weise konnte der Herr Generaldirektor zum Beispiel bei einer Lieferung im Werte von fünf Millionen Mark 250 000 Mark »Provision« in die eigene Tasche stecken.

Bei Materialeinkäufen für die Grundig-Betriebe soll Schäfer ähnlich operiert haben. Es wird ihm vorgeworfen, daß er von deutschen und schwedischen Zulieferfirmen Provisionsgelder beziehungsweise Sonderrabatte für die von ihm selbst erteilten Aufträge eingestrichen habe.

Am 26. November wurde gegen Schäfer Haftbefehl erlassen. Auf bisher nicht geklärte Weise bekam der Beschuldigte Wind von der geplanten Maßnahme und setzte sich mit seiner Freundin schleunigst ins Ausland ab. Fest steht, daß das Paar am 25. November 1965 um 15.30 Uhr die österreichische Grenze bei Lindau überschritt und sich danach in die Schweiz begab.

Dagegen ist die Frage, wieso dieser Grenzübertritt in letzter Minute noch möglich war, vorläufig noch in Dunkel gehüllt. Widerspruchsvolle Berichte sind darüber in der Presse erschienen. Nach einigen Meldungen soll zu diesem Zeitpunkt schon ein Fahndungs- und Festnahmeersuchen aus Nürnberg an allen Grenzstationen vorgelegen haben. Doch hätten die deutschen Paßkontrolleure in Lindau den Wagen unbehelligt passieren lassen, weil Schäfer bei dieser Gelegenheit noch einmal das längst abgelegte CC-Schild unberechtigterweise am Heck seines Mercedes angebracht hatte. Anderen Berichten zufolge soll der Haftbefehl erst fünf Minuten, nachdem das Paar die Schranke hinter sich gelassen hatte, bei der Grenzpolizei eingetroffen sein.

Ein paar Wochen lang war Schäfer verschwunden. Die Schweizer Polizei erklärte Anfang Dezember auf Anfrage lakonisch: »Wir haben die Fahndung über Interpol bekommen. Bis jetzt wissen wir nicht, wo sich Herr Schäfer aufhält. Wenn er in der Schweiz ist, kann er nur bei einem Freund wohnen, sonst wäre er uns schon gemeldet worden. Aber selbst wenn wir wissen, wo er ist – ausgeliefert kann er nur werden, wenn ein Schweizer Gericht befindet, daß seine eventuellen Straftaten unter die Auslieferungsparagraphen fallen.«

Da die Schweizer Gerichte bei Wirtschaftsdelikten in der Regel von einer Auslieferung Abstand nehmen, wohl aber die Gesuchten meist sofort in ein anderes Land abschieben, hätte wohl nichts im Wege gestanden, daß Schäfer zum Beispiel in Südamerika Asyl gesucht hätte. Dort gibt es eine ganze Reihe Länder, wie zum Beispiel Brasilien, Venezuela und Paraguay, die praktisch überhaupt nicht ausliefern.

Warum ist dann Schäfer schon bald wieder aus freien Stücken in die Bundesrepublik zurückgekehrt? Vielleicht schreckte ihn das Risiko, das jeder Flucht nach Südamerika wegen der dortigen Zustände anhaftet.

Bestimmend für den Entschluß zur Rückkehr war wohl die Tatsache, daß Schäfer befürchten mußte, sein ganzes Eigentum in Deutschland zu verlieren. Nach der Aufdeckung der Affäre hatte nämlich die Firma Grundig auch ein *zivilrechtliches* Verfahren gegen ihren ehemaligen Generaldirektor eingeleitet und hatte über dessen Grundbesitz und Wertpapiere einen dinglichen Arrest in Höhe von über zwei Millionen Mark verhängen lassen. Offenbar hoffte Schäfer, sich doch noch vor Gericht rechtfertigen und damit wenigstens einen Teil seines Vermögens retten zu können.

Während seines kurzen Aufenthaltes in der Schweiz gab die Justizpressestelle in Nürnberg am 29. November 1965 eine amtliche Verlautbarung heraus, in der es hieß: »Gegen den ehemaligen Generaldirektor im Grundig-Konzern, Josef Schäfer, ist bei der Staatsanwaltschaft Nürnberg ein Ermittlungsverfahren anhängig. Gegen Schäfer besteht der Verdacht, seine leitende Position im Konzern zur Veruntreuung erheblicher Geldbeträge ausgenutzt zu haben. Schäfer befindet sich gegenwärtig nicht in der Bundesrepublik.«

Aus der Schweiz schrieb Schäfer mehrere Briefe an seinen früheren Gönner, anscheinend um sich zu rechtfertigen und einen Vergleich anzustreben. Doch der erzürnte Grundig ließ sie ungeöffnet an den Absender zurückgehen. Er erklärte auch öffentlich, er wolle den Namen Josef Schäfer überhaupt nicht mehr hören: »Der Mann hat mich zu sehr enttäuscht.«

Kurz darauf faßte Schäfer, der bis dahin mit seiner Freundin unter falschem Namen in kleinen Pensionen gewohnt hatte, den Entschluß, in die Heimat zurückzukehren. Am 8. Dezember 1965 stellte er sich der deutschen Grenzpolizei am Übergang Konstanz-Kreuzlingen. Er wurde sofort festgenommen und dem Ermittlungsrichter in Nürnberg »zur Entscheidung der Haftfrage« vorgeführt. Dieser verfügte die vorläufige Einweisung in ein Untersuchungsgefängnis wegen Verdunkelungsgefahr. Die Pressestelle in Nürnberg ließ sich dazu vernehmen: »Die internationale Fahndung nach dem ehemaligen Generaldirektor des Grundig-Konzerns und ehemaligen Generalkonsul von Haiti, Josef Schäfer, ist beendet.«

Schäfer blieb nicht lange in Untersuchungshaft. Schon am 17. Januar 1966 wurde er gegen die schon erwähnte, ungewöhnlich hohe Kaution von 2,5 Millionen Mark aus dem Gefängnis entlassen. Nach seiner Freilassung gab er einem Vertreter der Deutschen Presseagentur gegenüber die schon eingangs zitierte Erklärung ab, in der er die gegen ihn erhobenen Beschuldigungen als »Gerüchte« bezeichnete und bestritt, sich strafrechtlich vergangen zu haben. Es handelte sich seiner Ansicht nach um einen reinen Zivilstreit betreffend »angebliche Bereicherungsansprüche wegen der in mein Grundstück eingebauten Werte, Zinsen und Auslagen«. Er habe der Gegenseite schon Frist zur Hauptsacheklage setzen lassen. Von einer Flucht könne keine Rede sein. Er habe bei seiner Ausreise in die Schweiz – »zum Zwecke eines Genesungsurlaubs« – gar nicht gewußt, daß ein Verfahren gegen ihn anhängig sei. Davon will Schäfer überhaupt erst in der Schweiz aus Presseberichten erfahren haben; daraufhin sei er sofort zurückgereist.

Demgegenüber wies die Pressestelle des Grundig-Konzerns in einer sofortigen Erwiderung darauf hin, daß der Haftbefehl gegen Schäfer nicht aufgehoben, sondern nur außer Vollzug gesetzt worden sei. Außerdem habe er seinen Paß abgeben müssen. Es schwebe also noch weiterhin ein kriminelles Verfahren. Danach erfolgte dann die scharfe Stellungnahme des Firmenchefs, von der schon oben die Rede war. Weiter hieß es in dieser Verlautbarung, daß Schäfer sich seit langem gewissen Koordinierungsplänen der Konzernführung widersetzt habe. »Aus heutiger Sicht rechtfertigt sich die Annahme, daß dies geschah, um seine Verfehlungen zu decken.« Ein recht klarer Hinweis.

Anfang November wurde Schäfer unter der Anklage von neunzehn Vergehen der Untreue vor Gericht gestellt. Das Verfahren gegen ihn, vor der Dritten Großen Strafkammer beim Landgericht

Nürnberg-Fürth, dauerte fünf Monate, fand aber, im Gegensatz zu den meisten großen Affären dieser Art, in der Öffentlichkeit nur geringe Beachtung.

Am 2. April 1969 wurde das Urteil gefällt. Schäfer wurde in zwölf Anklagepunkten für schuldig befunden; in vier Punkten erfolgte Freispruch, und in drei weiteren wurde das Verfahren eingestellt. Der Angeklagte bekam drei Jahre Gefängnis und wurde zu rund einer Million Mark Geldstrafe, ersatzweise weiteren 502 Tagen Gefängnis verurteilt.

Dr. Jorge de Serpa oder Mannesmanns verlorene Tochter

»Gegen intelligente Betrüger ist man machtlos.«
Dr. Egon Overbeck,
Generaldirektor von Mannesmann

»Voce é canalha!« (Sie sind ein Lump!) schrie der untersetzte General mit dem sorgsam frisierten Grauhaar und bohrenden schwarzen Augen den Deutschen an, der nach hochnotpeinlichem Verhör schon ziemlich geknickt vor ihm stand.

Dr. Herman Kleinheisterkamp, technischer Direktor der Companhia Siderúrgica Mannesmann (CSM) in Belo Horizonte (Brasilien), wehrte sich, so gut er konnte, gegen den Vorwurf, bei der größten Wechselreiterei des Jahrhunderts, durch die Tausende von Brasilianern um ihre Spargroschen betrogen worden waren, mitgeholfen zu haben.

Nicht er und auch nicht die anderen beiden deutschen Kollegen, Präsident Sigmund Weiss und der kaufmännische Direktor Edwin May, seien für die Betrügereien verantwortlich gewesen, darauf bestand Kleinheisterkamp, sondern das ganze Geld sei von dem brasilianischen Finanzdirektor des Unternehmens, Jorge Serpa Filho, kassiert und in die eigene Tasche gezaubert worden.

Gerade das wollte der nationalistische Armeegeneral Ayrton de Salgueiro Freitas, der von der Regierung Präsident Castello Brancos zum Leiter der Untersuchungskommission bestellt worden war, welche die CSM-Affäre gründlich durchleuchten sollte, nicht wissen. Er warf sich in die ordengeschmückte Heldenbrust, verwies auf die stramm vor ihm auf einem Regal stehende Batterie von Aktenordnern, in denen die Protokolle der Untersuchung ihren Niederschlag gefunden hatten, und blieb dabei, daß die Deutschen, nicht die eigenen Landsleute, Nutznießer dieser Affäre gewesen seien. Dann ließ er den protestierenden Kleinheisterkamp wieder abführen und wandte sich weiter der Untersuchung des »größten internationalen Finanzskandals nach dem zweiten Weltkrieg« (The Times, London) zu.

Der Skandal, der im Juni 1965 ausbrach, erschütterte das bis dahin fast unbegrenzte Vertrauenskapital, das die Deutschen in Brasilien wie auch in anderen lateinamerikanischen Ländern genossen, in seinen Grundfesten und zog auch andere deutsche Firmen, die in Brasilien arbeiteten, in Mitleidenschaft. Nun hieß es auf einmal, die Deutschen seien neben den verhaßten Yankees die schlimmsten Ausbeuter des rückständigen Landes, und ihre Entwicklungshilfe bestehe in Wirklichkeit darin, sich auf Kosten der Einheimischen zu bereichern.

Nicht nur von der Offiziersjunta, die in Brasilien die Macht an sich gerissen hatte, sondern auch von einem ihr ergebenen Salesianer-Mönch, Pater Irineu Leopoldino de Sousa, wurde die Mißstimmung im Lande kräftig angeheizt. Der Pater wetterte von der Kanzel: »Mannesmann ist ein Unternehmen von Betrügern, die den guten Glauben von rund 10000 Brasilianern mißbraucht haben.« Und: »Das Verbrechen von Mannesmann an den Einfältigen schreit nach Rache.«

Dabei hatte die leidige Angelegenheit vor Jahren so gut als Musterbeispiel deutsch-brasilianischer Zusammenarbeit angefangen. Schon seit 1949 gab es in Brasilien eine Firma Manex do Brasil, die dort den Absatz von Mannesmann-Produkten besorgte und von dem Deutschen Dr. Sigmund Weiss mit großem Erfolg geleitet wurde. Im Jahre 1951 reiste ein Direktor des Düsseldorfer Stammhauses nach Brasilien, um dort mit Weiss und dem damaligen Präsidenten Vargas über die Gründung einer Mannesmann-Fabrik im Lande zu verhandeln. Er stieß auf großes Entgegenkommen von seiten der Regierung, die sich auch bereit erklärte, das Projekt weitgehend zu finanzieren, während das damals noch kapitalarme Deutschland vor allem sein technisches »Know-how« und geschultes Personal zur Verfügung stellen sollte.

Als Mannesmann daraufhin im Jahre 1952 in Belo Horizonte die brasilianische Tochtergesellschaft Companhia Siderúrgica Mannesmann (CSM) gründete, ernannte der damalige Gouverneur des

Bundesstaates Minas-Gerais und spätere Präsident Juscelino Kubitschek seinen Vertrauten Dr. Jorge de Serpa Filho zum gesetzlich notwendigen Vertreter Brasiliens in dem neuen Unternehmen. Serpa, von Beruf Rechtsanwalt, war jahrelang Sekretär des Kardinals von Rio und zählte zu den Spitzen der brasilianischen Gesellschaft. Von deutscher Seite war also kaum etwas gegen diese Ernennung einzuwenden.

Zusammen mit einem Landsmann namens Jose Machado Freire trat Serpa in den Vorstand der CSM ein, dem sonst nur deutsche Direktoren unter dem Vorsitz von Präsident Sigmund Weiss angehörten, der inzwischen jedoch durch Naturalisierung brasilianischer Staatsangehöriger geworden war.

CSM, später infolge zweimaliger Kapitalerhöhungen zu 71,56 Prozent im Besitz von Mannesmann, florierte. Im Jahre 1964 beschäftigte das Werk 5800 Personen, hatte einen Umsatz von 132 Millionen und einen Wert von rund 350 Millionen Mark.

Als Brasilien vor einigen Jahren wieder einmal in den Strudel einer reißenden Inflation geriet, mit einer Geldentwertungsquote von 60 Prozent im Jahre 1963 und sogar 87 Prozent 1964, entwickelte sich ein blühender schwarzer Markt (»Parallelmarkt«) in Wechseln industrieller Unternehmen, die eine Rendite von 5 Prozent oder mehr monatlich versprachen.

Wer solche Wechsel ausstellte, versprach seinen Gläubigern praktisch stabiles Geld, denn der Zinssatz, den sie bekommen sollten, entsprach der Verfallsrate des Cruzeiro. Dabei verzichteten die meisten auf Auszahlung bei Fälligkeit, sondern ließen sich gleich neue Wechsel geben, die unter Vorwegnahme der künftigen Zinsen auf entsprechend höhere Beträge ausgestellt waren. Dieses System lief in der Praxis bald darauf hinaus, daß Wechsel, die in der Regel sechs Monate liefen, jahrelang nicht bezahlt zu werden brauchten.

Darüber, daß ein solches System nicht ewig weiterfunktionieren, sondern jederzeit durch ein einschneidendes Ereignis zum Einstürzen gebracht werden konnte, machten sich die Herren Serpa und Machado, die fleißig CSM-Wechsel für Milliarden Cruzeiros ausstellten, anscheinend keine Gedanken.

Auch sie wurden durch die sogenannte »Revolution« vom 31. März 1964, die in Wirklichkeit ein Generalsputsch war, überrascht und in ihrer Wechselreiterei empfindlich gestört. Die neuen Herren hatten neben dem angeblichen Kommunismus ihrer Vorgänger auch der traditionellen Korruption den Kampf angesagt. Als korruptionsverdächtig galt bei ihnen von vornherein, wer ein Freund der »linken« Präsidenten Kubitschek und Goulart gewesen war. Serpa, der sich mit beiden gut gestanden hatte, sah infolgedessen seine Bankverbindungen unversehens eintrocknen, während auf der anderen Seite seine bisher so geduldigen Wechselgläubiger nun in immer größerer Zahl Bargeld verlangten. Ein Scheck, den er zur Abdeckung der aufgelaufenen Schulden ausschrieb, wurde von seiner Bank nicht mehr honoriert.

Ende Mai 1965 gingen die ersten CSM-Wechsel zu Protest. Nun wurde Serpa in aller Eile von der Mannesmann-Zentrale in Düsseldorf ausgebootet, doch es war zu spät, um das schon stark angeschlagene Prestige der Deutschen zu retten. Es half auch nichts, sondern verschlimmerte nur die Mißstimmung in Brasilien, daß Mannesmann Ende Juni durch Großanzeigen in der Tagespresse dem Publikum bekanntgab, daß die von Ex-Direktor Serpa ausgestellten Wechsel rechtswidrig und ungültig seien und daß die CSM nicht verpflichtet sei, sie zu bezahlen.

Nun gerieten die rund 40 000 Brasilianer, die ihr inflationsbedrohtes Geld in Serpa-Wechseln angelegt hatten, in hellen Aufruhr. Da auch eine größere Anzahl von Offizieren zu den Geschädigten gehörte, hatte es der ad hoc gegründete Notausschuß der *Vitimas da Mannesmann* (Mannesmann-Opfer), der von Pater Ireneu geleitet wurde, nicht schwer, die Regierung zum Eingreifen zu bewegen. Anfang September 1965 wurde Serpa verhaftet und von der Polizei in Rio einem hochnotpeinlichen Verhör unterzogen. Trotz raffinierter Tortur gestand Serpa jedoch nicht, was man von ihm wissen wollte – offenbar weil es nicht wahr war, daß er das aus den Wechselgeschäften bezogene Geld den politischen Gegnern der Militärdiktatur zu konterrevolutionären Zwecken gegeben hätte.

Viel wahrscheinlicher hatten er und seine Freunde es in ihre eigenen Taschen gesteckt, wie die Firma Mannesmann es auch in ihrer Bekanntmachung zum Ausdruck brachte.

Wie sich erst später herausstellte, hatte Serpa in großem Umfang mit gefälschten Wechseln gearbeitet und sich dabei einer raffinierten Methode bedient. Die ersten CSM-Wechsel, die im Jahre 1962 ausgestellt worden waren, trugen noch zwei echte Unterschriften, wie es das brasilianische Wechselrecht verlangt, nämlich diejenigen von Finanzdirektor Serpa und seinem ebenfalls brasilianischen Kollegen, Machado Freire.

Bald darauf schied Machado aus dem Unternehmen aus, was

Serpa jedoch nicht daran hinderte, auch weiterhin »Promissorias« mit den Unterschriften beider Männer in Umlauf zu setzen. Er ließ ganz einfach den Namenszug des ausgeschiedenen Machado von einem geschickten Zeichner nachziehen, so daß die gefälschten von den echten Wechseln nicht zu unterscheiden waren. Die fällig gewordenen alten (und echten) wurden laufend mit neuen (gefälschten) Papieren bezahlt.

Wie die Direktion des Stammhauses in Düsseldorf später feststellte: »Unsere Beauftragten in Brasilien haben noch keineswegs alle Wechsel gesehen. Alle bisher vorgelegten Papiere – mehrere tausend Stück – tragen mindestens eine gefälschte Unterschrift.«

Aus dieser unbestreitbaren Tatsache zogen die Düsseldorfer die rechtlich ebenso unbestreitbare Konsequenz, daß die deutsche Mutterfirma nicht wegen den von ihrer brasilianischen Tochter begangenen Betrügereien in Anspruch genommen werden könnte. Selbst nach brasilianischem Recht gilt: Für gesetzeswidrig ausgestellte Wechsel, insbesondere solche, die nicht zwei autorisierte Unterschriften tragen, haftet persönlich, wer unterzeichnet hat: also Serpa, und nicht die CSM. Schon gar nicht, unter diesen Umständen, das Stammhaus.

Nur, in Brasilien werden juristische Rechnungen anders aufgemacht als in Deutschland. Was kümmert es die Regierung, wie die Rechtslage ist, wenn auf den Straßen Zehntausende demonstrieren, die Presse vor Wut schäumt und ein Pater mit ausgebreiteten Händen den Fluch des Himmels auf die deutschen »Ausbeuter« herabruft?

Durch die handfesten Vernehmungsmethoden General Ayrtons, der übrigens auch oberster Geheimpolizeichef der Provinz Guanabara war (der Geschäftssitz der CSM befand sich in Rio, der Hauptstadt dieser Provinz), waren schon bald »Geständnisse« der Direktoren Weiss und May zustande gekommen, während Kleinheisterkamp sich nicht dazu erpressen ließ und standhaft jede Mitschuld abstritt.

Über das von May angeblich abgelegte Geständnis hieß es wörtlich in einem von der Regierung veröffentlichten Protokoll: »Gefragt, ob er einen Beschluß unterschrieben habe, durch den Zahlungen verzögert worden seien, um in der Bilanz finanzielle Disponibilitäten – über die wirklich vorhandenen hinaus – aufzuzeigen, antwortete er mit Ja. Gefragt, ob er wisse, daß es sich bei dieser Entscheidung, die darauf hinausliefe, die Steuerbehörden zu täuschen, um gesetzlich definierte Verbrechen handle, antwortete er mit Ja.«

Aufgrund solcher Geständnisse kam der Bericht der Untersuchungskommission unter Leitung von General Ayrton zu dem Schluß, daß das Geld aus den Wechseln keineswegs nur in die Tasche Serpas geflossen sei, sondern für die Expansion der Firma in Brasilien verwendet wurde. Auch müsse die Geschäftsführung der CSM ebenso wie Mannesmann in Düsseldorf von der Sache gewußt haben, »wenngleich man in Deutschland das Ausmaß nicht voll erkannte«. Jedenfalls seien die Deutschen verpflichtet, den Schaden wiedergutzumachen.

Der von den Brasilianern »überführte« May zog sich aus der Affäre, indem er versprach, persönlich bei der Mutter in Düsseldorf für eine Entschädigung einzutreten, falls man ihm dazu Gelegenheit gebe. Daraufhin wurde er von den Brasilianern in Freiheit gesetzt und reiste nach Deutschland, wo ihn aber eine böse Überraschung erwartete. Kaum war er in Düsseldorf angekommen, wurde May am 2. Dezember 1965 von seiner Firma entlassen.

Ähnlich erging es dem CSM-Präsidenten Weiss, der sich am 24. Juli selbst beurlaubt hatte, jetzt aber das Präsidentenamt wieder übernehmen wollte, um, wie er der Regierung schriftlich versprach, »eine Lösung, die die Bezahlung der Parallelmarktgeschäfte ermögliche«, zu finden. Dieses Versprechen konnte Weiss jedoch nicht halten, denn er wurde am 4. Dezember 1965 von einem Anwalt der Mannesmann AG davon unterrichtet, die Firma sei »auf keinen Fall damit einverstanden, daß Sie die Präsidentschaft der CSM wieder übernehmen«.

Damit war von dem einst fünfköpfigen Vorstand der CSM nur noch der standhafte Kleinheisterkamp übriggeblieben. Er wurde nicht entlassen, aber auf einen anderen Posten versetzt. Als neue deutsche Vertreter im CSM-Vorstand wurden im Frühjahr 1966 Dr. Heinz Günter Schmitt und Werner Mörath ernannt.

Inzwischen hatte sich das Verhältnis zwischen Mannesmann und den brasilianischen Behörden erheblich zugespitzt. Ayrton, Irineu und ihre Freunde schlugen vor, das deutsche Unternehmen kurzerhand zu enteignen, damit die geschädigten Gläubiger aus dem Erlös einer Versteigerung entschädigt werden könnten. Da die Aktiven der CSM ihre Schulden noch weit überstiegen, wenn auch der größte Teil in Form von Grundbesitz, Fabrikanlagen, Maschinen usw. nicht sofort realisierbar war, machten die Brasilianer eine Rechnung nach dem Schneeballsystem auf: Zu den tatsächlich vorhandenen Wechselschulden addierten sie fix soundsoviel angeblich nicht bezahlte Steuern plus Zinsen, plus Strafen und so weiter, bis sich die von Mannesmann einzutreibende Gesamtschuld auf 360 Millionen Mark belief, ein Betrag, der »zufällig« genau dem Marktwert des Hüttenwerkes in Belo Horizonte entsprach. Also brauchte man dieses gar nicht erst zu enteignen, so meinten die Vertreter dieser »harten« Lösung, zu denen auch Israel Pinheiro, der Gouverneur des Bundesstaates Minas Gerais, in dem Belo Horizonte liegt, gehörte, sondern das Eigentum der Deutschen bloß zu beschlagnahmen und dem Gerichtsvollzieher zur Eintreibung nicht bezahlter Schulden zu übergeben.

Bei der Regierung in Brasilia, der Hauptstadt des Landes, verhielt man sich besonnener. Im Außenministerium vor allem war man der Meinung, daß es besser sein würde, die Mannesmann AG durch mehr oder weniger sanften Druck zur freiwilligen Übernahme der CSM-Schulden zu bewegen, als durch nackte Gewaltanwendung ein Klima des Mißtrauens zu schaffen, das zu einem massiven Rückzug ausländischer Kapitalien aus Brasilien führen könnte.

So wurde im Februar 1966 ein Sonderbeauftragter, Edmundo Barbosa da Silva, nach Düsseldorf entsandt, wo er sechs Wochen lang mit Generaldirektor Egon Overbeck und dem Vorstand der Firma verhandelte. Am 6. April 1966 kam es zu einem mühsamen Kompromiß, der allen gutgläubigen Erwerbern von CSM-Wechseln volle Entschädigung sichern sollte. Im einzelnen wurde abgemacht:

Wer bis zwanzig Wechsel besitzt, sollte 50 Prozent des Nominalwertes wahlweise in bar oder in CSM-Schuldverschreibungen erhalten und weitere 20 Prozent in Schuldverschreibungen. Auf diese Weise würde der tatsächliche Kaufpreis, der sich ja auf nur 70 Prozent des Nennbetrages der Wechsel belief, voll rückerstattet werden. Die Schuldverschreibungen werden jährlich mit 7 Prozent verzinst.

Wer mehr als zwanzig Wechsel besitzt, sollte zunächst nur 50 Prozent des Nennwertes in Schuldverschreibungen ausgezahlt bekommen. Dabei wurde damit gerechnet, daß die restlichen 20 Prozent durch die Zwangsvollstreckung der gegen Serpa und seine Komplicen zu erwartenden Urteile gedeckt werden könnten. Sollte sich eine solche Vollstreckung als unmöglich erweisen, zum Beispiel mangels Vermögensmasse, so verpflichtete sich Mannesmann, auch diese 20 Prozent durch Schuldverschreibungen zu ersetzen.

Wie definiert man in solchen Dingen den guten Glauben?

»Als bösgläubig sehen wir alle diejenigen an, die von Serpa in die Wechselausgabe eingeschaltet oder aus anderen Gründen über seine Manipulation unterrichtet waren«, erklärte man im Mannesmann-Hochhaus am Rhein. Diese Erklärung brachte noch einmal Pater Irineu in Harnisch: »Es darf nicht zugelassen werden, daß Mannesmann die Ergebnisse der brasilianischen Prüfungsbehörden in Zweifel zieht und sich anmaßt, in eigener Sache zu richten«, donnerte der streitbare Mönch.

Außer der gefälschten Unterschrift des abgegangenen zweiten Finanzdirektors Machado hatte Serpa sich noch einer weiteren Fälschung bedient, um auf seinen Wechseln weiterreiten zu können. Seit dem 1. Oktober 1963 war es nämlich infolge einer neuen Gesetzesvorschrift illegal, auf dem Parallelmarkt Wechsel zu handeln. Serpa wußte sich zu helfen: Er datierte einfach die neuausgegebenen Wechsel auf den September 1963 zurück und kassierte weiter.

Die Makler in Rio de Janeiro und São Paulo, die Serpa in großem Umfang in seine Geschäfte eingeschaltet hatte, hätten diese Manipulationen durchschauen müssen und haben es wohl auch getan. Daß sie trotzdem bei der illegalen Wechselausgabe weiter mitmachten, bis die Bombe platzte, veranlaßte Mannesmann zu der Feststellung: »Unter den kleinen Wechselinhabern befinden sich nach unseren Schätzungen mehr Gutgläubige als unter den vierhundert Großkäufern.«

Größtkäufer war Luiz Alfonso Otero, Makler in Rio, in dessen Portefeuille sich 3077 Wechsel im Werte von 2,8 Millionen Mark angesammelt hatten.

Insgesamt hatten nach den Ermittlungen der brasilianischen Zentralbank und der Ayrtonischen Untersuchungskommission 7600 Personen knapp 60 000 Wechsel im Werte von 55 Millionen Mark erworben. Die große Mehrheit von ihnen – 5500 – waren Kleinsparer, die sich nicht mehr als vier Wechsel pro Kopf zugelegt hatten; weitere 1700 besaßen bis zu 20 Wechsel pro Person. Auf diese insgesamt 7200 Inhaber entfielen rund 50 Prozent der gesamten Wechselsumme, während sich die restlichen 50 Prozent auf 400 Großkäufer verteilten.

Die Abwicklung des in Düsseldorf abgeschlossenen Kompromisses ging wider Erwarten nur schleppend vor sich. Nur 1775 Papierbesitzer, kaum ein Viertel der Gesamtzahl, meldete sich innerhalb der festgesetzten Frist (13. Juli bis 13. August 1966) beim Banco Mercantil do Minas Gerais in Belo Horizonte, an dessen Schaltern die Auszahlung am 1. Oktober 1966 beginnen sollte. Die meisten anderen zogen es vor, den Klageweg zu beschreiten oder wurden von Maklern, denen sie die Wechsel zu treuen Händen überlassen hatten, ungefragt in die von diesen angestrengten Klagen einbezogen.

Die angestrengten Prozesse werden voraussichtlich noch jahrelang dauern und dürften nicht in allen Fällen für die Kläger gut ausgehen. »Viele erkennen jetzt, daß sie von Pater Irineu, General Ayrton und den Maklern falsch beraten wurden«, ließ Mannesmann Ende 1966 verlauten.

An Rande dieser Flut von Zivilklagen, nämlich der Wechselgläubiger gegen die CSM, der neuen CSM-Geschäftsleitung gegen Serpa und andere Vorstandsmitglieder, einzelner Papierbesitzer gegen ihre Makler und schließlich gegen den Banco Econômico de Bahia wegen Beglaubigung gefälschter Unterschriften gab es noch strafrechtliche Auseinandersetzungen.

Zwar versuchte die Staatsanwaltschaft, einer Meldung der Deutsch-Brasilianischen Nachrichten zufolge, »durch dilatorische Maßnahmen die gerichtliche Verfolgung der Schuldigen zu vereiteln«, doch kam Serpa aus einem anderen Grund auf die Anklagebank.

Er hatte nämlich nach seiner Verhaftung und einem sicher harten Verhör durch Oberst Gustavo Borges, den Chef der Sicherheitspolizei von Guanabara, behauptet, er sei auf dessen Weisung barbarisch gefoltert worden. Eine ganze Nacht lang, so berichtete Serpa der Presse, habe man ihn im September 1965 im Polizeihauptquartier von Rio de Janeiro »Polonaise« tanzen lassen. Darunter versteht man, daß ein Beschuldigter, um ein Geständnis von ihm zu erpressen, an seinen zusammengebundenen Händen an einem Balken aufgehängt und dann durch ständig auf ihn niederprasselnde Stockschläge so lange in kreiselnde Bewegungen versetzt wird, bis er alles zugibt, was man von ihm hören will.

Diesen schweren Vorwurf wollte der Polizeimann nicht auf sich sitzen lassen. Er verklagte Serpa wegen Beleidigung und hatte mit dieser Klage auch raschen Erfolg. Serpa wurde zu sechs Monaten Gefängnis verurteilt.

Er brauchte diese Strafe jedoch nicht abzusitzen, denn nun traten seine immer noch guten Beziehungen zu einflußreichen Kreisen – besonders der Kirche – in Aktion. Nachdem diese den Wechselreiter schon vorher vor den strafrechtlichen Folgen seines erpreßten Geständnisses gerettet hatten, erwirkten sie nun, daß die Vollstreckung des Urteils gegen Serpa ausgesetzt wurde.

Serpa wurde nicht nur wieder auf freien Fuß gesetzt, sondern er hatte auch »nach zuverlässigen Informationen«, die der Firma Mannesmann zugingen, die Hand mit im Spiel, als bald nach dem Abkommen vom 6. April 1966, in dem sich das Düsseldorfer Stammhaus bereit erklärt hatte, in dem schon geschilderten Rahmen für die Wechselschulden der CSM geradezustehen, eine Gesetzesvorlage ausgearbeitet wurde, durch die Mannesmann in noch viel größerem Ausmaß zum Schadenersatz herangezogen werden sollte.

Nach diesem Gesetz, das noch vor Ablauf des Jahres 1966 in Kraft getreten ist, sollten alle Wechsel, die auf dem Parallelmarkt ausgegeben worden waren, aber nur eine echte Unterschrift trugen, rückwirkend für vollgültig erklärt werden.

Diese Maßnahme wurde eindeutig auf Mannesmann gemünzt, denn es war kein anderer Fall bekannt, in dem solche Wechsel infolge einer gefälschten Unterschrift für ungültig erklärt worden wären. In Düsseldorf war man daher auch nicht wenig darüber empört. Ein Mannesmann-Sprecher wies darauf hin, daß das *ad hoc* erlassene Gesetz nicht nur dem im April mit dem Sonderbeauftragten Barbosa da Silva ausgehandelten Abkommen widerspreche, sondern auch gegen die brasilianische Verfassung verstößt, die in ihrem Artikel 141 rückwirkende Gesetze verbietet. Man werde, so erklärte der Sprecher, das Verfassungsgericht anrufen.

Schließlich sollte es noch in dieser allseits dubiosen Angelegenheit zu einem Nachspiel ganz eigener Art kommen, das auf den Gesamtcharakter des Falles ein überaus bezeichnendes Licht wirft.

Wie *Der Spiegel* in seiner Ausgabe vom 19. Februar 1968 berichtete, ist General Ayrton jetzt selbst wegen Korruption und Erpressung angeklagt worden und wartet auf seinen Prozeß. Es wird ihm vorgeworfen, zusammen mit seinen Komplicen rund 300 000 Mark Schmiergelder allein von brasilianischen Staatsangehörigen erpreßt zu haben, die nach öffentlichen Aufrufen ihre Wechselansprüche gegen die CSM angemeldet hatten.

Nach den Angaben des Blattes, die sich auf direkte Informationen aus dem brasilianischen Justizministerium stützten, hatte sich Ayrton einer ebenso einfachen wie wirksamen Methode bedient, um schnell zu Geld zu kommen.

Nachdem er als Untersuchungsführer nahezu 8000 Wechselinhaber registriert hatte, ließ er viele von diesen von bewaffneten Geheimdienstleuten in sein Büro bringen und hielt ihnen streng vor, daß sie selbst gegen das Gesetz verstoßen hätten, da die Annahme solcher auf dem Parallelmarkt ausgegebenen Wechsel zumindest zeitweilig verboten war.

In der Anklageschrift heißt es, Ayrton und seine Pistoleros hätten in »einer psychologischen Atmosphäre des Schreckens« gearbeitet und konnten so »die Vorgeladenen durch Zwang, Drohung mit Gefängnisstrafen und sogar durch Entführung von Familienangehörigen zu Aussagen zwingen und erpressen«. Die Gelder seien von einem Sohn des Generals namens Adylton kassiert worden. Ein weiteres führendes Mitglied der »Untersuchungskommission Mannesmann«, der General Ayporé, wurde ebenfalls unter Anklage gestellt.

Nach den Feststellungen des Justizministeriums hätten Ayrton und Ayporé gemeinsam gehandelt und die Bestechungsgelder brüderlich geteilt. Seit der Mannesmann-Untersuchung sei der General »ein reicher und glücklicher Mann mit fünf Autos, einer großen Geflügelfarm und allerlei Aktien«. Erst durch die Anzeigen einiger Finanzmakler sei er aufgeflogen.

In einem Brief an das Finanzministerium, so meldete *Der Spiegel* weiter, beklagte Brasiliens Justizminister, daß »ausgerechnet ein General, der in seinem Amt Korruption bekämpfen und verhindern sollte, solche ehrlosen Handlungen begangen hat«.

Die Schande, so kommentierte das Blatt, trifft Brasiliens ganze Wehrmacht, denn der Geheimdienstgeneral von Guanabara besitzt als einziger das Offiziersdiplom für Heer, Luftwaffe und Marine.

Nachdem der Großinquisitor auf diese Weise selbst zum Korruptionsritter geworden war, verwandelte er sich weiter in einen Schmierenkomödianten. Er begab sich in strammer Haltung zum Militärklub von Rio de Janeiro, »nestelte sich alle Orden von der Brust, knallte sein Generalspatent auf den Tisch und hob die Hand zum Schwur: ›Das alles soll verloren sein, wenn ich auch nur die geringste strafbare Handlung begangen habe‹«.

Julio Muñoz ruiniert zwei Schweizer Banken mit Trujillo-Millionen

Wenn der Normalmensch an die Schweiz denkt, sieht er im Geiste schneegekrönte Berge, blumige Almen und verträumte Seen vor Augen. Für den Finanzmann hingegen verbindet sich der Gedanke an die Schweiz spontan mit den Begriffen »heißes Geld«, Bankgeheimnis und Steuerasyl.

Seit den Tagen des ersten Weltkrieges ist die Schweiz das beliebteste Zufluchtsland für Gelder, die das Tageslicht scheuen. Es gibt deren viele Arten: Geld, das durch die Maschen der Valutakontrolle (es gibt sie noch in vielen Ländern) geschlüpft ist; Geld, das aus Bestechungen, Unterschlagungen usw. stammt – allerdings mit der Einschränkung, daß der nachweisliche Verbrecher in der Schweiz gewiß kein Asyl findet; Geld, das von skrupellosen Diktatoren beiseitegeschafft worden ist, sowie das Geld gieriger Ölscheichs, die die Bodenschätze ihrer Wüstenländer als Privateigentum betrachten.

Deutsche, Franzosen, Engländer, Amerikaner, Spanier, Italiener – auf die Neutralität kommt es nicht an; alle haben sie ihre Geheimkonten in der Schweiz. Es kommt auch nicht darauf an, welche Währung man an Züricher oder Genfer Bankschaltern auf sein Konto einzahlt, solange sie konvertierbar ist. Aber auch für nicht voll konvertierbare Währungen gibt es hinreichende Möglichkeiten zum Umwechseln.

Über dem Geld der Gerechten wie der Ungerechten breitet das berühmte Schweizer Bankgeheimnis unparteiisch seinen schützenden Mantel aus. Durch das am 8. November 1934 erlassene »Bundesgesetz für Banken und Sparkassen« ist die Verletzung des Bankgeheimnisses für jedermann bei einer Höchststrafe von 20 000 Franken oder sechs Monaten Gefängnis oder beidem verboten. Gewiß können die Gerichte den Schleier lüften, aber das kommt nur ganz selten vor. Sogar in schweren Konkursfällen ist es vorgekommen, daß die Gläubiger jahrelang um eine gerichtliche Verfügung ringen mußten, durch die dem Schuldner der Schutz des Bankgeheimnisses entzogen wurde.

Ursprünglich war das strenge Bankgeheimnis im schweizerischen Gesetzbuch verankert, um die Bemühungen des Hitlerregimes, jüdisches Fluchtgeld aufzuspüren, zunichte zu machen. Später profitierten nicht zuletzt die Nazis selbst von diesem Schutz, soweit es ihnen gelungen war, Privatvermögen in die Schweiz zu retten.

Lateinamerikanische Diktatoren verschieben ihr *Unrechtsgeld* mit Vorliebe in die Schweiz. Juan Peron legte dort ein Vermögen an, das auf 15 Millionen Dollar geschätzt wird; der ehemalige Präsident von Kuba, Batista, soll mindestens drei Millionen Dollar auf seinem Schweizer Konto stehen haben.

Der größte auf einen politischen Namen lautende Betrag, der je in die Schweizer Banktresore geflossen ist, kam aus der dunkelsten Quelle. In Jahrzehnten übelster Gewaltherrschaft hatte der dominikanische »Generalissimo« Rafael Leonides Trujillo seinem armen Land unzählige Millionen abgepreßt, die er ins Ausland verbrachte. Es sollen insgesamt 250 Millionen Dollar gewesen sein, doch erscheint diese Zahl angesichts der Winzigkeit des Landes nahezu unfaßbar.

Fest steht dagegen, daß nach dem Tode Trujillos – er wurde im Frühjahr 1961 von seinen eigenen Leuten ermordet – aus seinem Nachlaß 44,7 Millionen Dollar durch die Vermittlung des Schweizerischen Bankvereins in die Schweiz flossen. Dieses Geld war von dem Diktator ursprünglich in den USA angelegt worden, doch fürchteten die Erben, daß es von der neuen dominikanischen Regierung beschlagnahmt werden könnte und daß Washington die Herausgabe verfügen würde. In der Schweiz, so meinten die Erben, würde das Riesenvermögen sicher sein.

Das wäre wohl auch der Fall gewesen, wenn sie nicht selbst die Verwaltung in die falschen Hände gegeben hätten. Nach dem Tod des Diktators war nämlich Trujillos Witwe Maria nach Madrid geflüchtet, wohin sich auch Sohn Ramfis und andere »legitime« Kinder begaben. (Daneben gibt es noch einen »illegitimen« Trujillo-Clan, der sich in Miami niedergelassen hat und in mehreren Ländern einen komplizierten Rechtsstreit gegen die Witwe und ihre Kinder führt.)

In Madrid lernte die Trujillo-Clique einen gerissenen Geschäftsmann namens Julio Muñoz kennen, der über ausgezeichnete Verbindungen zu höchsten Kreisen verfügte. Der damals achtundvierzigjährige Katalane, von Hause aus ein kleiner Textilfabrikant, hatte eine Tochter des mächtigen Präsidenten des *Banco Central*, Marqués de Villalonga, geheiratet und sich dadurch Eingang am »Hofe« des Generalissimo Franco verschafft.

Mit dem Kredit des Schwiegervaters gelang es Muñoz, einen bedeutenden Textilkonzern aufzuziehen, doch stürzte er sich bald in spekulative Abenteuer, die ihn, in Verbindung mit einem üppigen Leben, bald an den Rand des Ruins brachten. Mit Müh und Not konnte der Marquis das Schlimmste abwenden, doch durfte der verschwenderische Schwiegersohn nicht länger im Lande bleiben. Infolgedessen verließ Muñoz 1959 die Heimat, um im Ausland zu leben, hauptsächlich in der Schweiz. Dort knüpfte er zahlreiche neue Verbindungen zu Bankkreisen und Finanzleuten an und beteiligte sich an einer Vielfalt von mehr oder weniger undurchsichtigen Geschäften.

Ein paar Jahre später kam es zu einer merkwürdigen Episode. Auf bisher ungeklärte Art gelang es Agenten der spanischen Steuerfahndung und Devisenkontrolle, sich in den Besitz einer vollständigen Liste spanischer Geheimkonten bei einer Schweizer Bank zu setzen. Die Liste enthielt genaue Angaben über die Kontoinhaber und die Höhe ihrer Einlagen. Unter den Depositoren befanden sich hohe Würdenträger des Franco-Regimes, leitende Funktionäre der Falange sowie Mitglieder des spanischen Adels und royalistischer Kreise. Es gab einen Riesenskandal, da die Begründung ausländischer Konten durch spanische Staatsangehörige ohne besondere Erlaubnis verboten ist. Die in diese Angelegenheit verwickelten Spanier wurden zu einer Kapitalabgabe von 2900000 Dollar verurteilt und mußten zusätzlich den gleichen Betrag als Buße zahlen.

Wer hatte die spanische Fahndung auf diese Spur gebracht? Angesichts der klassischen Verschwiegenheit der schweizerischen Bankleute und der hohen Strafen, mit denen in diesem Land die Verletzung des Bankgeheimnisses bedroht ist, ist kaum anzunehmen, daß es ein Schweizer war. Eher wohl ein Ausländer, der sich intimen Einblick in die Verhältnisse der betreffenden Bank verschafft hatte. Manches deutet darauf, daß es Muñoz war, oder doch jemand, der zu seiner Umgebung gehörte.

Wie dem auch sei, bald darauf wurde Muñoz zu Hause wieder in Gnaden aufgenommen. Er konnte sich nun wieder unbehindert in Madrid sehen lassen, und dort kam 1962 auch die Verbindung zu den Trujillo-Erben zustande, die zu einem internationalen Finanzabenteuer von ungewöhnlicher Vielfarbigkeit führen sollte.

Wie viele ihrer fluchbeladenen Millionen die Trujillo-Erben dem Spanier zu gewinnbringender Anlage anvertrauten, ist ungewiß, doch muß es eine erkleckliche Summe gewesen sein. Denn dieser machte sich nun flugs daran, eine ganze Kette europäischer Banken aufzukaufen oder zu gründen und daneben gewaltigen Immobilienbesitz vor allem in Norditalien zu erwerben.

Mit Hilfe einer Anzahl von schweizerischen Strohmännern erlangte Muñoz die Mehrheit des Aktienkapitals der Genfer Bank

»Banque Genevoise de Commerce et de Crédit« sowie der »Schweizerischen Spar- und Kreditbank« in St. Gallen. Beide waren bis dahin angesehene, gutbürgerliche Bankinstitute gewesen, solide wie die meisten bodenständigen Banken und allen geschäftlichen Abenteuern abhold. Die Spar- und Kreditbank mit 16 Filialen, vor allem in der Ostschweiz, galt als Bank des katholischen Mittelstandes in dieser Gegend.

In Rom verschaffte sich Muñoz beherrschenden Einfluß auf den »Credito Comerciale e Industriale«, eine alteingesessene Bank, gegründet 1878, deren Aufsichtsratsvorsitzender der Fürst Valerio Borghese, ein ehemaliger Freund Mussolinis, war.

Daneben kaufte der spanische Finanzmann drei weitere kleine Banken, nämlich die »Banque Sociale de Luxembourg«, die »Sociedad de Banca Andorrana« im Zwergstaat Andorra sowie eine arabische Bank in Beirut, Libanon, die Banque Suisse-Liban.

Nirgends trat Muñoz direkt in Erscheinung, sondern überall zog er die Drähte aus der Kulisse. Insbesondere diente ihm zur Verschleierung seines Aktienbesitzes eine Holdinggesellschaft in Luxemburg, die »Holding Bancaire et Financière Européenne«. Dort liefen alle von dem Spanier kunstvoll gesponnenen Finanzfäden zusammen. Einerseits verwaltete die luxemburgische Holding seine Mehrheitsbeteiligungen bei der Genfer und der St. Galler Bank sowie der einheimischen Banque Sociale und der Bank in Rom. Andererseits befand sich die genannte Holding selbst teils im Besitz einer verschwiegenen Duquessa SA genannten Luxemburger Firma, die den Trujillos gehörte, teils im Besitz der Cotram Inc. (Panama), in die sich Muñoz und die Trujillos teilten. Das Ganze ist ein Musterbeispiel nicht nur für zweckbewußte Firmenverschachtelung, sondern auch für internationale Verästelung, wobei wie immer die traditionellen Steueroasen und Tarnstaaten eine besondere Rolle spielen.

In dieser kunstgerechten Verschachtelung lag aber schon der Kern des Unheils, das dem Finanzjoungleur Muñoz drohte. Schweizer Journalisten fanden heraus, daß die Duquessa SA den Trujillos gehörte. So kamen die Banque Genevoise und die Spar- und Kreditbank alsbald in den schlechten Ruf, »Trujillo-Banken« zu sein.

Wenn auch die Zyniker in aller Welt wie die alten Römer überzeugt sein mögen, daß »Geld nicht riecht«, so haftet doch den Trujillo-Millionen ein so penetranter Blutgeruch an, daß die geschäftlich abträglichen Folgen nicht ausblieben. Um einer weiteren Abwanderung der Kundschaft vorzubeugen, verkündeten daraufhin sowohl die Banque Genevoise wie auch die Spar- und Kreditbank durch Großanzeigen in den führenden Schweizer Blättern, daß sie keine Gelder aus dem Trujillo-Nachlaß zur Einlage angenommen hätten. Technisch war das gewiß richtig, weil es bei den betreffenden Banken eben kein direktes Trujillo-Konto gab, nicht einmal ein Nummernkonto. Trotzdem suchte dieses Dementi eine Unwahrheit zu verbreiten, denn der Mehrheitsaktionär bei diesen beiden Banken, Julio Muñoz, war nun einmal Sachwalter des Trujillo-Vermögens, oder wenigstens eines großen Teils davon. Das ist auch in der Folge ganz klar zutage getreten.

Da die Gerüchte nicht aufhörten, versuchte Muñoz es mit einem anderen Anzeigentrick. Er gab bekannt, daß es ihm gelungen sei, die Trujillos aus seinem Geschäftsbereich auszubooten. Die anrüchig gewordene Duquessa SA, so hieß es in dieser Verlautbarung, sei als Teilhaberin der Holding Bancaire et Financière ausgeschieden und durch eine neue Aktionärin namens Sofitrosa ersetzt worden. Wie der aus Anfangsbuchstaben zusammengesetzte Name andeutet, handelt es sich dabei um eine Finanzierungsgesellschaft (Société Financière), hinter der sich also anonyme Geldgeber verbergen. Und diese Geldgeber waren im vorliegenden Falle wieder – die Trujillos! Der Aktionärswechsel war also nur Schaumschlägerei.

Zu dieser Zeit hätte Muñoz die Trujillos schon gar nicht mehr ausbooten können, auch wenn er es gewollt hätte. Er hatte sich nämlich schon längst in einem Ausmaße verspekuliert, dem seine Eigenmittel bei weitem nicht gewachsen waren.

Zusammen mit einem schon lange in Genf ansässigen Armenier namens Krikor Elmassian, Mitbegründer des derzeit größten deutschen Kaffee-Filialunternehmens Tchibo, wollte Muñoz den Bau von Satellitenstädten am Rande der norditalienischen Metropole Mailand finanzieren. Die beiden Partner versprachen sich von diesem Unternehmen phantastische Gewinne und versuchten unter anderem auch Hamburger Bankiers für eine Beteiligung zu gewinnen. Diese wurden jedoch gerade durch die übertriebenen Gewinnchancen kopfscheu gemacht. »Wo so viel Geld verdient werden kann, sind die Risiken halsbrecherisch«, meinte einer von ihnen. Der vorsichtige Bankmann sollte in seinem Urteil viel schneller bestätigt werden, als er wohl selbst geahnt hatte.

Schon 1963 kam es in Italien zu einer wenn auch nur kurzen Wirtschaftskrise, deren Auswirkungen sich vor allem auf dem Baumarkt auswirkten. Die weitgestreckten Ländereien in Norditalien, in die Muñoz und Elmassian Millionenbeträge gesteckt hatten, verloren schlagartig an Wert. Schon angefangene Bauten mußten wegen der inflationären Kostenerhöhung wieder stillgelegt werden.

Weit davon entfernt, Muñoz zur Vorsicht anzuregen, veranlaßte dieser Rückschlag den Spanier nur, sich noch stärker in spekulativen Unternehmungen zu engagieren. Die dazu nötigen Mittel besorgte er sich bei seinen beiden Hausbanken in der Schweiz gegen Sicherheiten, nämlich Wertpapiere, Hypotheken, Versicherungspolicen und so weiter, deren Wert durch parteiische Gutachten künstlich hochgespielt war.

Normalerweise ist die Schweiz nicht das geeignete Land für solche Manipulationen, denn das dort geltende Bankrecht ist, abgesehen vom Bankgeheimnis, das in der Praxis viele Übeltäter begünstigt, recht streng. Im Auftrag der Regierung überwacht eine Bankenkommission die Praktiken der Finanzinstitute und greift ein, wenn etwas nicht mit rechten Dingen zugeht.

Muñoz wähnte sich jedoch sicher, und wohl nicht ganz zu Unrecht. Zählte er doch zu seinen guten Freunden keinen Geringeren als den Präsidenten eben dieser Bankkommission, Max Hommel. Tatsächlich drückte dieser zumindest ein Auge sehr energisch zu.

Vielleicht wäre alles für Muñoz gut ausgegangen, wenn nicht die schon seit Jahren als Kontrollstelle der Spar- und Kreditbank amtierende Treuhandgesellschaft Revisa eingegriffen hätte. Bei der Bilanzüberprüfung für das Jahr 1964 entdeckten die Revisoren, daß vieles faul sei. Sie zweifelten die Bonität der Pfänder an, die Muñoz zur Sicherheit für die entnommenen Darlehen der Bank gegeben hatte, und gaben in ihrem Bericht an den Verwaltungsrat ihrer Meinung Ausdruck, daß die Verbindlichkeiten der Bank nicht länger durch die vorhandenen Aktiven gedeckt seien. Insbesondere kritisierte die Revisa den Umfang der Muñoz gewährten Kredite – 50 Millionen Franken bei der Spar- und Kreditbank, 30 Millionen bei der Banque Genevoise de Commerce et de Crédit.

Nun drängten die Verwaltungsräte der beiden Banken ihren Großaktionär Muñoz, die Kredite zurückzuzahlen. Es war sogar die Rede davon, seine Aktien in den beiden Unternehmungen zu pfänden, falls er seine zumeist kurzfristigen Verpflichtungen nicht umgehend erfülle. Muñoz aber war nicht mehr liquide, und die Trujillos, die ihre Felle wegschwimmen sahen, grollten ihm.

Sobald die ersten Gerüchte über diese Schwierigkeiten in die Öffentlichkeit drangen, setzte der zu erwartende Ansturm der Sparer auf die beiden Banken ein. Bevor sie jedoch in größerem Umfang ihre Einlagen abheben konnten, wandten sich die geschäftsführenden Direktoren mit einem Stundungsgesuch an die Bankenkommission.

Nach dem schweizerischen Bankgesetz kann nämlich die Bankenkommission solchen Kreditinstituten, die in Zahlungsschwierigkeiten geraten sind, ohne hoffnungslos überschuldet zu sein, erlauben, ihre Schalter bis zu einem Jahr zu schließen. Auf diese Weise sollen Konkurse vermieden werden, die nur infolge panikartiger Abhebungen entstehen würden.

Auch während dieser Schonzeit haben die Kunden der Bank Zugang zu ihren Safes und können daraus entnehmen, was sie wollen. Außerdem können die Gerichte in Notfällen den Einlegern gestatten, über bestimmte Beträge ihrer Konten zu verfügen.

Zwar wurden die Stundungsgesuche der beiden Banken in kürzester Frist genehmigt, doch war der Skandal jetzt nicht mehr aufzuhalten. Die Schließung der Schalter am 27. April 1965 war das Tagesgespräch in der ganzen Schweiz. Die Genfer Presse berichtete darüber auf der ersten Seite mit fetten Schlagzeilen, obwohl man sich sonst in dieser Hochburg der internationalen Finanz in solchen Dingen großer Zurückhaltung befleißigt.

Unmittelbar darauf lief eine gerichtliche Untersuchung der Vorgänge an, die überall großes Aufsehen erregt hatten und allgemein als schwere Belastung für das Prestige der schweizerischen Banken angesehen wurden. Kurz vor Pfingsten wurde Muñoz, der vom Büro seines Textilkonzerns Safintex in Genf aus alle Fäden gesponnen hatte, auf dem Weg zum Flugplatz Cointrin verhaftet. Er wurde in das Bezirksgefängnis von Zürich gebracht, jedoch schon nach kurzer Haft wieder in Freiheit gesetzt, allerdings gegen die ansehnliche Kaution von einer Million Franken.

Der Generaldirektor der St.-Galler Spar- und Kreditbank, Hermann Hug, wurde ebenfalls festgenommen, doch blieb auch er nicht lange in Haft. Das größte Aufsehen jedoch erregte die vom schweizerischen Bundesrat, der Regierung, sofort verfügte Amtsenthebung des Präsidenten der Bankenkommission, Max Hommel. In einer Erklärung zu dieser ungewöhnlichen Maßnahme stellte Finanzminister Roger Bonvin fest, es bestehe möglicherweise der Verdacht, daß der Präsident der Bankenkommission seine Amtspflichten verletzt habe. Ob vorsätzlich oder fahrlässig, wurde nicht gesagt.*

* Seit dem 1. Oktober 1966 fungiert Dr. Riccardo Motta, ein früherer Vizepräsident des Direktoriums der Schweizerischen Nationalbank, als neuer Präsident der Eidgenössischen Bankenkommission. Er trat an die Stelle von Altbundesrat Dr. Streuli, der das Amt seit Juni 1965 interimistisch verwaltet hatte.

Aus der Schweiz sprang der einmal entzündete Funke schnell nach Italien hinüber und zwang auch den »Credito Comerciale e Industriale« in Rom, vor dem Ansturm der Depositoren die Schalter zu schließen.

Wer jedoch erwartet hatte, daß die anfänglich so energisch anmutenden Maßnahmen zu einem rücksichtslosen Aufräumen des Muñoz-Komplexes führen würden, sah sich bald enttäuscht. Während hinter den Kulissen eifrig über die Übernahme der bankrotten Muñoz-Banken durch größere Institute verhandelt wurde, trat die gerichtliche Untersuchung auf der Stelle.

So las man zum Beispiel in der Züricher »Weltwoche« vom 11. Juni 1965: »Die ganze Woche vor Pfingsten setzte kein einziger Polizist seinen Fuß ins Hauptquartier der Geschäftstätigkeit von Muñoz, der Safintex in Genf. Dort arbeitete unterdessen der Papierwolf bis zum Heißlaufen. Alles, was irgendwie kompromittierend war – kompromittierend für viele hochangesehene Bürger –, wanderte als kleine Papierschnitzel in die Kehrichtabfuhr der Stadt Genf. Vor einem erstinstanzlichen Gericht des Kantons Genf wurde in der gleichen Woche die Presse auf Wunsch des Anwaltes der Safintex, Maître Lalive (Sozius des Genfer Polizeidirektors) durch den Gerichtspräsidenten aus dem Saal gewiesen. Zur Debatte stand eine Schadenersatzklage in der Höhe von 12 Millionen Franken gegen die Safintex und den dahinterstehenden Julio Muñoz.«

Der schweizerischen Bundesregierung war die Affäre natürlich höchst peinlich, und sie versuchte ihr dadurch etwas von ihrer Spitze zu nehmen, daß sie auf die Großbanken einen sanften Druck ausübte, um den Muñoz-Banken aus der Patsche zu helfen. Nur der Schweizerische Bankverein erklärte sich jedoch bereit, die Möglichkeiten einer Hilfsaktion zu prüfen. Gerüchtweise verlautet in der Schweiz, daß der Bankverein zu 25 Prozent im Besitz des Madrider Banco Central sei.

Am 26. Juni 1965 gab die Hauptgeschäftsleitung des Schweizerischen Bankvereins in Basel an die Presse ein recht sibyllinisches Kommuniqué heraus: »Der Schweizerische Bankverein hat die Möglichkeit einer Intervention bei den beiden in Schwierigkeiten geratenen Banken, der Schweizerischen Spar- und Kreditbank, St. Gallen, und der Banque Genevoise de Commerce et de Crédit, Genf, geprüft, *womit er auch einem ausdrücklich geäußerten Wunsche des Bundesrates Folge geleistet hat.* Im Interesse der Sparer, der Bankkunden, des Personals und der Aktionäre der Schweizerischen Spar- und Kreditbank sowie zur Abwendung von weiterem dem schweizerischen Bankgewerbe im In- und Ausland entstehendem Schaden hat der Schweizerische Bankverein mit der Schweizerischen Spar- und Kreditbank eine Vereinbarung abgeschlossen, wonach die Aktiven und Passiven gemäß Bilanz per 30. April 1965 und dem entsprechenden Schuldenverzeichnis unter Ausschluß jeder weiteren Haftung auf den Schweizerischen Bankverein oder ihm nahestehende Gesellschaften übergehen. Dadurch ist die Erfüllung der vorerwähnten Verpflichtungen der Schweizerischen Spar- und Kreditbank gewährleistet ... Mit dem *ausländischen Hauptaktionär* und seiner Gruppe, mit denen der Schweizerische Bankverein bis nach Eintritt der Schwierigkeiten bei der Schweizerischen Spar- und Kreditbank keinerlei Verbindungen hatte, wurden im Interesse der Gläubiger und der Aktionäre Verhandlungen geführt und schließlich eine Vereinbarung getroffen ... Die Lage bei der Banque Genevoise de Commerce et de Crédit *bedarf noch weiterer Klärung. Angesichts der unübersichtlichen Verhältnisse* bei dieser Bank dürfte eine ähnliche Intervention des Schweizerischen Bankvereins jedenfalls vorläufig nicht in Frage kommen.«

Inzwischen sind einige Jahre vergangen, ohne daß die Lage sich irgendwie merklich geändert hätte. Muñoz und Hug befinden sich weiterhin auf freiem Fuß. Von Muñoz heißt es in der »Weltwoche« vom 6. Mai 1966: »Mit zwei Rolls Royce, Mätresse und Chauffeur durchkreuzt er erneut Europa, während Frau und Kinder zu Hause ihren Unterhalt von Schwiegervater Marquis de Villalonga beziehen. Von einem Termin zur Aburteilung der beiden Hauptschuldigen hat man bisher nichts vernommen.«

Die Übernahme der St.-Galler Bank, die inzwischen auf den Namen Schweizer Gewerbebank umgetauft wurde, durch den Bankverein ging reibungslos vonstatten. Dagegen bedarf die Lage der Genfer Muñoz-Bank, um mit den Worten des Bankvereins zu reden, noch immer »weiterer Klärung«. Ende April 1966 wurde bekannt, daß das »Loch« in der Banque Genevoise laut Rapport der gerichtlich eingesetzten Stundungskommissäre 7,5 Millionen Franken betrage. Die Schalter der Bank sind noch immer geschlossen, und Tausende von Depositoren bangen noch immer um ihr Geld, während hinter den Kulissen weiter um eine Sanierung gerungen wird.

Es sollen nach dem obenzitierten Bericht der Weltwoche Angebote einer Genfer Bank, der Banque Romande, einer griechischen Finanzgruppe, die von dem griechischen Reeder Konstantin Petroutsis geführt wird, sowie einer arabischen Gruppe, in der Kuweit wortführend ist, vorliegen, durch die das Loch in der Banque

Genevoise möglicherweise noch gestopft werden könnte. »Der Kampf bis aufs Messer um den Nachlaß des Muñoz-Bankreiches scheint erst jetzt richtig zu beginnen«, schrieb die Weltwoche. »Er wird sich unter den *Großgläubigern* abspielen, und möglicherweise auf dem Rücken der Kleingläubiger ...«

Muñoz selbst scheint sich recht elegant aus der Affäre gezogen zu haben. Er hat die Trujillos abgefertigt, indem er die spanische Warenhausgesellschaft El Aguila, die ihm gehörte, an die Trujillo-Witwe Maria übertragen hat. Das Unternehmen soll einen Wert von 50 bis 55 Millionen Schweizer Franken haben. Er will auch seine Schulden in der Schweiz effektiv abgedeckt haben und beklagt sich darüber, daß die von ihm gebotenen Pfänder nicht, wie bestimmt, zur Sanierung *beider* Banken verwendet worden seien. Im übrigen herrscht der Eindruck vor, daß man sich allseits bemüht, die Abwicklung dieses in der Finanzgeschichte der Schweiz einmaligen Skandals möglichst still und leise im Sande verlaufen zu lassen ...

Die Hy-Hunter-Story stellt Hamburg auf den Kopf

Gisela Ott, knapp zwanzig, mit einem hübschen Puppengesicht und guter Figur, war verliebt in zwei Männer. Das kann vorkommen. Daß beide von ihnen fast doppelt so alt waren wie die kesse Entkleidungskünstlerin von St. Pauli, dem Hamburger Vergnügungsviertel, kann auch nicht als selten deklariert werden. Beide Liebhaber waren verheiratet – kann ebenfalls passieren.

Aber daß sie beide zudem denselben dunklen Beruf ausübten – Waffenhändler en gros –, das kann man schon eher als ungewöhnlich bezeichnen. Was war es, das Waffenschieber für Gisela so interessant machte, oder umgekehrt? Wir wissen es nicht, und es tut vielleicht nicht viel zur Sache.

Zuerst hatte Gisela Enrico kennengelernt, einen gutaussehenden, elegant gekleideten Italiener, der von Mailand aus seine zahlreichen Kunden in aller Welt mit Schießeisen bediente. Das immer einträgliche Geschäft erlaubte es Enrico, sich der reizvollen St.-Pauli-Tänzerin gegenüber großzügig zu erweisen. Er überhäufte die Angebetete mit kostbaren Geschenken, darunter einem teuren DeSoto-Sportwagen.

Enrico hatte Giselas Bekanntschaft gemacht, als sie 1959 mit ihrer Mutter, die seit zwei Jahren eine Balletttruppe »Ottano« leitete, in Mailand gastierte, und hatte sich gleich Hals über Kopf in die Hamburgerin verliebt. Nichtsdestoweniger blieb er an der Seite seiner italienischen Ehefrau.

Dann, im Jahre 1960, hatte Gisela in der Cuba-Cabana-Bar in Nürnberg ein Gastspiel gegeben und bei Sekt und Kaviar den Amerikaner Haywood Henry (»Hy«) Hunter kennengelernt, der sich ihr gegenüber als Dollarmillionär aufspielte. In Wirklichkeit war es mit seinen Millionen nicht weit her, auch wenn dem Angeber genug Kleingeld zur Verfügung stand, um bei dem Mädchen gebührenden Eindruck zu schinden.

Hunter, ein brutal aussehender Bursche mit aufgedunsenem Gesicht, fleischigen Lippen und zugekniffenen Schweinsäuglein, hatte eine dunkle Vergangenheit hinter sich. Schon 1946 war der damals Zwanzigjährige wegen Vertriebs unzüchtiger Schriften in seiner Heimatstadt Los Angeles zu einem Jahr Gefängnis verurteilt worden.

Danach hatte er sich auf den Waffenschmuggel verlegt, der in Amerika noch ein besseres Geschäft und auch eine sicherere Sache ist als der Handel mit pornographischen Produkten. Im Koreakrieg verschaffte er sich ausgedehnte Beziehungen zu waffenhungrigen Ländern, besonders in Südostasien. In Singapur fand er willige Lieferanten, die ihn mit als »Schrott« deklarierten Teilen von Maschinenpistolen bedienten. Hunter baute den »Schrott« wieder zusammen und verkaufte ihn als neue Maschinenpistolen.

Am Sunset Boulevard von Los Angeles, besser bekannt als »Sunset Strip«, machte er auf Nummer 8255 einen »Gun Store« auf, der eine Zeitlang florierte. Hunter pflegte besonders das Mail-Order-Geschäft, also den Postversand von Waffen, der erst in den letzten Jahren gesetzlich eingeschränkt worden ist. Jeder Kunde konnte bei ihm auf die unüberprüfte schriftliche Versicherung hin, daß er volljährig und nicht vorbestraft sei, Handfeuerwaffen jeder Art, Messer, Dolche, ja sogar Handgranaten kaufen.

Nachdem »Hy« die hübsche Gisela kennengelernt hatte, beschloß er sein Geschäft in die Bundesrepublik zu verlegen, wohl um der Geliebten nahe zu sein. Er gab den Laden am Sunset Strip auf, behielt aber die Briefkastenanschrift P.O. Box 46212 in Los Angeles. Über diese Adresse liefen noch jahrelang Waffenversandgeschäfte, auch während der Chef sich in Europa aufhielt. Eine gewisse Mrs. Hawes, die Hunter schon 1946 beim Pornographievertrieb unterstützt hatte, versah die Korrespondenz und lieferte die Ware aus einem Waffenlager aus.

Unterdes hatte Gisela auf ihre Art Karriere gemacht. Von Enrico wurde sie zu den Filmfestspielen in Vendig 1961 mitgenommen und ließ sich dort in anmutiger Pose für eine italienische Illustrierte fotografieren. Das reicht in der Regel aus, um aus einer völlig unbekannten Stripteasetänzerin ein »Starlet« zu machen, auch wenn sie nie eine Filmkamera zu Gesicht bekommen hat.

Bald darauf kreuzte »Hy« in Italien auf, schnappte dem Rivalen die attraktive Beute weg und fuhr mit Gisela nach London, wo sich die beiden schöne Tage und heiße Nächte machten.

Hunter hatte dem Nebenbuhler eins voraus: Er konnte sich scheiden lassen, was dem Italiener durch die Gesetze seines Landes versagt war. Um Giselas willen war der Amerikaner unbedenklich dazu bereit, seine langjährige Ehefrau Margaret zu opfern, obwohl sie es gewesen war, die das notwendige Startkapital für Hunters Geschäfte in die Ehe mitgebracht hatte.

Auch Gisela brachte »Opfer«. Sie lies sich angeblich von ihrem Freund »Hy« dazu überreden, ihre »kometenhafte Filmkarriere« – wie sich ein Hamburger Blatt mit ungewollter Komik ausdrückte – vorzeitig zu beenden. Hunter, so hieß es in dem Blatt, »wollte nicht, daß sie zum Film ging«. Das »Filmverbot«, dem sie sich unterwarf, war so windig wie seine Millionen.

Natürlich muß ein solches Opfer belohnt werden, und so fuhr »Hy« bald darauf mit einem schnittigen Thunderbird-Sportwagen vor der bescheidenen Wohnung der Familie Ott in der Paulinenstraße von St. Pauli vor und machte den großartigen »Schlitten« mit noch großartigerer Gönnermiene der Geliebten zum Geschenk. Gisela war überglücklich, Enrico vergessen. Der DeSoto wanderte in eine Garage.

Nachdem »Hy« wieder abgereist war, entdeckte Vater Ott ein Haar in der Suppe.

»Du hör mal, Gisela«, sagte er zu seiner Tochter, »der Wagen gehört gar nicht dir. Der ist auf den Namen Hunter zugelassen – sieh dir die Papiere mal an.« Das hatte die Schöne vergessen zu tun, als sie das Geschenk annahm. Jetzt war sie mit Recht empört. »Na, dem werde ich's zeigen«, fauchte sie und fuhr schnurstracks wieder zu Enrico nach Mailand.

Hunter gab sich jedoch nicht geschlagen. Im Kampf um Giselas Gunst saß er am längeren Hebel, denn das Scheidungsverfahren war schon angelaufen. Er schrieb heiße Liebesbriefe an Gisela, titulierte sie schon im voraus als »meine liebe Frau«.

Nachdem die Scheidung erfolgt war, hängte Gisela im November 1962 die Entkleidungskunst an den Nagel und flog zu ihrem »Hy« nach Amerika. Ein paar Monate später merkte das Mädchen, daß es Mutter werden sollte, und nun wurden Heiratspläne geschmiedet.

Zu Ostern 1963 waren die beiden wieder zurück in Hamburg, wohin Hunter inzwischen auch sein Waffengeschäft verlegt hatte. Zwar war sein Antrag auf Ausstellung einer Lizenz abschlägig beschieden worden, weil er Ausländer war, doch wußte sich Hunter Rat. Er fand einen Strohmann namens Hans Graetz (58), der für ein entsprechendes Gehalt bereit war, die nominelle Geschäftsführung in der Firma zu übernehmen. Gisela, die zu diesem Zweck von ihrem Verlobten 10 000 Mark erhalten hatte, sollte als Inhaberin der Gesellschaft fungieren.

Im Juni 1963 mietete Hunter für 1200 Mark im Monat eine schmucke Villa in der vornehmen Heilwigstraße (Nr. 95) von Hamburg. Dort wollte er nicht nur mit Gisela wohnen, sondern die Villa sollte auch der Geschäftssitz seiner Waffenfirma werden, die vor allem nach USA liefern sollte.

Weil die sonst so demokratischen Amerikaner nun einmal eine Schwäche für europäische Adelsinsignien haben, gab Hunter seiner Firma den Namen *»Krone« International Firearms Company* und ließ sich auf seinen waffenstarrenden Katalog eine Fürstenkrone malen.

Der – übrigens in fehlerhaftem Englisch verfaßte – Katalog*, den Hunter von Hamburg aus an seine amerikanische Kundschaft versandte, enthielt ein reichhaltiges Angebot von Feuerwaffen jeder Art, von »Donnerbüchsen« für Großwildjäger bis zu Pistolen von Kleinformat. Auch Stichwaffen und sogar Handschellen (»die zuverlässigsten der Welt«) konnte man sich bei der Firma »Krone« in der Heilwigstraße auf dem Postweg beschaffen.

Hunters Reklameschlager waren von mehr als zweifelhaftem Geschmack: »SS-Genickschußpistolen«, die in Wirklichkeit aus Belgien stammten; und, nach der Ermordung Präsident Kennedys, »Ruby-Revolver«, die in Deutschland hergestellt waren.

Das Verkaufssystem der Firma »Krone« war einfach und durchschlagend. Hunters Preise lagen in der Regel weit unter denjenigen, die von den Waffenhändlern in den USA für vergleichbare

* Zum Beispiel »Cataloge« statt »Catalogue« und »precesion« statt »precision«.

Ware gefordert werden. Durch das konkurrenzlose Angebot verlockt, übersahen die meisten Interessenten, daß sie Vorkasse leisten mußten, ohne jegliche Gewähr dafür, daß sie jemals in den Besitz ihrer Traumwaffen gelangen würden. Sie zahlten und warteten – zumeist vergeblich.

Für das Geld, das aus allen Teilen Amerikas so reichlich in seine Kasse floß, hatte Hunter gute Verwendung. Für 65 000 Mark ließ er die Mietvilla vom Keller bis zum Speicher renovieren und mit jedem erdenklichen Luxus ausstatten. Alle Böden wurden mit zentimeterdickem blauem Velours ausgelegt.

Am 16. Juli war es soweit: In der Michaeliskirche, dem Wahrzeichen von Hamburg, wurde die Traumhochzeit vollzogen. Es war ein großes gesellschaftliches Ereignis, von dem die Lokalpresse unter Schlagzeilen wie »St.-Pauli-Tänzerin angelte Dollarmillionär« gebührend Notiz nahm.

Was ein richtiger Hochstapler ist, läßt es sich nicht nehmen, der eigenen Ehefrau am Hochzeitstag ein Schwindelgeschenk anzudrehen. Eine Brillantenkette im Werte von 125 000 Mark, die Hunter seiner überglücklichen Braut um den Hals legte, mußte diese schon nach einer Woche wieder zurückgeben, da der Juwelier nur 10 000 Mark Anzahlung bekommen hatte, die versprochene Restzahlung aber nicht erfolgte.

Am 8. Oktober 1963 gebar Gisela Hunter einen Sohn, der auf den Namen Haywood getauft wurde.

Der Mord an Präsident Kennedy am 22. November 1963, der zu einer Pressekampagne gegen den unüberwachten Import von Handfeuerwaffen und die allzu lockeren Kontrollbestimmungen im Waffenhandel führte, bot Hunter willkommene Gelegenheit, sich seiner Verpflichtungen zu entledigen. Er machte nun geltend, daß er seine Ware nicht länger nach USA einführen dürfe, obwohl die entsprechenden Beschränkungen in Wirklichkeit erst viel später in Kraft traten. Auch hinderte ihn die neue Lage nicht, gerade jetzt erst seinen großen Schlager *»Ruby« Extra XIV Revolver* zum Preis von 39.50 Dollar (160 Mark) in seinen Katalog aufzunehmen. Daß er von den erhaltenen Vorauszahlungen keinen Pfennig zurückerstattete, versteht sich von selbst.

Ende 1963 liefen die ersten Klagen wegen Nichtlieferung der bestellten und im voraus bezahlten Waffen beim amerikanischen Konsulat in Hamburg ein; bald waren es über vierhundert. Jetzt schaltete sich die Kriminalpolizei ein und begann das Geschäftsgebaren der Krone Jagd- und Sportwaffen Handels GmbH (unter diesem

Namen war die Firma im Hamburger Handelsregister eingetragen) zu untersuchen.

Da wurde Hunter der Boden in Hamburg zu heiß. Im Februar 1964 setzte er sich mit Frau und Kind nach USA ab und ließ sich im sonnigen Kalifornien nieder.

Ganz unbehelligt allerdings nicht, denn schon im März des gleichen Jahres wurde Hunter als »Zeuge« vor einen Sonderausschuß des amerikanischen Senats zitiert, der sich damit befaßte, eine Gesetzesvorlage zur Einschränkung des bis dahin fast völlig freien Waffenhandels auszuarbeiten.

Im Laufe dieser »Hearings« erklärte Hunter einmal großspurig, er habe in den letzten drei Jahren im Waffengeschäft 1,6 Millionen Dollar verdient. Im übrigen antwortete er einsilbig oder gar nicht auf die an ihn gestellten Fragen. Immer wieder verwies er auf seine Akten, an die er im Augenblick nicht herankönne, da sie im Keller der Villa in Hamburg lägen.

Die Senatoren nahmen seine Angaben mit beträchtlicher Skepsis auf. Nach seinem Alter befragt, gab Hunter zur Antwort: »Achtunddreißig Jahre.«

»Selbst darauf kann man sich nicht verlassen«, warnte ein Rechtsberater den Vorsitzenden des Ausschusses, Senator Thomas J. Dodds, resigniert.

Danach wurden gegen Hunter in Amerika eine Reihe von Strafverfahren eingeleitet, unter anderem wegen Schmuggels und Steuerhinterziehung, doch hat man von einer Verurteilung nie etwas gehört.

In Hamburg dagegen war man nicht müßig. Nachdem Geschäftsführer Graetz am 12. Juni 1964 Konkurs anmelden mußte – den Forderungen der zumeist amerikanischen Gläubiger in Höhe von rund einer halben Million Mark standen nur 79 000 Mark flüssige Mittel gegenüber –, wurde die »Krone GmbH« unter die Aufsicht von Rechtsanwalt Otthinrich Müller als Konkursverwalter gestellt. Wie dieser aber bald feststellen mußte, stimmte die Buchhaltung nicht. So waren im Jahre 1963 angeblich Wareneinkäufe im Wert von 108 000 Mark getätigt worden und 102 000 Mark wurden der Kasse für »geschäftsfremde Zwecke« entnommen, nämlich für den Ausbau der Villa und andere private Aufwendungen Hunters, insgesamt also 210 000 Mark. Diesen Ausgaben standen jedoch nur verbuchte Umsätze in Höhe von 49 000 Mark gegenüber. »An der Buchführung muß etwas faul sein«, erklärte Konkursverwalter Müller vor Pressevertretern. »Die Einnahmen waren sicher weit höher. Ich habe allein im ersten Monat nach dem Konkurs für 50 000 Mark Waren verkauft.«

Am 13. Januar 1964 kamen die kostspieligen Einrichtungen der Mietvilla sowie die von dem geflüchteten Ehepaar darin hinterlassene persönliche Habe, darunter auch der Thunderbird-Sportwagen, unter den Hammer. Tumultartige Szenen spielten sich dabei im Hause Heilwigstraße 95 ab. Rund tausend Schau- und Kauflustige waren gekommen, um die sensationelle Versteigerung mitzuerleben. Unter ihrem Gewicht drohten die oberen Stockwerke der Villa einzustürzen. Schließlich mußte Auktionator W. C. H. Schopmann Bausachverständige und Bereitschaftspolizei anfordern, um eine Katastrophe zu verhindern. Der Andrang war so groß, daß Hunderte keinen Einlaß fanden. Von der Straße aus riefen sie ihre Angebote einer am Fenster stehenden Mitarbeiterin des Versteigerers zu, die sie an den Auktionator weiterleitete.

Der Clou der Veranstaltung war ein Breitschwanz-Persianer, den Frau Hunter von ihrem Mann geschenkt bekommen hatte; er erbrachte 15 000 Mark für die Konkursmasse. Sogar die Badelaken der ehemaligen Schönheitstänzerin erzielten Liebhaberpreise, die bis zum Dreifachen ihres Einkaufswertes betrugen.

Weniger Interesse erweckte der Thunderbird, dessen Neuwert mit 36 000 Mark angegeben war und den der Auktionator als »Liebhaberstück« angepriesen hatte; er ging für nur 5800 Mark weg.

Ihr Hochzeitskleid, das ursprünglich auch mitversteigert werden sollte, konnte Gisela gerade noch vor dem Zugriff fremder Leute retten. Sie war von ihrer Mutter per Ferngespräch nach Los Angeles von der bevorstehenden Versteigerung unterrichtet worden und erwirkte durch ihren Rechtsanwalt eine einstweilige Verfügung, durch die das Kleid aus der Konkursmasse gezogen wurde. Auch ein paar frühere Kolleginnen von der Ottano-Balletttruppe, die einen Teil ihrer Sachen den Hunters zur Aufbewahrung übergeben hatten, konnten durch einstweilige Verfügungen ihr Hab und Gut retten. Ansonsten ging es bei dieser Auktion heißer zu – auch im wahrsten Sinne des Wortes – als bei irgendeiner Versteigerung, die Hamburg seit langem erlebt hatte. Die Luft in der Villa war, wie ein Blatt schrieb, »zum Schneiden«. Der Schweiß der Kauflustigen rann in Strömen. Sie trampelten einander auf den Zehen herum, sanken erschöpft auf das extrabreite Ehebett, rissen sich um Souvenirs, durchwühlten und zertrampelten im Keller die Akten auf der Suche nach Liebesbriefen.

»Uff! Das war schlimmer als bei Schlieker!« seufzte der Auktionator, als es schließlich vorüber war.

Die Zerstörung der Akten – ein Teil von ihnen soll auch gestohlen worden sein – konnte Mister Hunter nur gelegen kommen, denn sie waren von dem Untersuchungsausschuß des Senats, der sich schon vorher mit ihm beschäftigt hatte, zur weiteren Verfolgung des Falles angefordert worden.

Die Hamburger Kripo lehnte jede Verantwortung ab: »Wir sind nicht Aufpasser für Konkursverwalter oder Versteigerer. Wir konnten keinen Polizisten unaufgefordert vor den Keller stellen, um Diebstähle zu verhindern.«

Am 15. Februar 1966 zog das Konkursgericht unter Vorsitz von Amtsgerichtsdirektor Dr. Bredow den Schlußstrich unter das Hamburger Abenteuer des Hy Hunter. Die vierhundert Gläubiger erfuhren, daß sie rund 20 Prozent ihrer angemeldeten Forderungen aus der Konkursmasse zurückerhalten würden. Mehr nicht.

Hunter, der noch zur Zeit der Konkursanmeldung großspurig verkündet hatte: »Ich werde bald wieder in Hamburg sein, um nach dem Rechten zu sehen«, ließ sich wohlweislich nie wieder in der Hansestadt blicken.

Billie Sol Estes, großartig nach Texasmanier

Texas ist nicht nur durch seine Vorliebe für wilde Schießereien berüchtigt – von denen der Mord an Präsident Kennedy nur das eklatante Beispiel aus jüngster Zeit war –, sondern es gilt auch als das gelobte Land der »Wheeler-Dealers«, ein Ausdruck, den man im Deutschen nur annähernd richtig mit »Schieber« wiedergeben könnte.

Das klassische Beispiel des Wheeler-Dealers unserer Zeit ist der Fall Billie Sol Estes, der in mehrfacher Hinsicht der Bobby-Baker-Affäre ähnelt, sich aber doch von dieser durch das größere Ausmaß der begangenen Schwindeleien und das einfachere Schema unterscheidet.

Um 1951 tauchte in der kleinen Stadt Pecos im westlichen Teil von Texas ein rundlicher junger Mann von sechsundzwanzig Jahren namens Billie Sol Estes auf und ließ sich mit seiner Familie am Rande der Ortschaft nieder. Da die Estes in sehr bescheidenen Verhältnissen lebten, mußte sich Billie mit einem grobgezimmerten Holzhäuschen begnügen, das er sich über einem verlassenen Swimming-pool, der ihm nun als Keller diente, erbaute.

Knapp zehn Jahre später war der junge Mann so weit, daß er sich an der gleichen Stelle eine Luxusvilla von riesigen Ausmaßen errichten lassen konnte.

»Meinen Sie, ein siebzehn Meter langes Wohnzimmer wäre zu groß?« fragte er den Architekten. In Texas ist nichts zu groß, und so wurde das Wohnzimmer nach Billies Vorstellungen gebaut.

Zu dieser Zeit besaß der Hausherr auch schon, unter anderen irdischen Gütern, vier Straßenkreuzer Marke Cadillac (ein »Statussymbol« in USA, wie in Deutschland der Mercedes) sowie zwei Privatflugzeuge. Er hatte sich also in einem Jahrzehnt ganz schön herausgemacht.

Damals, als sich der Neuankömmling damit befaßte, die Verdienstmöglichkeiten von Pecos zu studieren, sagte er einmal zu einem Freund: »Ich weiß, daß ich in fünfzehn Jahren reich werden kann, ich möchte es aber in zwei Jahren schaffen.«

Das ist Estes nun zwar nicht gelungen, doch brauchte er nur ein paar Jährchen hinzuzufügen, dann hatte er tatsächlich sein Ziel erreicht.

Wie macht man es auf dem Lande, um schnell zu soviel Geld zu kommen?

Zuerst machte Estes ein »funeral home«, also eine Beerdigungsanstalt auf, was in Amerika mit seinem Hang zur kultischen Übertreibung immer ein gutes Geschäft ist. Estes verdiente damit so gut, und er verstand es vor allem, sich so glänzende Beziehungen zu verschaffen, daß er schon 1954 von der *National Junior Chamber of Commerce* (Handelskammer für jüngere Geschäftsleute) unter die »zehn aussichtsvollsten jungen Männer Amerikas« eingereiht wurde.

Der so vielversprechende junge Mann sah jedoch bald ein, daß er es mit Bestattungen allein nicht zum Millionär bringen werde. So verlegte er sich auf ein noch viel einträglicheres Geschäft, nämlich die Anlage und den Betrieb von Silos. Um diese Zeit gab es in Amerika Jahr für Jahr einen gewaltigen Getreideüberschuß, den die Regierung nach den Beschlüssen des Kongresses den Farmern abnehmen mußte, ohne dafür eine baldige Verwendung zu haben. Es wurden also überall im Lande riesige Speicheranlagen geschaffen, in denen Millionen Tonnen Getreide eingelagert wurden.

Da der Staat das Getreide zwar für eigene Rechnung aufkaufte, es aber der Privatwirtschaft überließ, die Silos zu bauen und zu betreiben, setzte nun bald ein Ansturm der Interessenten auf das *Department of Agriculture* (Landwirtschaftsministerium) in Washington ein, um sich möglichst viele und möglichst einträgliche Lagerungsaufträge zu sichern. Bei diesem Wettbewerb kam es vor allem auf gute Beziehungen an.

Estes hatte erstklassige Beziehungen. Als verdientes Mitglied der demokratischen Partei, die in Texas wie in den anderen Südstaaten den Ton angibt, stand er auf bestem Fuß mit den beiden demokratischen Senatoren des Staates, von denen der eine der spätere Vizepräsident und Präsident Lyndon B. Johnson war, der andere ein Politiker namens Ralph Yarborough. Daß Johnson und Yarborough miteinander bitter verfeindet waren – und es auch heute noch sind –, störte Billie Sol Estes nicht. Er verstand es geschickt, zwischen den beiden Kampfhähnen zu lavieren und beide für seine Zwecke einzuspannen.

Über den *modus operandi* des Mister Estes hat man später einiges erfahren, nachdem ein parlamentarischer Untersuchungsausschuß unter dem Vorsitz des ebenfalls demokratischen Senators McClellan eingesetzt worden war. Dieser Ausschuß sollte den Riesenskandal, der um den Wunderknaben aus Pecos entstanden war, durchleuchten oder vielmehr entschärfen. Bei dieser »Untersuchung« ging es nämlich genauso zu wie in der Bobby-Baker-Affäre. Alles wirklich Wichtige, insbesondere alles, was die politische Führung direkt belasten konnte, wurde vorsichtig ausgeklammert. Immerhin kamen ein paar pikante Details zutage.

So stellte der Ausschuß unter anderem fest, daß Estes auf dem Höhepunkt seiner Karriere, das heißt im Jahre 1961 und noch Anfang 1962, wenigstens einmal im Monat nach Washington flog. Jedesmal vor seiner Abreise entnahm er dem einen oder anderen seiner zahlreichen Bankkonten einen hohen Betrag in bar – und jedesmal kehrte er mit leerer Brieftasche nach Hause zurück. Einmal, so stellte der Ausschuß fest, nahm Estes nicht weniger als 150 000 Dollar mit, die allesamt in Washington blieben. Insgesamt hatte Estes im Laufe eines Jahres (April 1961 bis März 1962) 673 581 Dollar von seinen Konten abgehoben und nach Washington gebracht.

Auf die bei dieser Zahlenakrobatik entscheidende Frage, nämlich in welche Taschen all dieses Geld geflossen war, blieb der Ausschuß allerdings die Antwort schuldig.

Estes' Freigebigkeit machte sich jedenfalls bezahlt. Allein im

Jahre 1961 vergab die Regierung Lageraufträge im Gesamtwert von 4 Millionen Dollar an die Gruppe von Silo-Betriebsfirmen (United Elevators, Allied Storage und Lester Stone), die Estes gehörte.

Hätte Estes sich auf dieses weiß Gott profitable Geschäft beschränkt, so wäre ihm wahrscheinlich nie Schlimmes passiert. In seiner grenzenlosen Habgier aber war er schon Ende der fünfziger Jahre dazu übergegangen, seinem Siloreich noch andere Unternehmungen anzugliedern. Insbesondere verlegte er sich auf den Betrieb von Tankfarmen, in denen Kunstdünger gespeichert wurde.

Bald verfügte der Wheeler-dealer von Pecos über so viel Kunstdünger, daß er sich nach neuen Absatzmöglichkeiten umsehen mußte, und dabei überschritt er zum erstenmal die Grenze der Legalität.

In den Südstaaten, darunter auch Texas, wird viel Baumwolle angebaut – viel mehr, als man brauchen kann, wenn die Preise gehalten werden sollen. Seit Jahren werden daher von der Regierung den Farmern bestimmte Anbaugebiete zugeteilt, deren Grenzen nicht überschritten werden dürfen.

Estes, im Vertrauen darauf, daß seine Protektion in Washington ausreichen würde, um ihn vor Unannehmlichkeiten zu schützen, fühlte sich an diese Beschränkungen nicht gebunden. Er erwarb in großem Umfang brachliegende Ländereien und baute darauf, den gesetzlichen Vorschriften zum Trotz, Baumwolle an.

Auch mit seinen Kunstdüngertanks machte er krumme Geschäfte. Um die immer raschere Expansion seiner Firmen, die er zuletzt in »Billie Sol Estes Enterprises, Inc.« zusammengefaßt hatte, finanzieren zu können, verpfändete er seinen Gläubigern nichtexistierenden Kunstdünger und bot zur Sicherheit für seine Darlehen Tanks an, die entweder nur in seiner Phantasie bestanden oder aber nur teilweise oder gar nicht gefüllt waren.

Estes' Machenschaften wurden Ende 1961 zum erstenmal durch das Lokalblatt »The Pecos Independent« aufgedeckt. Die Neugier des Blattes war durch die Tatsache geweckt worden, daß eine Reihe von Farmern in der Gegend hintereinander bei den Banken beträchtliche Darlehen aufnahmen und dafür als Sicherheit mit Kunstdünger gefüllte Tanks anboten. Nun war aber der Redaktion bekannt, daß der Kunstdünger-Großhandel in der Regel seinen Abnehmern solche Tanks kostenlos zur Verfügung stellte, die Farmer also gar nicht die Eigentümer waren. Da stimmte doch irgend etwas nicht.

Redakteur Oscar Griffin jr. machte sich selbst auf den Weg, um sich bei den Farmern zu erkundigen, was da vor sich ginge. Bei den meisten stieß er auf Ablehnung und Schweigen; sie wollten sich über die Besitzverhältnisse an den Tanks nicht auslassen.

Nur ein wohlhabender Farmer namens Barrett Johnson war bereit, Rede und Antwort zu stehen. Er erzählte Griffin, daß hinter der ganzen Sache Billie Sol Estes stehe, und fügte hinzu: »Er ist damit auch zu mir gekommen, aber ich habe ihn abgewimmelt. Ich hab' ihm gesagt, ich will nichts damit zu tun haben, er solle mich in Ruhe lassen.«

Um so größer war Johnsons Erstaunen, als ihm der Redakteur nun einen Auszug aus dem Grundbuch von Reeves County vorlegte, aus dem hervorging, daß 131 Kunstdüngertanks, die auf den Namen Barrett Johnson eingetragen waren, mit Hypotheken im Gesamtwert von 93 000 Dollar belastet waren.

Jetzt hatte Griffin die Bestätigung: Billie Sol Estes hatte nicht nur einen großen Teil der Bauernschaft der Gegend für seine Zwecke eingespannt, sondern auch mit Fälschungen gearbeitet. Er schrieb nun eine Serie von Enthüllungen, von denen die erste am 12. Februar 1962 in seinem Blatt erschien. Damit war ein Stein ins Rollen gekommen, der schließlich das ganze Geschäftsreich Estes' zertrümmern und den Inhaber ins Zuchthaus bringen sollte.

Denn nun beeilten sich Billies aufgescheuchte Gläubiger reihum, ihre Kredite abzurufen, wobei sich bald herausstellte, daß Estes zahlungsunfähig war. Darauf schaltete sich das FBI ein und ließ Inhalt und Wert der Kunstdüngertanks überprüfen. Am 29. März 1962 wurde Estes unter der Anschuldigung verhaftet, »falsche, gefälschte, verfälschte und unechte Hypotheken auf nichtexistierende Kunstdüngertanks aufgenommen und im zwischenstaatlichen Verkehr in Umlauf gebracht zu haben«.

Das Schlüsselwort dieser Anklage war »zwischenstaatlich«. Hätte Estes seine Schwindelpapiere nur in Texas in Umlauf gebracht, so wäre ihm wahrscheinlich nicht viel passiert, denn dann wären nur die texanischen Behörden für die Verfolgung der Angelegenheit zuständig gewesen – und Estes verfügte in Texas über genug Protektion, um sich vor Schwierigkeiten schützen zu können.

Da er aber mit den falschen Papieren auch in anderen Bundesstaaten gearbeitet hatte, lag ein Verstoß gegen Bundesgesetze vor, und damit war die Zuständigkeit des FBI gegeben. Daß diese im vorliegenden Fall hart durchgriff, ging auf eine direkte Weisung von Präsident Kennedy zurück, der, wie später in der Affäre Bobby

Baker, unnachsichtig gegen die in Washington grassierende Korruption vorzugehen entschlossen war.

Nachdem die Untersuchung einmal angelaufen war, kam auch die Sache mit den widerrechtlich angebauten Baumwollflächen ans Tageslicht. Und schließlich stellte sich heraus, daß sich Estes bei seinen Luft- und Schwindelgeschäften in großem Maßstabe der bis dahin angesehenen Kunstdüngerfirma Commercial Solvents Corporation in Baltimore bedient hatte. Nach den Aussagen eines Zeugen, des Rechtsanwaltes Frank Cain, war die Commercial Solvents dem Geschäftsfreund Estes auch dabei behilflich, 4 Millionen Dollar auf ein Geheimkonto in der Schweiz zu verschieben, bevor der Skandal ausbrach.

Noch Schlimmeres kam heraus. Am 4. April 1962 wurde die schon stark verweste Leiche eines Buchhalters namens George Krutilek, der für Estes gearbeitet hatte, in der Stadt El Paso gefunden. Der Tote lag in einem abseits der Straße abgestellten Wagen. Da die Leiche keine Spuren äußerer Gewaltanwendung aufwies, kam der Gerichtsarzt zu dem Schluß, daß Krutilek einem Schlaganfall erlegen sei. Die Tatsache, daß ein mit dem Auspuff des Wagens verbundener Schlauch durch das Fenster in das Innere des Autos eingeführt war, ließ er unbeachtet.

Zweifellos war Krutilek auf diese Weise ermordet worden, da zu befürchten stand, daß er bei der inzwischen angelaufenen gerichtlichen Untersuchung gegen Estes für diesen und eventuell auch andere belastende Aussagen machen würde. Und er war nicht das einzige Opfer. Wörtlich schrieb der bekannte amerikanische Historiker J. Evetts Haley in seinem 1964 erschienenen Buch »A Texan looks at Lyndon – A Study in Illegitimate Power«: »Mittelalterliche Mordkünstler wie die Medicis wären sicher von dieser neuartigen Tötungsmethode begeistert gewesen: Man zwingt das Opfer, Karbon-Monoxyd (Auspuffgase) einzuatmen. Es ist ein schmerzloser Tod, der dem Mörder eine fast sichere Immunität garantiert.«

Auch Haley brachte die Überzeugung zum Ausdruck, daß der Estes-Buchhalter Krutilek ermordet worden war, weil er zuviel wußte. Weiter schreibt der genannte Verfasser: »In einem anderen Fall, der mit der Affäre zusammenhängt, wurde dieses Gas ebenfalls für den Tod von Harold Eugene Orr, Präsident der Superior Manufacturing Company in Amarillo, verantwortlich gemacht. Orr und seine Gesellschaft hatten in den finanziellen Betrügereien Estes' eine Schlüsselrolle gespielt; er wurde zusammen mit diesem verhaftet und zu zehn Jahren Gefängnis verurteilt. Am 28. Februar 1964, kurz bevor er sich zur Strafverbüßung melden sollte, ging Harold Orr in seine Garage, angeblich um ein neues Auspuffrohr an seinem Wagen anzubringen. Ein paar Stunden später wurde Orr tot aufgefunden. Am Boden lagen verschiedene Werkzeuge verstreut, die, wie es heißt, für die geplante Arbeit ganz ungeeignet waren. Der Friedensrichter erkannte auf Unfalltod infolge von Einatmen von Karbon-Monoxyd. Doch viele wollten an diese Version nicht glauben und stellten dagegen die Frage, ob Orr, um der Strafverbüßung zu entgehen, sich vielleicht geständnisfreudig gezeigt hatte. Und wie stand es mit Howard Pratt, dem Leiter des Chicagoer Büros der Commercial Solvents, der auch in seinem Wagen den Vergiftungstod durch Auspuffgase erlitt?«

Die Entdeckung der Leiche Krutileks führte zur Wiederaufrollung eines schon früher abgeschriebenen Todesfalles. Am 3. Juni 1961, also zu einer Zeit, da über die Verfehlungen Estes' noch nichts bekannt war, wurde ein Beamter des Landwirtschaftsministeriums namens Henry Marshall in einem abgelegenen Teil seiner Farm in der Nähe der Ortschaft Franklin in Texas tot aufgefunden. Fünf Tage später erkannte Friedensrichter Lee Farmer auf Selbstmord, ohne eine Obduktion angeordnet zu haben.

Jetzt, zehn Monate später, wurde bekannt: Marshall war der Sonderbeauftragte des Landwirtschaftsministeriums für West-Texas in Fragen des Baumwollbaus. Er war seit längerem damit beschäftigt gewesen, etwas Licht in das Dunkel der Estes'schen Manipulationen auf diesem Gebiet zu bringen.

Nun erhob sich natürlich die Frage, ob etwa auch er beseitigt wurde, um den schon damals drohenden Skandal zu verhüten. So wurde die Leiche auf gerichtliche Anordnung exhumiert und einer verspäteten Obduktion unterzogen. Dabei stellte sich heraus, daß die Lunge des Toten genug Spuren von Karbon-Monoxyd enthielt, um eine Ohnmacht hervorzurufen. Der Schädel wies aber auch Verletzungen durch einen Schlag mit einem harten Gegenstand auf.

Vor allem aber: Die Ärzte stellten fest, daß der Körper Marshalls von *fünf Schüssen* von vorne getroffen worden war. Wer hätte da noch an Selbstmord glauben können?

Das Verfahren gegen Billie Sol Estes gestaltete sich zu einem der langwierigsten und kompliziertesten Strafprozesse in der Rechtsgeschichte Amerikas, da er nicht nur einmal, sondern mehrmals den ganzen Instanzenweg bis zum Obersten Gericht der USA durchlief.

Es fing damit an, daß das Bundesbezirksgericht in El Paso Estes am 13. Juli 1962 bankrott erklärte. Das Konkursverfahren hatte ergeben, daß die Unternehmungen Estes' Verbindlichkeiten in Höhe von 38 Millionen Dollar hatten, denen Aktiven im Werte von nur 20 Millionen Dollar gegenüberstanden.

Bald darauf saß Estes zum erstenmal auf der Anklagebank. Am 7. November 1962 wurde er von einem Geschworenengericht in der Stadt Tyler, Texas, überführt, einen Farmer in einem komplizierten Hypothekengeschäft übers Ohr gehauen zu haben; er wurde deswegen zu acht Jahren Gefängnis verurteilt. Zu diesem Zeitpunkt waren gegen Estes vier weitere Straftaten sowohl vor den Gerichten des Bundesstaates Texas wie vor den Bundesgerichten anhängig.

Am 28. März 1963 wurde Estes von einem Bundesgericht für schuldig befunden, die Post zu betrügerischen Zwecken benutzt zu haben; dafür bekam er fünfzehn Jahre Zuchthaus.

Gegen beide Urteile legten Estes' Anwälte Berufung ein. Zwischenzeitlich wurde der Bankrotteur gegen eine Kaution von 100 000 Dollar wieder auf freien Fuß gesetzt. Er nutzte die Frist, um sich in neue geschäftliche Abenteuer, allerdings erheblich bescheidenerer Art, zu stürzen. Er wollte eine Kette von Souvenirgeschäften begründen, von denen das erste tatsächlich am 27. Juni 1964 in El Paso in unmittelbarer Nähe der mexikanischen Grenze eröffnet wurde.

Noch einmal konnte Estes seiner Eitelkeit freien Lauf lassen. Auf dem Dach des Souvenirgeschäftes hatte er eine acht Meter hohe Lichtreklame anbringen lassen, die sein Porträt im Rahmen einer strahlenden Sonne zeigte (das Wort »Sol« bedeutet auf spanisch »Sonne«). Daneben in goldenen Lettern: »Billie Sol Estes, Import- und Exportgeschäft edler Produkte, die in alle Teile der Welt versandt werden.«

Da Estes gerichtlich für bankrott erklärt worden war, mußte er sich einiger Strohmänner bedienen, um seine Souvenirläden – insgesamt waren vier geplant – in Gang zu bringen. Er selbst spielte nach außen die Rolle eines »Beraters«, der sich unentgeltlich den Freunden zur Verfügung stellt.

Unterdes war die Gerichtsmaschinerie weitergelaufen. Am 15. Januar 1964 bestätigte das Oberste Berufungsgericht des Staates Texas das Urteil des Geschworenengerichts von Tyler und die von diesem ausgesprochene achtjährige Gefängnisstrafe. Estes legte daraufhin Revision beim Obersten Gerichtshof der USA ein, an den er sich auch vorher schon in Sachen Postbetrug gewandt hatte.

Die Schlacht vor dem Obersten Gerichtshof wurde mit wechselndem Glück ausgetragen. Am 18. Januar 1965 wiesen die neun Richter die von Estes gegen das Urteil des Bundesbezirksgerichts vom 28. März 1963 eingelegte Berufung ohne nähere Begründung ab. Daraufhin wurde Estes sofort in seinem neuen Heim in Abilene, in das er trotz seiner Millionenschulden 50 000 Dollar gesteckt hatte, verhaftet und in das Zuchthaus von Leavenworth in Kansas eingeliefert.

Während er dort saß, fiel noch einmal ein Lichtstrahl in sein bewegtes Leben. Am 7. Juni 1965 entschied nämlich das Oberste Gericht in einem mit fünf zu vier Stimmen angenommenen Grundsatzurteil, daß das Urteil des Schwurgerichts von Tyler nichtig sei, weil bei dem Prozeß Fernsehaufnahmen gemacht worden waren. Nach Auffassung der Mehrheit der Obersten Richter wurde dadurch die »due process clause« der amerikanischen Verfassung (14. Amendment), durch die ein faires Gerichtsverfahren gewährleistet werden soll, verletzt. Daraufhin wurde das betreffende Urteil am 24. November 1965 vom Obersten Berufungsgericht des Staates Texas aufgehoben und ein neues Verfahren anberaumt.

Im April 1966 mußte Estes schon wieder die Anklagebank drükken, diesmal vor dem Bundesbezirksgericht in El Paso. Dieses Mal löste sich seine Zunge und er gab unumwunden zu, daß er sich mit leitenden Angestellten von drei Finanzierungsgesellschaften (Walter E. Heller Co., Chicago; Associates Investment Co., South Bend, Indiana; und CIT Corporation and First Acceptance Corp., Minneapolis, Minnesota) zusammengetan habe, um »Wertpapiere« auf den Markt zu bringen, die nichts wert waren.

Am 2. Juni 1967 wurde Estes in dem wiederaufgenommenen Prozeß in der Stadt Tyler zu einer Gefängnisstrafe von zwei bis drei Jahren verurteilt. Der Richter verfügte jedoch, daß die Verbüßung dieser Strafe gleichzeitig mit derjenigen stattfinden sollte, die Estes von dem Bundesgericht auferlegt worden war (fünfzehn Jahre), praktisch also erlassen sei. Estes war inzwischen in ein Gefängnis im Bundesstaat Minnesota überführt worden. Mehrere andere Strafklagen sind noch anhängig.

Es dürfte noch einige Jahre dauern, bis der Rattenschwanz von Zivil- und Strafprozessen, der hinter Estes herläuft, voll abgewickelt ist.

Bei der Wahl vom November 1964 spielte der Estes-Skandal eine bedeutende Rolle. Die Republikaner nutzten die allgemein bekannte Tatsache, daß Estes mit dem früheren Senator, jetzt Präsidenten der Vereinigten Staaten, Lyndon B. Johnson, auf vertrautem Fuß stand, weidlich aus.

So erklärte zum Beispiel der republikanische Präsidentschaftskandidat Barry Goldwater in einer Rede am 23. September 1964: »Der Fall Billie Sol Estes ist mehr als ein Skandal. Er stellt mehr dar als nur ein Bild von Favoritismus und Betrug. Er ist eine Studie über die Machenschaften und das Verhalten von höchsten Regierungsbeamten, von denen einige noch unter uns weilen.«

Nach diesem Eröffnungsschuß legte Goldwater, wie das New Yorker Blatt »World-Telegramm« vom 24. September 1964 es ironisch ausdrückte, »Billie Sol wie ein unerwünschtes Findelkind« vor die Türschwelle des Weißen Hauses. Er sagte: »Es ist erwiesen, daß Estes auf einer Fahrt nach Washington 1962 40 000 Dollar in bar mit sich führte. Davon gab er 6000 Dollar für Einladungen zu einem Hundert-Dollar-Essen der Demokratischen Partei aus* und übergab die meisten der von ihm gekauften Eintrittskarten dem persönlichen Assistenten von Lyndon Baines Johnson, Cliff Carter, im Büro des damaligen Vizepräsidenten. Was mit den anderen 34 000 Dollar geschah, wissen wir nicht. In welchem Büro blieben sie, in welche Tasche sind sie geflossen?«

Goldwater wies darauf hin, daß Landwirtschaftsminister Orville Freeman monatelang die vom FBI an ihn herangetragenen Warnungen vor den Machenschaften Estes' unbeachtet gelassen habe und sogar Estes, auf eine Empfehlung des Büros von Lyndon B. Johnson hin, zum Mitglied des »National Cotton Advisory Board« (Staatlicher Beirat für die Baumwollzucht) ernannt habe.

»Das sind keine Gerüchte, keine Vermutungen«, rief Goldwater zum Schluß aus. »Das sind Tatsachen, durch die der Mann, der heute im Weißen Haus sitzt, in bedenkliche Nähe von Billie Sol Estes gerückt wird ... und er hat nichts getan, um die Machenschaften dieses Schwindlers zu enthüllen. Seine Macht dient ganz anderen Zwecken, und das Weiße Haus ist zu einem ›Whitewash House‹ (Weißtüncher-Haus, was also bedeutet, daß dort alles vertuscht wird) geworden.«

Der von Senator John L. McClellan, einem alten und bewährten Freund Lyndon B. Johnsons, geleitete Untersuchungsausschuß war anderer Meinung. Er sprach Anfang Oktober 1964 das Staatsoberhaupt von allen gegen ihn erhobenen Anschuldigungen frei und erklärte, daß nur das Landwirtschaftsministerium wegen »Schlampereien« zu tadeln sei.

Drei untere Beamte des Ministeriums wurden »gefeuert«.

* Solche Essen sind in USA üblich, um die Parteikasse aufzufüllen.

Nachwort

Beim Schreiben dieses Buches, so wird mancher meinen, wenn er das Nachwort liest, hat der Verfasser eigentlich das Pferd am Schwanze aufgezäumt. Denn jedes Sachbuch fängt naturgemäß mit der Materialbeschaffung an. Und welche bessere Quelle könnte es auf diesem Gebiet geben, als das Bundeskriminalamt in Wiesbaden?

Und doch hatte es seine guten Gründe, daß ich mich erst entschloß, um ein Interview mit dem Präsidenten des Bundeskriminalamtes und derzeitigen Chef von INTERPOL, Herrn Paul Dickopf, nachzusuchen, nachdem das Manuskript praktisch schon fertiggestellt war. Dieses Amt gehört nämlich, aus leicht ersichtlichen Gründen, nicht gerade zu den publizitätsfreudigsten in der Bundesrepublik. Es verfolgt andere Ziele als der Journalist oder Schriftsteller, der alles wissen will, damit er möglichst ausführlich und interessant berichten kann. Ein unvorsichtiger Tip, ein Einblick in eine noch nicht abgeschlossene Akte könnten leicht dazu führen, daß das Amt bei seiner Aufgabe, nämlich der Verbrechensbekämpfung, behindert wird.

So sagte ich mir gleich, daß es wenig Zweck haben würde, bei diesem Amt oder irgendeiner anderen Behörde den Versuch der Materialbeschaffung im Großen zu unternehmen. Wie recht ich damit hatte, ergab schon ein vorbereitendes Gespräch mit Oberkriminalrat Zimmermann, dem »Pressechef« des Hauses, das meinem Besuch bei Präsident Dickopf Anfang Dezember 1969 vorausging.

Herr Zimmermann erzählte mir u. a., daß vor einiger Zeit eines jener deutschen Wochenblätter, die man unter dem Begriff der »Regenbogen-Presse« zusammenfaßt, an ihn herangetreten sei, um Sensationsmaterial für einen richtigen Knüller über den internationalen Mädchenhandel zu bekommen.

»Wenn ich von Ihnen darüber nichts bekommen kann«, so ungefähr schrieb der Redakteur des betreffenden Blattes an Herrn Zimmermann, »so muß ich eben alles frei erfinden.«

Das tat er dann auch, nachdem diese versteckte Drohung nichts genutzt hatte. Daß das Bundeskriminalamt in diesem Falle kein Material zur Verfügung stellte, beruhte übrigens, wie mir Herr Zimmermann erklärte, vor allem darauf, daß diese Verbrechenssparte in der letzten Zeit praktisch ausgestorben ist. »Die private Konkurrenz ist zu groß geworden«, fügte er lächelnd hinzu.

Trotz dieses amtlichen Hinweises, daß es den früher so berüchtigten Handel mit »weißen Sklavinnen« heute praktisch nicht mehr gibt, erschien das betreffende Blatt bald darauf mit einer groß aufgemachten Sensationsstory mit dem Titel »Blonde Fracht nach Rio« oder so ähnlich. Das Schönste an der Sache aber war, daß die Serie den Vermerk »Aus den Akten des Bundeskriminalamtes« trug. Auf meine erstaunte Frage, ob sich denn das Amt nicht gegen einen so offenkundigen Mißbrauch seines Namens wehren könnte, zuckte Herr Zimmermann die Schultern. »Dagegen ist nicht viel zu machen«, meinte er.

Im Gegensatz zu diesem Beispiel unverantwortlicher Sensationshascherei kann der Leser des vorliegenden Buches versichert sein, daß alles Vorstehende auf Tatsachen beruht, nichts frei erfunden ist, aber auch nichts aus den Akten des Bundeskriminalamtes stammt.

Da die Arbeit an dem Buch schon fast abgeschlossen war und kaum noch einer Ergänzung bedurfte, zögerte ich lange, an Herrn Dickopf zu schreiben, um ihn um ein Interview zu bitten. Denn er ist natürlich ein sehr vielbeschäftigter Mann, da ihm jetzt außer seiner Stellung als Präsident des Bundeskriminalamtes, die er schon seit vielen Jahren bekleidet, auch noch die Leitung von INTERPOL obliegt.

Tatsächlich dauerte es geraume Zeit, bevor ich aus Wiesbaden eine Antwort bekam, denn gerade zu dieser Zeit befand sich Herr Dickopf in Mexiko City, wo er die jährliche Generalversammlung von Interpol – dem jetzt insgesamt 105 Länder angehören – leitete. Nach seiner Rückkehr aber, so ließ Herr Dickopf mir liebenswürdigerweise mitteilen, würde er mich gerne zu einem Gespräch empfangen.

So machte ich mich also an dem kalten, doch strahlenden Morgen des 5. Dezember auf den Weg von meinem Hotel in der Nähe des Bahnhofs zum Bundeskriminalamt, das, wie ich aus der Karte ersehen konnte, am anderen Ende der Stadt gelegen ist. Trotzdem beschloß ich zu Fuß zu gehen, einmal weil ich ein passionierter Fußgänger bin, zum anderen aber auch, weil ich die Stadt noch nicht kannte.

Womit ich allerdings nicht gerechnet hatte, das war, daß die Strecke zum Tränkweg, wo sich das Amt befindet, nicht nur lang ist, sondern auch einen steilen Hang hinaufführt. Das weitgestreckte, in seiner Bauweise und Einrichtung hochmoderne Bundeskriminalamt liegt nämlich auf der Höhe des Geisbergs im Norden der Stadt, unmittelbar am Rande des Stadtwaldes. Man hat von dort aus einen wunderbaren Ausblick über Wiesbaden und den Taunus. In dem weitläufigen Gebäude, das ständig erweitert wird, sind derzeit etwa 600 Personen beschäftigt, doch dürfte sich diese Zahl im Laufe der nächsten Jahre zumindest verdoppeln, da die Kriminalität ständig steigt – nicht zuletzt auf dem Gebiet der Wirtschaftsverbrechen, von denen das vorliegende Buch handelt.

Als ich das Privatbüro von Präsident Dickopf betrat, war ich ziemlich verblüfft von dem Aussehen des hochgewachsenen Mannes, der sich nun von seinem mit Akten übersäten Schreibtisch erhob und mich mit freundlichem Händedruck empfing. In krassem Gegensatz zu seinem berühmten amerikanischen Gegenstück J. Edgar Hoover, dessen Bulldoggengesicht den unverkennbaren Stempel des Polizeigewaltigen trägt, sieht Herr Dickopf eher wie ein Professor als wie ein Kriminalbeamter aus. Er hat einen ausgesprochenen »Charakterkopf« mit hoher Stirn, ausdrucksvollen Augen und einem von viel Arbeit und Anstrengung ziemlich zerfurchten Gesicht.

Er ist auch seinem Wesen nach gar nicht das, was man sich gemeinhin unter einem Polizeichef vorstellen würde, sondern versteht es, geistreich, humorvoll und charmant zu plaudern. So wurde dann aus unserem eineinhalbstündigen Gespräch überhaupt kein Interview im eigentlichen Sinne des Wortes, sondern eine völlig zwanglose Unterhaltung, bei der wir recht oft von dem eigentlichen Thema meines Besuches abkamen.

Immerhin gelang es mir, ein paar Fragen zur Sache anzubringen, von denen die erste lautete: »Herr Präsident, hat das Problem der Wirtschaftsverbrechen auf der diesjährigen Generalversammlung von Interpol in Mexiko City eine bedeutende Rolle gespielt?«

»Nein«, erwiderte er, »doch dürfte ihm auf unserer nächsten Versammlung, die 1970 in Brüssel stattfinden soll, größere Bedeutung zukommen.«

»Wieso erklären Sie sich, Herr Präsident«, fragte ich an anderer Stelle, »daß gerade im Zeichen des wachsenden Wohlstandes die Kriminalität stark ansteigt, und zwar nicht nur hier in der Bundesrepublik, sondern so gut wie überall auf der Welt?«

»Wenn ich auch sonst nicht viel von Sprichwörtern halte«, erwiderte der Gefragte, »so glaube ich doch, daß ich in diesem Fall meine Antwort am besten in dem alten Spruch zusammenfassen kann: ›Je mehr er hat, je mehr er will.‹«

Dann fügte er lachend hinzu: »Zu den Sprichwörtern, die ich nicht leiden kann, gehört vor allem ›Morgenstund' hat Gold im Mund‹.«

Der bargeldlose Zahlungsverkehr, so meinte Herr Dickopf, habe den Gaunern im weißen Kragen viele neue Möglichkeiten zum Schwindeln eröffnet und auch dadurch stark zu dem Anwachsen der Wirtschaftskriminalität in den letzten Jahren beigetragen.

Ich fragte noch, ob der Ostblock sich nach wie vor weigere, mit Interpol zusammenzuarbeiten.

»Absolut«, erwiderte Herr Dickopf bestimmt und wies auf eine Weltkarte an der Wand. »Mit Ausnahme von Jugoslawien, das sogar recht gut mit uns zusammenarbeitet, bilden alle kommunistisch regierten Staaten den großen ›weißen Fleck‹ auf unserer Karte.«

»Gibt es im Westen noch ›auslieferungsfreie‹ Staaten für Wirtschaftsverbrecher?« wollte ich noch wissen.

»Eigentlich nur noch Paraguay, das INTERPOL nicht angeschlossen ist«, war die Antwort. Mit Nachdruck wies Herr Dickopf noch darauf hin, daß INTERPOL, entgegen einer weitverbreiteten Auffassung, keine exekutiven Funktionen ausübt. Es ist im wesentlichen ein »clearing-house« für polizeiliche Informationen und eine Fahndungszentrale, die mit einem weltumspannenden eigenen Funknetz arbeitet. Ist der Aufenthaltsort des gesuchten Verbrechers ermittelt, so ist damit die Funktion von INTERPOL beendet. Verhaftung und Verhör sind immer ausschließlich Sache der Behörden des Landes, in dem der Gesuchte gestellt wird.

Technisch betrachtet war mein Interview mit Präsident Dickopf wohl das kürzeste, das ich je geführt habe, trotz der verhältnismäßig langen Zeit, die er mir widmete. Und doch gewann ich den Eindruck, daß die Leitung von Bundeskriminalamt und INTERPOL in guten Händen ist – nicht zuletzt auf dem Gebiet, von dem das vorliegende Buch handelt.

Joachim Joesten

Goldmann Kriminalromane der Chef-Auswahl

»Der Verleger Wilhelm Goldmann hat immer wieder gute Einfälle. Deren neuestes Produkt ist eine Kriminalromanreihe ›Chef-Auswahl‹. Verständlich, daß sich der Chef vom Besten das Beste wählt.«

Augsburger Allgemeine

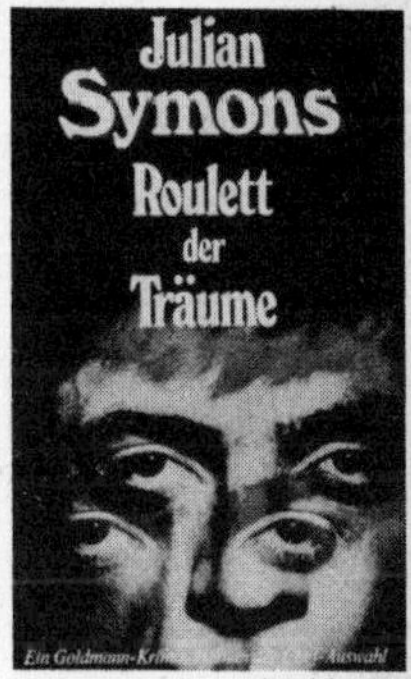

The Gordons, Kampf um Macht
296 Seiten. Leinen DM 14.50

In diesem Roman blickt der Leser hinter die Kulissen eines politischen Intrigenspiels um die Führungsspitze des FBI.

»Ein prächtiges Stück Phantasie . . .« *H. H. Kirst im Münchner Merkur*

Ellis Peters, Die Primadonna lachte
200 Seiten. Leinen DM 14.50

Eine Chartermaschine muß in Vorarlberg notlanden. Im Fluggepäck befindet sich ein Testament, das alle Passagiere brennend interessiert . . .

»Spannungsliteratur im besten Sinne.« *Wiener Wochenausgabe*

Julian Symons, Roulett der Träume
224 Seiten. Leinen DM 14.50

»Ein schockierend gutes Porträt eines Mannes, der nicht auf dem geraden Weg bleiben kann.« *Dorothy Salisbury Davis, Kritikerin*

»Erstklassig . . .« *New York Times*

WILHELM GOLDMANN VERLAG MÜNCHEN

Goldmann Kriminalromane der Chef-Auswahl

Die besten wurden ausgewählt. Der Inhaber des Verlages traf die Entscheidung. Daher ›Chef-Auswahl‹. Der Verlag gab den Bänden eine schöne Ausstattung. So entstanden gute Geschenkbücher, die es verdienen, einen Platz in der Hausbibliothek zu finden.

Nicholas Blake, Der Morgen nach dem Tod
208 Seiten. Leinen DM 14.50

Mord in der amerikanischen Universität Cabot ... Privatdetektiv Strangeways' Scharfsinn wird auf die Probe gestellt.

»Alles, was Blake schreibt, fasziniert ...« *Manchester Daily Dispatch*

Roger d'Exsteyl, Das Geheimnis der Rue du Calvaire
184 Seiten. Leinen DM 14.50

Der Archäologe Saint-Laurent kann sich dem Reiz der schönen Françoise Verbrugge nicht entziehen. Da wird Françoises Bruder ermordet ...

»Spannung und subtile Sprache ...« *Bücherei und Bildung*

Dick Francis, Grand-Prix für Mord
268 Seiten. Leinen DM 14.50

»... verdient das Blaue Band, den Silberpokal und alle übrigen Trophäen ...« *Publishers Weekly*

»Absolute Spitzenklasse.« *New York Times*

WILHELM GOLDMANN VERLAG MÜNCHEN

Goldmanns GELBE Taschenbücher

Schach. Eine Schule des Schachs in 40 Stunden. Von Rudolf Teschner. (1623) DM 3.–

Der deutsche Schachmeister Rudolf Teschner ist ein hervorragender Schachpädagoge: Seine Anleitung ist zum Selbstunterricht, aber auch als Lehrbuch für einen Kursus geeignet. Das theoretische Material des Lehrbuchs ist so reichhaltig, daß selbst Schachexperten das Werk gerne in ihre Bibliothek aufnehmen werden.

Das Buch der Glücksspiele. Von Kristian Kraus. (1699) DM 3.–

Hier erfährt der Leser alles über die Glücksspiele in Vergangenheit und Gegenwart, über deutsche und ausländische Spielbanken und ihre Umsätze, über berühmte Spieler der Vergangenheit und die Gepflogenheiten der modernen Spielgesellschaft.

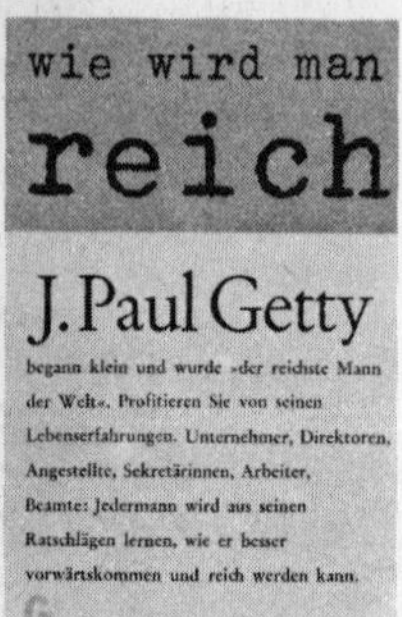

Jean Paul Getty: Wie wird man reich? Aufzeichnungen und Ratschläge des reichsten Mannes der Welt. (1899) DM 3.–

»Jeden Morgen, an dem er aufsteht, ist er um eine Million reicher«, so sagt man von J. P. Getty. Wie ihm das gelang, ist eine höchst amüsante Geschichte, aus der man vieles lernen kann.

WILHELM GOLDMANN VERLAG MÜNCHEN

Goldmanns GELBE Taschenbücher

Erfolg durch Planung. Ein Ratgeber für alle, die vorwärtskommen wollen. Von Janos Vidonyi. Band 2685. DM 3.– (Auch in Leinen zu DM 14.50)

»Das Buch von Vidonyi macht sich bezahlt: Vidonyi vermeidet den Fehler so mancher Erfolgsautoren, nur für die schon Arrivierten zu schreiben. Seine Rezepte sind oft auch für den einfachen Arbeiter oder Angestellten brauchbar . . . Das Buch ist eine erste Arbeitsanweisung für Ehrgeizige.« FAZ

Das wahre Chefbrevier. Neunzehn ungewöhnliche Lektionen für den Weg nach oben. Von Klaus-Peter Bochow. Band G 2693. DM 4.–

Erfolgsrezepte sind meist Lügen – das ist eine der Thesen dieses Buches, das der Autor all denen gewidmet hat, die ihm in zwanzig Jahren kostenlos das Material dazu geliefert haben. Ihre Strategien, Taktiken und Intrigen sind ebenso amüsant wie lehrreich. Ein Erfolgsbrevier für skrupellose Karrieremacher, aber auch eine brillante Satire auf die heutigen Geschäftspraktiken.

So gewinnt man Zeit. Kniffe und Tricks für rationelles Arbeiten. Von James T. McCay. Band 2773. DM 3.–

James T. McCay ist ein in den USA anerkannter Managerberater. Als solcher hat er in Zusammenarbeit mit über 600 Führungskräften Möglichkeiten zur Persönlichkeitssteigerung in Beruf und Privatleben untersucht. Sein Buch gibt über Ziel und Ergebnis seiner Studien Auskunft.

WILHELM GOLDMANN VERLAG MÜNCHEN

Verehrter Leser,

senden Sie bitte diese Karte ausgefüllt an den Verlag. Sie erhalten kostenlos unsere Verlagsverzeichnisse zugestellt.

WILHELM GOLDMANN VERLAG 8 MÜNCHEN 80

Bitte hier abschneiden

Diese Karte entnahm ich dem Buch

Kritik + Anregungen

Ich wünsche die kostenlose und unverbindliche Zusendung des Verlagskataloges und laufende Unterrichtung über die Neuerscheinungen des Wilhelm Goldmann Verlages.

Name

Beruf Ort

Straße

Ich empfehle, den Katalog auch an die nachstehende Adresse zu senden:

Name

Beruf Ort

Straße

Goldmann-Bücher erhalten Sie in allen Buchhandlungen, in vielen Kaufhäusern und an den meisten Bahnhofskiosken überall in der Welt, wo deutsche Bücher verkauft werden.

Aus dem WILHELM GOLDMANN VERLAG
8 München 80, Postfach 80 07 09 bestelle ich
durch die Buchhandlung

Anzahl	Titel bzw. Band-Nr.	Preis

Datum: Unterschrift:

2892 · 7017 · 3.000

Bitte mit
Postkarten-
Porto
frankieren.

Wilhelm Goldmann Verlag

8000 MÜNCHEN 80

Postfach 80 07 09